모정마을 이야기

모정마을 이야기

발행일   2021년 6월 1일

지은이   김창오
펴낸이   손형국
펴낸곳   (주)북랩
편집인   선일영   편집   정두철, 윤성아, 배진용, 김현아, 박준
디자인   이현수, 한수희, 김윤주, 허지혜   제작   박기성, 황동현, 구성우, 권태련
마케팅   김회란, 박진관
출판등록 2004. 12. 1(제2012-000051호)
주소   서울특별시 금천구 가산디지털 1로 168, 우림라이온스밸리 B동 B113~114호, C동 B101호
홈페이지   www.book.co.kr
전화번호   (02)2026-5777   팩스   (02)2026-5747

ISBN   979-11-6539-773-9 03300 (종이책)   979-11-6539-774-6 05300 (전자책)

* 이 책은 영암군의 지원을 받아 제작되었습니다.

쇠락해 가던 마을을 되살린 지역 공동체의 기록

모정마을 이야기

김창오 지음

봄랩 book Lab

모정마을과 모정(茅亭) 김창오의 꿈

여류(如流) 이병철(시인·생태귀농학교장)

모정(茅亭)은 김창오 선생의 고향이자 다시 돌아와 살고 있는 마을의 이름이며, 그의 자호(自號)다. 그러므로 이 책, '모정마을 이야기'는 김창오 선생 자신의 삶터인 마을에 대한 이야기이자 기록이며, 동시에 자신이 꿈꾸는 세상을 마을을 통해 이루고자 한 보고서이기도 하다. 이 기록과 보고서는 선생이 도시생활을 접고 생명이 뿌리내리는 삶을 꿈꾸며 고향으로 귀향하여 다시 고향 사람으로, 마을 사람으로 살면서 20여 년 동안에 걸쳐 쓴 마을공동체의 꿈과 사랑과 열정과 그 땀의 결과물인 것이다.

나는 선생의 기록인 모정마을 이야기를 읽으며 먼저 그의 생각을 따라가 보기로 한다.

1. 마을이 곧 공동체다

삶은 마을에서부터 이루어진다. 흔히 사람을 일러 사회적 존재라고 했을 때 마을이란 사회적 존재인 사람이 함께 어울려 사는 그 터전을 의미한다. 마을이 곧 삶의 현장인 것이다. 그러므로 사람이 삶의 현장인 마을을 떠나 살 수 없다고 한다면 어떤 마을에 살고 있는가, 또는 그 마을을 어떻게 만들어가고 있는가는 곧 자기 삶의 토대를 어디에 두고 있는가, 그리고 그 삶을 어떻게 실현하고 있는가와 같다.

특히 농업을 기반으로 하는 오랜 전통적인 농촌 마을은 공동체를 이루어 오면서 자신들의 생존환경과 조화를 이루며 지속해왔다. 그속에서 마을 사람들은 자기 땅에 살면서 먹을거리와 옷과 생활에 필요한 것을 직접 마련하거나 마을 사람들과 함께 만들고 나누어 왔다. 마을의 농업 생산 기반시설을 공동으로 관리하거나 품앗이 두레나계 등을 통해서 농사나 마을 일을 공동으로 수행하였고, 마을 축제, 관혼상제, 전통 행사 등에는 마을 주민들이 힘을 모아 서로 돕는 생활을 이어 왔다.

그러나 공업화 중심의 근대화, 산업화 등 산업구조의 급격한 변화로 인해 농업의 쇠퇴와 농촌 마을의 붕괴는 인구 감소, 고령화와 함께 마을공동체 기능이 심각하게 와해 상태에 놓이게 되었다. 그 결과 이제 이른바 전통적인 의미에서의 마을공동체란 사실상 거의 해체되었다고 할 정도에까지 이르렀다.

마을공동체가 해체 상태에 놓여 있다는 것은 어떤 의미일까. 그것은 마을구성원인 우리 삶의 일상적 토대가 무너지고 있다는 것이다. 마을 주민들 각 가정이 둥지라면 마을은 그 둥지를 보호하고 있는 더 큰 둥지라 할 수 있기 때문이다. 각각의 둥지들을 품고 있는 더 큰 둥지이자 그 둥지들로 이루어진 둥지의 숲이 곧 마을인 것이다. 그러므로 마을이 제대로 살아있지 못하면, 마을공동체가 제대로 실현되지 못하면 그 속의 둥지인 각 개인의 둥지도 제대로 보호될 수 없는 것은 자명하다. 따라서 마을을 다시 살려내는 일, 다시 마을공동체를 복원하는 일은 시대에 뒤떨어진 이미 지나간 과제가 아니라 이 시대에 가장 절박한 과제 가운데 하나일 수밖에 없는 것이다.

우리 사회는 그동안 전통적 농업과 마을공동체를 포기하고 그 대신에 공업을 중심으로 하는 산업화, 근대화, 도시화를 통하여 물질적 풍요와 삶의 편리와 화려함을 어느 정도 실현하였음은 분명하다. 이로 인해 말 그대로 세상과 우리의 삶이 몰라보게 달라졌다. 산업화로 이룬 놀라운 성과다. 그러나 반면에 이로 인한 부작용이 이제는 오히려 그 성과보다 더 큰 위험으로, 재앙으로 드러나고 있다. 물질적 풍요와 편리함의 대가로 생존의 불안과 생명의 위기를 초래했기 때문이다. 생명의 바탕인 자연생태계를 파괴하고 삶의 둥지인 마을공동체를 와해시켜 경쟁사회로 내몰린 파편화되고 고립된 개인들의 삶과 사회적 생존과 자연생태적 생명이 이제 더 지속하기 어려운 한계 상황에 다다른 것이다. 한마디로 인류가 지금까지 추구해온 그 문명이 이제 한계 상황에 이른 것이라 할 수 있다. 지금 전 인류적 재앙으로 닥쳐와 있는 기후위기, 생태계의 대멸종, 코로나 19를 비롯한 역병의 창궐 등은 모두 반 자연이고 반 생태적인 현대 산업문명의 한계가 드러난 것으로, 이 문명의 전환 없이는 인류의 지속 가능한 생존 또한 불가능하다는 것에 이제는 모두가 동의할 수밖에 없게 되었기 때문이다.

　지속 가능한 생존, 생명 지속사회를 위한 전환의 핵심은 '다시 생명으로 돌아가기'다. 여기서 생명으로 돌아가기란 '함께 사는 삶의 회복'과 같은 말이다. 사람과 사람이, 사람과 자연이 함께 살아가기. 그것이 생명이 지속 가능한 삶과 생존의 원리인 것이다. 이 전환의 절박한 시기에 다시 마을공동체의 회복을 이야기하지 않을 수 없는 것은 마을이란 함께 사는 삶의 바탕, 그 토대이고 시작이기 때문이다.

　마을이라는 것은, 그 자체로 공동체라는 의미를 포괄하고 있다. 마을이란 곧 마을공동체라는 의미인 것이다. 그러므로 함께 사는 삶의 회복이란 무엇보다 먼저 마을공동체의 회복을 전제로 하지 않을 수 없는 것이다. 마을이란 그곳에 함께 살면서 서로 잘 알고 함께 돕고 나누고 함께 아파하고 함께 기뻐하며 생산과 소비와 삶과 문화가 살아있는 자체적인 공동체이기 때문이다. 우리가 다시 마을에 주목하고 갈망한다는 것은 우리의 본성에 공동체에 대한 욕구가 뿌리하고 있음을 드러내는 것이라 할 수 있다.

2. 마을이 세계를 구한다

　마을은 단순히 중앙권력에 의한 하부 통치단위가 아니다. 마을은 그 자체로 하나의 삶과 문화와 생태가 고유한 독자적인 자치단위다. 마을이 있어야 나라가 있는 것이다. 나라는 없어도 살 수 있지만, 마을이 없이는 살아갈 수가 없는 것이다. 나라, 또는 국가란 그 본질에 있어 삶의 기초단위 공동체인 마을들의 연합이라고 할 수 있다. 이것이 제대로 구현되는 것이 제대로 된 나라, 그런 국가라고 할 수 있을 것이다. 국민이 국가의 진정한 주인이 되기 위해서는 국민의 기본 삶터인 마을의 자치가 먼저 이루어져야 한다. 전환시대에 걸맞은 새로운 국가의 모델로 마을자치공화국운동이 일어나고 있는 것도 이 때문이다. 이 운동은 간디가 제시했던 마을 스와라지(Swaraj, 자치) 운동과도 궤를 같이하고 있다.

사람들이 살아가는 삶의 기본 자리인 마을공동체의 자치가 국가구성의 기본이 되어야 한다고 생각했던 간디는 독립 인도를 70만 마을 국가 연합체로 꿈꿨다. 자유 인도에 대한 간디의 꿈과 구상은 국민국가가 아니라 마을공동체에서 살면서 자기의 땅에서 스스로의 노동으로 생계를 꾸려나가는 자치적이고 자립적이며 자영하는 사람들로 이루어진 연합조직이었다. 간디에게 '자유 인도'의 핵심은 자기들의 삶의 운영 방식을 결정할 힘을 가진 마을 자치(스와라지)였다. 간디의 '마을 스와라지(Swaraj)'는 마을공동체 구성원 각자가 생명 유지에 필요한 것들을 스스로 통제할 수 있어야 한다는 것을 기본 정신으로 추구했다. 간디는 농촌마을 중심의 자치, 자급, 자립적 민주주의야말로 인도뿐만 아니라 인류사회의 보편적인 생활 방식으로서 영구적으로 지속 가능하고 만인이 평등하게 살아갈 수 있는 시스템을 보장한다고 믿었다. 그럴 때만 전면적인 평화-자기 자신과의 평화, 사람들 사이의 평화 및 자연과의 평화로 나아갈 수 있기 때문이었다(간디, 『마을이 세계를 구한다』 중에서). 그의 꿈, 그 구상이 실행되었다면 인도뿐만 아니라 인류는 지속 가능한 평등사회의 모델이자 생태 위기의 해법이 이루어질 수 있었을 것이다. 새삼 간디가 제시했던 마을자치운동이 새로운 전환운동의 주요한 축으로 대두하는 것은 이런 까닭이라 하겠다.

이제는 일상의 삶을 이루는 토대이면서도, 공동체의 붕괴로 인해 그동안 우리가 상대적으로 소홀히 여겼던 '마을'에 대해 다시 생각해야 하는 때인 것은 분명해졌다. 이것은 마을의 의미와 그 역할에 대한 재해석이면서 동시에 새로운 마을 만들기의 지침을 마련하는 데도 필요하기 때문이다.

마을이 세계를 구한다는 간디의 메시지를 다른 식으로는 '마을이 곧 세상의 중심이다.'라고 해도 좋을 것이다. 마을이란 내가 직접 경험하는 일상적 세계(세상)이기 때문이다. 따라서 내가 사는 마을이 어떠한가는 곧 내가 살고 있는 세상의 모습이 어떠한가와 같은 것이라 할 수 있다. 이 말의 의미는 내가 살고 싶은 세상과 내가 살고 싶은 마을이 둘이 아니라는 것이다. 달리 말하면 내가 원하는 세상은 먼저 내가 사는 마을에서부터 이루어내어야 한다는 것이다. 이것이 지금 마을 만들기, 행복한 마을 만들기의 의미이기도 할 것이다.

3. 모정마을 이야기와 모정의 꿈

농업을 생산기반으로 해온 전통 농촌 마을의 모습은 대개 비슷하다. 삶의 터전이 같으니 삶의 방식과 문화도 크게 다르지 않기 때문이다. 그럼에도 사람의 얼굴이 같으면서도 서로 다른 것처럼 마을 또한 저마다의 얼굴을 가지고 있다. 마을의 자기다움의 얼굴, 그것이 곧 그 마을의 정체성이다. 그리고 이 마을의 정체성은 내가 사는 마을 주민으로서 나의 정체성이기도 하다. 이러한 정체성, 마을의 자기다움은 자연 지리적 환경과 조건, 역사 문화적인 전통과 배경, 그 속에서 지금 마을구성원들 간의 주체성과 자발성과 협동성 등의 여러 요소가 함께 어우러져 이루어지는 것이기도 하다. 그런 점에서 마을의 정체성이란 마을의 구성과 운영 등 드러난 형태뿐만이 아니라 마을의 전통과 관습, 의례 등으로 이어져 오고 있는 마을의 문화, 그 정신까지 포괄하는 것이라 할 수 있다. 이러한 마을의 정체성을 통해서 우리는 마을이 살아 있는지 아닌지를 진단할 수 있다.

내가 원하는 마을은 어떤 마을일까. 나는 잘사는 마을보다 살아있는 마을을 원한다. 살맛 나는 마을이 내가 살고 싶고, 그리는 마을이다. 살아있는 마을이란 무엇일까. 그것은 우선 마을의 인정이 살아있고 나눔과 도움이, 협동이 살아있는 것이리라. 아이들의 웃음소리가 살아있고 고샅길이 살아있고 마을의 개울물이 살아있고 그 물속의 피라미와 다슬기가 살아있고 마을 숲이 살아있고 마을의 전통과 역사와 문화가 살아 숨 쉬고 있는 것이 살아있는 마을이지 싶다.

마을 중심에 배움터가 있고 아이들이 뛰노는 놀이터가 있고 사람들이 모여 쉬고 이야기 나누는 쉼터와 여름철의 시원한 정자가 있는 곳, 그리고 마을 숲과 오랜 나무와 거기에 깃든 이야기와 주변의 풍요로운 들판과 그 너머로 높은 산이 보이는 곳. 사람과 마을과 자연이 서로를 품고 있는 그런 곳이 내가 그려보는 살고 싶은, 살아 있는 그리고 살맛 나는 마을의 모습이다. 이것은 다만 하나의 꿈일까.

책, '모정마을 이야기'는 그것이 단순한 꿈만이 아니라 우리의 열정과 노력으로 실현할 수 있는 구체적인 현실 사례임을 증언하는 기록이다. 지금 이 모정마을은 우리가 꿈꾸는 그런 마을이 이렇게 우리 앞에 이루어진 생생한 현장인 것이다. 모정 김창오 선생이 마을 사람들과 함께 모정마을을 그렇게 일구어 온 것이다. 한 사람이 먼저 밝힌 한 등의 불빛에 마을 사람들도 함께 나서서 등불을 밝히기 시작한 것이다. 그래서 마을이 환해진 것이다.

세상일의 모든 이루어짐은 먼저 한 사람에게서 시작되는 것이다. 그 한 사람, 모정 김창오 선생을 생각한다.

내가 처음 김 선생을 만나게 된 것은 서울 귀농학교를 통해서였다. 그는 생명이 시들 수밖에 없는 도시에서 더는 아이들을 키울 수 없다는 생각에 생태 가치와 자립하는 삶을 내세우며 삶의 뿌리를 찾아 흙과 하는 삶으로 돌아가자는 전국귀농운동본부의 생태귀농학교 4기생으로 1997년에 수료했다. 그리고 그다음 해인 1998년 3월에 도시 생활을 접고 고향인 모정마을로 다시 돌아왔다. 그런 인연으로 우리가 만난 지도 어느새 20년이 훌쩍 넘었다. 그리고 그 20년 동안 고향으로 돌아간 김 선생은 고향마을 이름인 '모정(茅亭)'을 자신의 아호로 삼아 살아있는 마을, 살맛 나는 마을로 가꾸기 위해 혼신을 열정을 쏟아부었다. 그리고 그 결실로 묶어낸 것이 이제는 자신의 분신이라고 할 수도 있는 이 책, '모정마을 이야기'인 것이다.

나는 그동안 두어 차례 모정 선생 내외의 초대로 모정마을과 함께해 온 그의 삶과 모정마을을 만날 기회가 있었다. 그리고 선생의 꿈과 구상과 열정을 엿볼 수 있었다. 내가 앞서 간디가 꿈꾸었던 '마을 스와라지' 운동을 이야기한 것은 김 선생의 꿈이 그것과 다르지 않다는 생각 때문이었다.

얼마 전에 그가 이메일을 한 통 보내왔다. 거기에 본인이 귀농지를 고향 마을로 택한 이유와 이 책 '모정마을 이야기'를 기록하게 된 내용이 담겨 있었다.

1997년 귀농학교 4기를 마치고, 1998년 3월 1일에 저는 과감하게 서울 생활을 청산하고 고향으로 내려왔습니다. 귀농학교를 수료한 후 귀농, 귀촌, 귀향, 생태, 대안교육, 마을공동체 등을 주제로 계속 공부를 하다가 선생님의 길을 따라 걸어온 지 20년이 넘었습니다.

많은 사람들이 공동체마을을 꿈꾸고 시도해오고 있습니다. 대부분 자신의 고향이 아닌 새로운 지역에 마을공동체를 이루고 집단생활을 실험하고 있습니다.

저는 고향마을로 돌아와 마을공동체 활성화 운동을 해오고 있습니다. 더 많은 젊은이들이 자신이 태어난 고향마을로 돌아가서 쇠락해진 농산어촌을 되살리는 노력을 했으면 하는 바람입니다.

생명평화의 등불이 이 마을, 저 마을 한 등, 두 등 띄엄띄엄 켜져서 나중에 함께 연대할 수 있으면 좋겠다는 생각을 늘 해왔습니다. 뜻이 맞는 사람들끼리만 모여서 한 군데 등불을 켜는 것도 좋지만, 전국 여러 지역의 여러 마을마다 생명평화의 등불이 하나씩이라도 켜진다면 그 불빛으로 말미암아 희망의 등불들이 늘어나게 되지 않을까 생각해봅니다.

마을 어르신들이 다 돌아가시기 전에 마을의 역사와 문화를 기록해서 보존해야겠다는 절박한 심정으로 이 책을 쓰게 되었습니다. 전국의 다른 지역 마을들도 마찬가지일 거라고 믿습니다. 더 늦기 전에 부족하더라도 자신들이 살고 있는 마을에 대해서 기록하는 분위기가 널리 퍼졌으면 하는 바람입니다. 저의 부족한 책이 이런 분들에게 조금이라도 참고가 될 수 있기를 희망하고 있습니다.

사실 귀농을 통해 생태적 가치를 추구하는 이들이라면 대부분 자신이 돌아가서 살고 싶은 마을을 고향보다는 다른 곳에서 찾거나, 그게 아니면 뜻을 함께하는 이들과 그런 마을을 만들고자 한다. 태어나서 자란 고향의 현실적 경험이 자신이 추구하는 이상을 실현하기엔 너무 힘들게 다가오기 때문이다. 그런 점에서 다시 고향으로 돌아가 자신의 꿈을 추구한다는 것은 남다른 용기와 결단이 없으면 가능하지 않은 일이다. 거기에다 고향에 대한 뜨거운 애정까지 있어야 비

모정마을 이야기

로소 시작해볼 수 있는 것이라 할 수 있다. 모정 김창오 선생은 그렇게 한 것이다. 그 점이 내가 김 선생을 존경하는 이유이기도 하다.

'모정마을 이야기'에 담긴 내용을 보면서, 그 세심한 관찰의 기록들을 살펴보면서 이야기들을, 역사와 문화와 풍습과 기억들을 기록한다는 것의 의미를 새삼 생각한다. 이 모든 기록이 온몸으로 쓰여진, 땀과 정성의 결과물임을 느낀다. 역사란 기록을 통해 이어지는 것이다. 이것이 기록의 힘이며 그 위대함이다. 이 모정마을 이야기를 통해 선생이 기록한 것은 지난 역사만이 아님을 안다. 선생은 모정마을이라는 한 세계가 어떻게 이루어져 왔는가와 함께 모정마을이라는 이세계가 세상의 중심으로서 어떻게 나아가야 할 것인가를 담고 있기때문이다. 선생이 서문에서 밝혔듯이 이 기록물에 은퇴한 향우들과도시로 나간 청년들이 다시 돌아와 고향마을을 재건하는 기대와 희망을 행간에 담고 나아가 50년, 100년 후의 후손들도 꼼꼼히 살펴볼고향이야기 책자임을 명심하면서 썼던 까닭이다.

4. 다시 모정마을을 그리며
지난해 유월경, 모정 선생 내외의 초대로 모정의 월인당에서 하루를 묵고 온 적이 있다. 그때 모정마을을 다시 둘러보며 김 선생의 꿈과 모정마을에 대한 그의 애정과 그 손길과 정성을 새삼 느끼게 되었다. 그때의 소회를 썼던 것이 있어 여기에 나누는 것으로 김 선생과모정마을에 대한 내 마음을 전하고자 한다.

영암 모정마을의 김창오 선생이 일전에 직접 만든 햇차를 보내며 한번 다녀가라고 청해서 이번 나들이에 일정을 포함했다. 김 선생의 호 모정(茅亭)은 그의 고향이기도 한 이곳 마을 이름에서 따왔다. 그는 젊은 날 고향을 떠났다가 다시 이곳으로 돌아온 지 22년이 지났다. 서울에서 첫 아이를 얻고 그 아이가 서울이라는 곳에서 크고 자라야 한다는 것에 대해 깊게 회의하던 중에 귀농학교를 만나고 그런 과정을 거쳐 다시 고향으로 돌아오게 된 것이다. 선생은 전국귀농운동본부 생태귀농학교 4기생이다. 그때가 아마 97년 말 무렵이니 귀농학교를 마치고 얼마 지나지 않아 곧바로 귀농한 셈이다. 그런 인연이 있어 나를 각별하게 여기는 것이지 싶다. 선생은 처음엔 생태공동체마을 쪽으로 귀농하려다가 결국 어머니가 계신 고향으로 돌아오게 되었다고 한다. 고향으로 돌아와 이웃한 강진의 한 대안학교 교사를 하면서 동시에 마을공동체를 새롭게 일구는 일에 매진하게 된다. 그렇게 20여 년이 지난 지금 이곳 모정마을은 전국에서도 널리 알려진 행복마을로 자리 잡고 있다. 그는 지난해 늦봄학교의 교장직을 끝으로 학교를 떠나 지금은 마을 일과 집안 농사일에 온전히 주력하고 있다. 그가 귀농에서부터 지금까지 마을을 새롭게 일구어온 역사가 현재 모정마을의 모습이다.

결국은 먼저 한 사람이다. 그 한 사람이 깨어나 다른 이를 깨우고 그래서 함께 가는 것이다. 마을 주민들이 선생을 믿고 맡기며 따르기까지의 고단함을 이겨낸 길은 그의 사심 없음과 성실함이었다. 아마도 이것이 세상을 바꾸는 힘이지 싶다. 마을을 바꾸는 것이 세상을 바꾸는 것이라면 그의 혁명은 성공한 것이다.

선생의 집 뜨락엔 수령 오백여 년에 이르는, 이 마을의 역사와 함께해온 이팝나무가 있었는데 아쉽게도 벼락을 맞아 주 등걸은 다 타버리고 간신히 살아남은 줄기의 겉 부분으로 버티고 있다. 그 곁의 커다란 한 채의 한옥이 손님을 맞이하는 사랑채 월인당(月印堂)이다. 이곳의 안주인 봄들님은 남도 차문화교육원을 운영하고 있다.

모정마을에선 월출산의 자태가 가림없이 한눈에 들어온다. 특히 월출산에 달이 떠오르면 마을 앞 모정호에 비친 달의 모습이 장관이라고 한다. 월인당이란 이름은 거기서 따온 것이다. 모정호에 비친 달이 월인이 아닌가. 월출산에 떠오르는 것은 어찌 달 뿐일까. 월출산 위로 떠오르는 해돋이의 장관 또한 이곳에서 즐길 수 있다. 이 호수에 둘레길이 조성되어 있다. 3킬로미터에 조금 미치지 못하지만 걸을 만하다. 특히 칠팔월 연꽃이 한창일 때면 연꽃 축제를 겸해서 즐길 수 있겠다. 호수 앞에 자리 잡은 정자가 원풍정(原豊亭)이다. 원풍정 12 기둥마다 이곳의 빼어난 정경을 노래한 원풍정 12경(景)의 주련이 걸려 있다. 그 외에도 망월정이 있고 쌍취정의 옛터도 있다. 마을 이름인 모정은 띠풀로 지은 정자이니 작은 초막이다.

월출산에 달이 떠오른다. 충만하다. 온 사방이 환해진다. 보름달이다. 월출산 산그리매를 비추던 모정호에도 달이 함께 떠오른다. 월인천강(月印千江)이다. 원풍정에 앉아 이 풍광을 즐기다가 세상사도 잊고 시름도 잊으니 월인삼매(月印三昧)라 해도 좋으리라.

이 마을은 또한 벽화가 대단하다. 그냥 그린 그림이 아니다. 원풍 12경을 벽화로 재현했다. 그림 솜씨가 빼어나다. 그 속에 김 선생이 고향으로 돌아와 지었다는 두 편의 시가 벽화와 함께 소개되어 있다. 시가 훌륭하다. 선생이 시인이다. 나는 시인이 따로 있지 않다고 생각하는 사람이다. 자연을 사랑하고 흙을 사랑하는 이 가운데 시인이 아닌 이가 따로 있지 않다고 생각하기 때문이다. 그 사랑의 깊이만큼 시 또한 깊고 간절해지리라. 시란 그 가슴이 부르는 간절한 그리움인 까닭이다.

월인당에서 하룻밤을 묵었다. 이번이 두 번째다. 흙벽 한옥의 잠자리가 쾌적하다. 아침 일찍 월출산의 일출을 보려고 일어났지만, 하늘이 흐리다. 운무 속의 풍경이 또한 볼만하다. 모정호 둘레길을 걸으며 김 선생의 마을 만들기에 얽힌 이야기를 듣는다. 감동이다. 이팝나무 카페에서 봄들님이 정성껏 마련한 아침과 차를 나누었다. 언젠가 김 선생의 안내로 모정호에 비치는 저 월출산에 올라 모정마을을 바라볼 수 있으면 좋겠다.

마을 살림을 잘 꾸려간다는 것은 한 나라를, 한 세계를 잘 꾸려가는 것과 같다. 모정마을 이야기는 모정마을의 살아있는 역사서다. 어제의 이야기만이 아니라 오늘과 내일을 이어가고 있는 모정마을이 중심인 세계의 역사, 그 살아 숨 쉬는 생생한 기록인 것이다. 이 기록을 남긴 김창오 선생과 이 기록 작업에 함께하고 그 기록에 담긴 모정마을과 그곳에 계신 모든 분께 감사와 존경을 보낸다.

2021년 정월 여류 모심

모정마을 이야기

'모정마을 이야기' 책자 발간을 축하하며

전동평(영암군수)

대망의 2021 신축년 새해를 맞이했습니다.

먼저, 군서면 모정마을의 아름다운 역사와 문화를 한데 모아 '모정마을 이야기' 책자를 발간하게 된 것을 진심으로 축하드립니다. 이 책자를 발간하기까지 물심양면 애써주신 김창오 모정행복마을 추진위원장님과 마을 리더를 중심으로 마을 발전과 번영을 위해 함께 노력해온 모정마을 주민들께 깊은 존경과 감사의 말씀을 드립니다.

모정마을은 동쪽에는 월출산이, 서쪽에는 은적산이 절묘하게 조화를 이루는 곳으로 전통과 문화가 어우러진 유서 깊은 마을이자, 신명과 활기가 넘치는 더불어 잘사는 마을로 정평이 나 있습니다. 특히, 웃음과 미소가 가득한 모정마을은 2010 행복마을, 2011 녹색농촌체험마을로 차례로 선정되어 주민들의 자부심이 큰 마을이기도 합니다. 또한, 2017년 제1회 전라남도 숲 가꾸기 콘테스트 "대상", 2018년

제5회 전국행복마을 콘테스트 "은상" 수상 등 값진 성과도 거두었습니다.

이번 '모정마을 이야기' 책자 발간을 통해 주민들의 자긍심 고취는 물론 향우들과 청년들이 돌아오는 지속가능한 마을공동체의 롤모델로 자리매김하기를 기대합니다. 영암군에서도 모정마을과 함께 아름다운 문화와 전통의 계승 발전을 위해 최선의 노력을 다해 나가겠습니다.

'모정마을 이야기' 책자 발간을 거듭 축하드리면서, 아무쪼록 모정마을이 아름다운 자연 속에서 화목하게 살아가는 행복한 마을로 자자손손 보존되기를 기원합니다.

2021. 1. 24
영암군수 전동평

모정월출(茅亭月出)

'모정의 달'을 그리며

백승돈(화백)

모정 김창오 선생과 알고 지낸 지가 벌써 20년 세월이 흘렀다. 지인의 소개로 알게 되었지만 문화와 정서를 공유하면서 지금까지 관계로 이어졌다. 영암에 고향을 둔 김 선생의 배려로 월출산 서쪽 끝자락 마을에서 2년 동안 살기도 했다. 2001년도에는 구림마을의 영암도기문화센터 2층에서 '영암의 산하전'이라는 타이틀로 개인전을 열기도 했으니 영암과의 인연도 참 깊다고 할 수 있다.

사람이 한 생을 살아가다 보면 이런저런 인연이 생기기 마련인데 좋은 관계로 오랜 세월을 지내기가 그리 녹록지만은 않다. 서로가 사는 곳은 멀리 있어도 김 선생과 오랫동안 같은 정서와 감정을 나눌 수 있어서 감사하게 생각한다.

고향에 대한 애향심이 남다른 김 선생이 오래전부터 고향마을에 대해서 원고 집필을 계획하고 있다는 말을 익히 들어왔던 터였다. 그런데 얼마 전에 드디어 그토록 원하던 고향의 문화와 역사에 대한 글이 탈고되었다는 연락이 와서 몹시 반가웠다. 보내온 글과 사진을 보니 감회가 새로웠다. 20년 전 영암에 살면서 함께 차를 마시고 그림을 감상하면서 시간을 보내던 때가 새삼 떠올랐다. 특히 김 선생이 살고 있는 모정마을과 호숫가 원풍정에서 바라보던 월출산 달오름 풍경이 눈앞에 선하게 펼쳐졌다. 영암은 제2의 고향이나 다름없으니 축하의 의미로 김 선생의 책 속에 수묵화 한 폭 그려 넣는다고 해도 실례가 되지는 않을 듯싶다.

그림 제목: 茅亭月出-모정의 달

영암의 월출하면 이곳 모정마을이 떠오른다. 마을의 쉼터 원풍정에서 바라보는 월출산에 달이 뜨는 풍경은 한 폭의 수묵화처럼 가슴 깊이 은은하게 젖어 든다. 마음의 고향으로 영원히 간직하고 싶은 곳이다.

한지에 수묵담채(가로 45cm x 세로 70cm), 경기도 양평 문호리 화실에서
2021년 정월, 원문 백승돈 그림

'모정마을 이야기'를 펴내며

　모두가 잘 알고 있듯이 우리 농촌 마을은 품앗이, 두레, 울력 등 상부상조의 전통과 '서로 살림'의 공동체 문화가 남아 있는 곳이다. 산업 문명이 발달하기 이전의 마을공동체는 살아도 같이 살고 죽어도 같이 죽는 운명공동체였다. '너 없어도 잘 사는' 구조가 아닌 '너 없이는 못 사는' 사회구조였다. '너를 밟고 넘어서야 내가 출세하고 잘 사는' 경쟁구조가 아니라 '네가 잘 살아야 나도 잘 사는' 협력구조였다. 농촌사회에서는 내가 농사를 잘 짓는 것이 이웃에게 피해를 주는 일이 아니다. 오히려 이웃 논농사가 잘되어야 내 논농사도 잘되는 법이다. 그러니 풍년이 들면 서로 기뻐하며 즐거워했고, 흉년이 들면 서로 슬퍼하며 위로했다. 이웃사촌이라는 말이 괜히 나온 게 아니었다. 이웃끼리 푸성귀 한 주먹, 떡 한 조각이라도 나누어 먹으며 살았다.

　놀이도 애경사도 예외가 아니었다. 대보름 지신밟기, 줄다리기, 강강술래, 화전놀이, 만두레 등 공동체 놀이 또한 온 마을 주민들이 참여하는 집단놀이였다. 혼인 잔치, 회갑 잔치, 장례식과 같은 중요한 행사들도 모두 마을 안에서 이루어졌다. 주민들 누구나 내 일처럼 소매를 걷어붙이고 일손을 도왔다. 농촌 마을에서 이웃의 도움 없이 혼자 살 수 있는 방법은 없었다.

농촌 사람들의 생활 방식은 땅속 깊이 뿌리를 내리고 수백 년을 한자리에서 버티는 마을 초입의 당산나무를 닮았다. 뿌리 깊은 고목은 옮기기도 힘들거니와 옮기면 시름시름 앓다가 죽기 십상이다. 마을 주민들은 누가 가르쳐주지 않아도 직관적으로 이러한 사실을 잘 알고 있었다. 조상 대대로 물려받은 전답을 일구며 살던 사람들은 마을을 떠나면 죽는 줄로 알았다. 1980년대 산업화와 도시화가 최고조에 이르러 젊은이들이 모두 도시로 몰려갔을 때에도 품앗이로 밭매기하고 모내기하던 농촌 마을 주민들은 끝까지 마을을 떠나지 않았다. 이들에게 있어서 공동체 마을은 생존의 뿌리이자 삶의 터전이기 때문이다.

그러나 21세기 산업화와 도시화의 정점에 도달한 지금 농촌 마을은 존립 자체가 위태로운 지경이다. 시골에서는 이미 골목길에서 아이들 뛰어노는 소리가 사라진 지 오래고 그동안 간신히 마을공동체를 지탱해오던 주민들 역시 고령화되고 쇠약해졌다. 해가 다르게 빈집이 늘어나고 마을은 쇠락해간다. 마을의 역사와 문화를 기억하는 어른들이 드물게 되었다. 그나마 몇 분 어른들이라도 살아계실 때 고향마을의 역사와 문화와 풍습을 기록해 놓아야 한다는 생각에 1998

년 서울에서 귀향한 후부터 지금까지 20년 동안 수시로 마을 원로분들을 찾아뵙고 자료를 정리했다. 고향마을에 관한 것이라면 무엇이든 놓치지 않고 자료를 수집하고 기록했다. 힘들고 버거운 과정이었지만 다행히도 그동안의 노력이 헛되지 않아 고향마을의 역사와 문화를 한곳에 모아 책자로 발간할 수 있게 되었다. 이 책에는 2010년도부터 시작한 마을공동체 가꾸기 사업에 대한 과정과 성과에 대해서도 상세하게 수록했다. 또한 50년, 100년 후의 후손들도 꼼꼼히 살펴볼 고향이야기 책자임을 명심하면서 썼다. 그리고 이제는 귀농·귀촌을 넘어 귀향운동이 본격적으로 시작되어야 할 시기임을 말하고자 했다. 행간에 은퇴한 향우들과 도시로 나간 청년들이 다시 돌아와 고향마을을 재건하는 기대와 희망을 담았다. 도연명의 귀거래사는 천 년이 훨씬 지난 지금도 여전히 유효하다. 쇠락해가고 있는 고향마을은 신 귀거래사를 부르며 돌아올 청년들과 향우들을 간절히 기다리고 있다.

지금은 지식환경, 생활환경, 자연환경을 비롯한 모든 것들이 빠르게 변화하는 시대다. 최첨단 과학의 시대, 인공지능의 시대, 4차 산업혁명의 시대, 우주 개발의 시대라고 한다. 한편으로는 환경 파괴로 말미암아 대기오염과 이상기후 현상도 예상보다 훨씬 빠르게 진행되는 시대이기도 하다. 이제 변화는 일상이 되었고 변화의 주기 또한 옛날과는 비교할 수 없을 정도로 짧아졌다. 그 변화에 얼마나 빨리 적응하느냐가 생존의 문제와 직결된다.

하지만, 인류가 어떤 방향을 선택하든, 세상이 어떤 방향으로 변해

가든, 변하지 않는 한 가지 분명한 사실이 있다. 그것은 사람들은 먹어야 산다는 것이고, 누군가는 그 먹거리를 생산하는 일을 해야 한다는 것이다. 농업은 앞으로도 윤봉길 의사가 말한 '인류의 생명 창고'로서의 숭고한 역할을 마지막까지 담당할 것이고, 그 생명 창고를 지키는 사람들은 세상이 다하는 날까지 흙을 떠나지 않고 조상 대대로 살아온 터전을 지킬 것이다. 흙을 일구어 생명을 가꾸는 터전은 결국 도시가 아니라 농촌일 수밖에 없다. 도시의 존립은 오직 농촌의 토대 위에서만 가능하다. 우리가 이 명백한 사실을 기억하는 한 아직 우리들의 고향마을을 재건할 희망은 남아 있다고 믿는다.

'모정마을 이야기' 책자가 나올 수 있도록 물심양면으로 도와주신 모든 분들께 감사드린다. 이 책은 우리 모정마을이 있게 한 선조들과 현재의 마을 주민들과 객지에 나가 있는 향우들이 고향을 사랑하는 마음을 모아 함께 쓴 기록이라 믿는다. 이 책이 고향마을의 역사와 문화뿐만 아니라 농촌 마을공동체의 풍속을 이해하는 데 조금이라도 도움이 될 수 있기를 희망한다.

2021년 정월 월인당에서

모정 김창오 올림

목차

 I 마을 이야기

 II 모정마을 설화와 민담

Ⅲ 수상 실적

 Ⅳ 문화유적

Ⅴ 마을 가꾸기 사업

I

마을 이야기

산과 들과 호수와 마을이 조화롭게 어우러진 모정마을 전경
사진 제공: 우승희 전남도의원

1. 역사

가. 모정마을의 지명 유래

　모정이란 이름을 갖기 전에는 마을 등성이에 바위와 소나무가 많아 송암(松巖)이라고 하였다. 남쪽 양지바른 구릉엔 도선국사의 탄생설화와 관련이 있는 비죽이란 이름을 가진 작은 마을이 있었다. 현재모정이란 이름은 16세기 중반인 1540년 마을 앞에 간척지가 생긴 후에 생겼다.

모정마을 이야기

한편, 월출산 전체를 한눈에 조망해 볼 수 있는 구릉에 자리한 모정마을의 역사는 삼국 시대 이전으로 거슬러 올라간다. 그 당시의 지형은 현재와는 아주 다른 모습이었다. 조선 시대 초까지만 해도 구림마을과 양장마을로 이어지는 언덕길을 제외하고는 동쪽과 서쪽으로 바닷물이 출입했다. 즉, 서쪽으로는 서호강과 접하고 동북쪽으로는 덕진강과 만나서 너른 갯벌이 형성되어 있는 반도 모양의 지형이었다. 도포와 덕진포로 연결되는 이 덕진강에서 모정마을 알춤사장까지 배가 들어왔다. 그런데 조선 시대 중기인 1540년에 동호마을과 원머리를 잇는 진남제가 축조되어 십 리 평야가 생겼고, 뒤이어 일제 강점기 말 1943년에 서호면 성재리에서 군서면 양장마을 구성(九成)을 잇는 제방이 축조되어 "학파농장"이라고 하는 너른 간척지가 생겨났다. 게다가 1980년에 영산강 하구둑 공사가 완료되어 군서, 도포, 시종, 서호 4개 면에 걸친 간척지가 형성되었다. 바다로 둘러싸인 어촌 마을이었던 이곳은 덕분에 영암에서 가장 너른 들녘을 간직한 농촌 마을로 바뀌게 되었다.

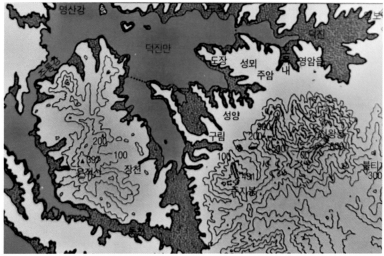

〈1500년 전의 영암 덕진만 일대의 해안선〉

당시에는 은적산이 하나의 섬이었다. 덕진만이 영암읍 덕진포까지 깊숙이 파고 들어왔다. 구림마을도 바닷가 마을이었음을 알 수 있다. 모정마을은 구림과 바로 이웃한 마을이다.
출처: 〈왕인과 도선의 마을 구림〉, 향토문화진흥원 발행

　　석천 임억령의 막냇동생인 나주목사 월당 임구령이 1540년에 동호리와 양장을 잇는 제방을 쌓아 간척지를 조성한 후 마을 큰 언덕 아래 연못을 팠다. 한쪽에는 정자를 지어 못에는 연꽃을 심고 물고기를 키워서 운치를 더했다. 정자는 처음에 '모정(茅亭)'이라고 이름을 붙였는데, 이것은 검소의 미덕을 기린 요임금의 모자불치*라는 고사에서 그 뜻을 취했던 것이며, 나중에 개축하여 쌍취정(1558년)이라고 이름하여 형제 동락의 뜻을 담았다. 이때부터 모정마을이라는 이름을 갖게 되었다.

　　* 모자불치(茅茨不侈): 요임금이 왕이면서도 사치하지 않고 띠로 엮은 허름한 집에서 검소하게 살았던 연유에서 생겨난 고사성어.

쌍취정 터에서 바라본 500년 홍련지와 월출산

1) 1540년 이전의 모정리 지형

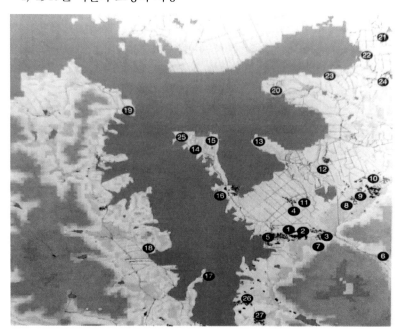

① 서구림리 ⑤ 구림 상대포 ⑥ 도갑사 ⑬ 동호리 ⑭ 양장리 ⑮ 원머리 ⑯ 모정리 ⑰ 아천리
⑱ 장천리 ⑲ 성재리 ⑳ 도장리 ㉑ 영보리 ㉒ 덕진포 ㉓ 해창 ㉔ 영암읍 ㉖ 신복천 ㉗ 용산리

2) 1540년 진남제 축조 후의 모정리 지형

* 진남제(⑮ 원머리-⑬동호리 구간에 쌓은 제방) 축조 후에 모정, 양장, 동호 삼리에 둘러싸인 십 리 평야가 생겼다.

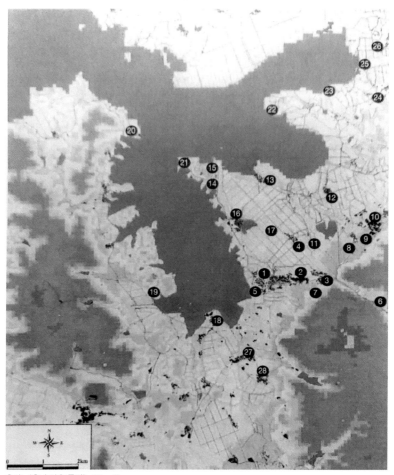

출처: 〈호남 명촌 구림〉, 18p~19p

⑭ 양장리 ⑯ 모정리 ⑰ 평리 ⑱ 아천리 ⑲ 장천리 ⑳ 성재리 ㉒ 도장리

모정마을 이야기

마을 북동쪽은 지남들녘이 있으며 동호리와 도갑리를 접하고 있다. 동남쪽은 서구림과 학파들녘, 서북쪽은 양장리와 경계를 하고 있으며 현재 모정을 모정1구, 검주리를 모정2구로 운영하고 있다.

나. 비죽
-도선국사의 전설이 시작되는 곳

비죽(飛竹)이라는 지명은 도선국사의 탄생설화와 관련이 있다. 도선국사실록에 보면 다음과 같은 이야기가 나온다.

"어머니 최씨가 어느 겨울날, 영암 성기동에 있는 구시바위 아래에서 빨래를 하고 있는데 푸른 오이 한 덩이가 물에 떠내려왔으므로 그것을 건져 먹게 되었다. 그 뒤 임신을 하여 달이 차도록 맵고 비린, 냄새나는 채소와 고기를 가까이하지 않았으며, 경전을 읽고 염불 외는 것을 일과로 삼았다. 해산 때가 되어 아들을 낳았는데 그때가 신라 경덕왕 말년 무렵이었다. 한데 사람의 도리가 없이 아이를 낳았으므로 아버지께 큰 꾸지람을 듣고 숲속 반석 위에다 내다 버렸다. 최씨 부인은 여러 날이 지나도 마음이 놓이지 않아 다시 그곳에 가보았더니 비둘기 떼들이 모여들어 날개로 아이를 덮어 보호하고 있었다. 부인은 그 신기한 광경이 예사롭지 않은 일이라고 여기고 아이를 다시 집으로 안고 가 키우게 되었다. 그런 연유로 마을 이름이 지금도 구림(鳩林)으로 전해지고 있으며, 아이를 버린 반석 이름을 국사암(國師岩)이라 일컫게 되었다."

비죽은 도선국사를 덮어 보호한 비둘기 떼가 날아간 지역이라는 뜻이다. 그러니까 이 비죽은 도선국사의 전설이 시작되는 출발점이 되는 셈이다. 비죽은 모정마을의 여러 소지명(小地名) 중 하나로 방축리와 초장골 중간 지점에 위치해 있다. 모정마을 남쪽 언덕에 자리하고 있어서 내려다보는 주변 풍광이 빼어나게 아름답다. 십 리 평야가 생기기 전에는 이 비죽리가 작은 마을이었다. 지금은 완전히 밭으로 변했지만, 과거에 쟁기질하던 중 흙 속에서 기와나 도자기 파편이 자주 출토되기도 했다. 이런 점으로 보아 통일신라 시대 당시 도기를 생산하던 가마터가 있던 지역일 것으로 추측된다.

백의암 전설

비죽에서 서쪽으로 내려다보면 언덕 아래에 작은 마을이 하나 보인다. 바로 백암(白巖) 마을이다. 이 마을 앞들 가운데 제법 큰 흰 바위가 하나 있다. 이 바위는 도선국사의 죽음을 상징하는 '도선이 바위'로 전해져온다. 원래 이 바위는 간척지가 조성되기 전까지 강물 위로 솟아있던 작은 바위섬이었다. 전설에 따르면 도선국사가 배를 타고 떠날 때 물 위로 솟아있는 바위 위에 입고 있던 웃옷을 벗어 걸쳐놓은 다음, "이 바위가 검은색을 띠면 내가 죽은 것이고, 흰색을 띠고 있으면 살아있는 것으로 알라."고 말했다는데 지금도 바위가 흰 색깔을 띠고 있다.

다. 모정마을 지형과 풍수

평야 위에 떠 있는 섬

모정마을은 일단 스케일이 크다. 마을도 크고 들녘도 크고 사방팔방으로 탁 트여 있어서 막힘이 없는 모양새다. 그래서 그런지 인심도 넉넉하다. 모정마을은 동쪽으로는 남성적인 월출산이, 서쪽으로는 여성적인 은적산이 자리하여 음양의 이치를 절묘하게 조화시키고 있다. 좌청룡 월출산, 우백호 은적산을 거느리고 있으며, 시종 태산을 안산으로 삼고 있다. 월출산과 은적산의 중심에 위치하기 때문에 아침 월출산 일출과 저녁 은적산 노을을 모두 볼 수 있다. 물론 달이 뜨는 모습과 지는 모습도 한꺼번에 감상할 수 있다. 모정마을은 월출산 천황봉에서 굽어보면 넓은 평야 한가운데 떠 있는 섬처럼 보인다. 바다가 아닌 평야 위에 떠 있는 섬인 셈이다.

남쪽으로는 흑석산이, 북으로는 시종 태산과 신북의 호산이 멀리 바라보인다. 날씨가 청명할 때는 나주 금성산과 광주 무등산의 천왕봉도 보인다. 마을 앞 들녘에서 보면 잘 안 보이지만, 마을 동편에 큰 저수지가 하나 있다. 다른 저수지와는 달리 마을과 바로 접해 있어서 농업용수를 제공하는 역할 뿐만 아니라 마을의 풍광에 운치를 더해 주고 또한 동네 사람들에게 수변공원 역할까지 제공한다. 여름철에는 홍련이 장관을 이룬다.

북쪽과 동쪽으로 진남제와 관련한 너른 들녘을 접하고 있으며 서쪽으로도 옛날 '학파농장'으로 알려진 너른 평야가 인접해 있다. 나지막한 구릉지대에 자리 잡은 모정마을은 남쪽으로는 신홍동, 서호정 마을과 통하고 북서쪽으로는 양장, 성재리 마을로 통한다. 이 구릉지대에서 바라보는 주변 풍광이 가히 일품이다. 이 길을 영산로라고 부르는데 배롱나무 가로수가 심어져 있다. 영산로를 따라 석포리에 이르면 무영대교를 거쳐 서해안 고속도로와 만난다. 북쪽으로는 동호마을을 거쳐 월산, 오산, 주암, 녹암, 회문리, 영암읍으로 통한다.

누운 소 형국

모정마을은 풍수적으로 와우형국(臥牛形局)이다. 누운 소 형국의 마을들은 주로 평야 지대에, 작은 시냇물이 흘러 물 대기가 쉬운 지역에, 논농사에 적합한 자연환경을 바탕으로 형성되어 있다. 모정마을의 입지 조건이 바로 이와 같다.

와우형국이란 마을의 모양이 소가 누워있는 모습을 닮은 것을 말한다. 소는 농사를 최고의 생업으로 여겨 온 우리 민족에게 가족처럼 소중한 존재였으며, 농사일을 하는 데 있어서 가장 중요한 생산 활동의 원동력이었다. 쟁기질, 써레질뿐만 아니라 무거운 것을 나를 때 수레를 끄는 일을 도맡아서 했다.

우경법의 발견으로 해서 농업생산력이 향상되었고 그것을 바탕으로 해서 농경문화가 발달했다. 소는 덩치가 크고 힘이 센 반면 성격이 온순하고 충직하다. 음식을 먹을 때 서서 먹기도 하지만 누워서 먹기도 한다. 소가 한가롭게 누워서 되새김질하는 모습은 그야말로 태평스럽고 여유가 넘친다. 예부터 이런 와우형국에서는 자손 대대로 큰 인물이 출생하고 후손들이 경제적 풍요를 누리는 복을 받는다고 알려져 있다.

소는 힘이 세고 온순하지만 한편 고집도 세다. 그래서 모정마을은 기운이 센 터를 누르기 위해 대보름날 줄다리기를 했다. 동네 아낙네들은 줄다리기가 끝난 후에 강강술래를 했다. 모정마을 대보름 줄다리기는 워낙 씩씩하고 흥겹게 행해져서 인근 마을 주민들까지 구경올 정도였다. 모정 줄다리기는 2008년 10월 순천에서 열린 '남도 문화제'에 영암군 민속놀이 대표로 출전하여 '얼'상을 받기도 했다.

라. 소와 관련된 지명

모정마을이 누운 소 형국임을 나타내주는 소지명(小地名)이 몇 개 있다. 소 외양간을 뜻하는 '외양골', 풀을 저장해 놓는 장소를 뜻하는 '초장골', 소를 방목하여 기른다는 뜻의 '방축리', 멍에 아래 소 등을 보호하기 위해 덮는 천을 뜻하는 '두데미', 소 언덕을 뜻하는 '소재', 소 뒤끝을 뜻하는 '뒤끄테' 등이 소와 관련된 소지명이다. 외양골은 마을 서쪽 언덕 끝자락에 있다. 어렸을 때 동네 꼬마들과 더불어 저 외양골에서 모여 대나무 막대기 칼싸움을 하던 기억이 난다. 초장골은 마을 남서쪽 소나무 동산 아래 위치해 있다. 방축리는 마을에서 구림마을로 넘어가는 구릉지대에 자리하고 있는데 주변에 울창한 소나무 숲이 많아서 등하굣길에 참새가 방앗간 찾듯이 들러서 쉬었다 가는 쉼터였다. 두데미는 마을 안쪽의 남서쪽 언덕을 일컫는 지명이다. 연날리기 놀이가 한창이던 시절, 추운 겨울날 따뜻한 햇볕이 많이 드는 이곳에서 동네 꼬마들이 하루종일 연날리기를 했던 곳이다. 소재는 벼락 맞은 이팝나무가 있는 곳인데, 남도차문화 교육원 월인당이 위치한 곳이다. 뒤끄테는 원풍정에서 울춤 사장으로 올라가는 저수지 절벽 길을 말한다.

마. 진남제와 십 리 평야

조선 시대 1534년경 나주목사를 지낸 임구령이란 분이 영암 구림에 와서 여생을 마치기로 하고 서호정마을 국사암 곁에 요월당이라고 하는 집을 짓고 살았다. 한편 군서면 주변 지세를 살펴보니 양장리 원머리와 동호리 사이의 물목이 수백 미터밖에 안 되어 보여서 제방을 쌓아 농토를 만들 결심을 했다. 수천 명의 인부들을 동원하여 수년간 제방을 쌓은 끝에 마침내 1540년 둑을 완성했다. 이 제방을 진남제라 불렀고 이 간척사업으로 말미암아 모정마을 앞에 너른 간척지가 생겼다. 이 간척지를 후세 사람들은 지남들녘이라고도 하고 십리 평야라고도 했다. 너른 들이 생기자 강가 주변 마을들도 덩달아 커졌다. 그 대표적인 마을이 모정, 동호, 양장이었고 이 세 마을들은 지남들녘을 중심으로 운명공동체를 형성했다. 홍수가 나서 진남제 둑이 무너질 것 같으면 삼리 사람들은 일심단결하여 제방을 삼 등분해서 보수했다. 근대에 들어와서는 자녀들의 학업을 위해 모정마을에 군서남초등학교를 설립하는 데 적극 협력했다. 삼리에 대한 이야기는 뒤에 더 자세하게 다루기로 한다.

바. 모정리 쌍취정 이야기

우리 모정마을에서 가장 역사가 오래된 정자는 호숫가에 자리했던 쌍취정이다. 이 정자는 원풍정을 짓기 전에 서호면에 있는 엄길마을로 이설되었기 때문에 지금은 그 터만 남아 있다. 사실 쌍취정은 옛 선비들이 남긴 시나 기행문에는 나오는데 그 정확한 위치를 잘 몰라서 관심 있는 분들이 궁금해하는 정자다. 그래서 잘못된 추측으로 엉뚱한 곳을 쌍취정이 있던 곳이라고 주장하는 경우도 있다. 그래서 나는 쌍취정의 정확한 내력을 알기 위해 2000년부터 계속해서 그 자취를 연구해왔다. 다행히 여러 사람들의 도움으로 궁금한 내용을 확실하게 알아낼 수 있었다. 여러 관련 문헌 중 결정적인 것은 1802년에 조정에서 모정리 광산 김씨 문중으로 보낸 편지에 나타난 쌍취정 문구였다.

2009년 6월 어느 날, 군서면 모정리 광산 김씨 문중에서 보관하고 있는 고문서를 살펴보는 도중에 삼효자의 효행과 더불어 효자 김예성의 맏아들인 김구해의 빈민구휼 덕행이 상세하게 기록된 내용을 확인하게 되었다. 당시(1802년)에 조정에서 모정리 김씨 문중으로 보낸 공문인데 그 안에 쌍취정(雙醉亭)이라는 말이 두 번이나 나온다. 이 문서들은 당시의 시대 상황과 풍속을 살펴볼 수 있는 귀중한 향토 사료다.

모정리 광산 김씨 문중에서 보관하고 있는 쌍취정 글자가 나오는 문서
"감결(甘結) 〈14행 70×31.5〉: 조정에서 영암에 보낸 공문 서면(西面)의 모정리 쌍취정 밑에 있는 방축(防築)의 세금 거두는 일. 1802年 2月25日"

1) 석천 임억령의 한시

임구령의 중형인 석천 임억령은 쌍취정에서 노닐다가 〈쌍취정에 올라〉라는 시를 남겼는데 그의 문집인 〈석천집〉에 실려 있다.

등쌍취정(登雙醉亭)

長勞南北夢 偶把海山杯 (장로남북몽 우파해산배)

萬一君恩報 與君歸去來 (만일군은보 여군귀거래)

天地靑山萬 江湖白髮雙 (천지청산만 강호백발쌍)

新亭亦不侈 草屋慕陶唐 (신정역불치 초옥모도당*)

小屋如龜殼 秋山似錦文 (소옥여구각 추산사금문)

機心都已盡 吾與白鷗群 (기심도이진 오여백구군)

* 도당(陶唐): 요임금

쌍취정에 올라

남북에서 시달린 몸 우연히 해산에서 술잔 잡는다

군은을 갚으걸랑 그대 곁에 돌아오리

천지에 많은 청산 강호에는 백발이 둘이라

새 정자 호사롭지 않으니 초옥임은 요(堯)임금을 사모함인가

작은 집은 거북 껍질 같고 가을 산은 비단무늬 같네

거짓 마음 다 버리고 갈매기와 함께 벗하리라

2) 남호처사 구암공 임호의 한시

쌍취정(雙醉亭)

구암공 임호*

滿目黃雨十里平 만목황우십리평

賓鴻將子叫秋聲 빈홍장자규추성

仙人往事尋無跡 선인왕사심무적

雙醉當年友愛情 쌍취당년우애정

누른 비 십 리 평야에 질펀하다

기러기는 가을 소리를 알리는구나

옛 사람 지난 일을 찾으니 자취 없고

둘이 취한 그때의 우정은 어디 있는고

출처: 선산 임씨문헌록

3) 조선 중기의 화가이자 평론가인 담헌 이하곤의 쌍취정 답사

그리고 같은 책 말미에 보면 담헌 이하곤(李夏坤)이라는 분이 호남 지방을 여행하고 쓴 기행문 중 쌍취정과 관련한 이야기가 소개되어 있다. 경주 이씨 이하곤(1677 ~ 1724)은 충청도 진천 사람으로 겸재 정선의 친구로 알려져 있다.

1722년 그의 장인이 전남 강진으로 귀양 가자 찾아가는 길에 호남 지역을 유람하고 남유록(南游綠)이라는 기행문집을 남겼다. 남유록 가운데서 모정리 쌍취정에 대해서 묘사한 대목이 나온다.

"모정 송림이 9리 숲을 이루고 있다. 들으니 쌍취정 아래 큰 연못이 있어 여름철에는 연꽃이 무성하게 피고 위로 큰 둑을 쌓아 수양버들만 주가 있으며 아래에는 갑문이 설치되어 있어 남쪽 호수로 통하여 자연히 또 하나의 호심정이 된다고 하는데 그 승경이 어찌 무림(절강성 항주시 서쪽-항주 이북의 별칭)에서 나왔겠는가? 그러나 우리 동국인들은 일을 좋아하지 않으며, 또 추위에 굶주리는 가난한 거지와 같은 생활을 면치 못해, 비록 아름다운 산과 물이 있어도 가꾸고 다듬어 꾸미는 데 있어서 중국인에게 크게 미치지 못한다. 또 이런 말을 들어도 문득 지목하기를 현실에 맞지 않는다고 여기니 탄식을 이길 수 있겠는가?…

조윤신 집에서 식사를 하고 해가 높이 돌아서야 비로소 출행하여 쌍취정에 이르렀다. 연못의 물이 모두 얼어붙었으며, 들 경치 또한 지극히 을씨년스러웠다. 다만 창문을 열면 바로 월출산의 푸르름을 대할 수 있으니, 이것이 최고의 승경이다. 벽에 문곡 김수항이 추서한 석천 임억령의 시가 걸려 있는데, 시격과 필의가 두루 다 볼만했다. 조군 형제들이 이곳에 와서 서로 전별했다. 연못을 따라 위쪽으로 몇 리 가다가 돌아보니 모든 사람들이 오히려 돌아가지 않고 서성거리고 있는데, 자못 헤어지기 섭섭해서 그러는 것을 알 수 있겠다. 길을 돌아 녹동서원에 들렀는데, 연촌 최덕지 선생에게 제향하는 것이다."

출처: 영암의 고문학(영암문화원)

남유록에 따르면 1722년 11월 29일에 구림마을에 들러 조윤신 집에서 하룻밤을 묵은 후 다음 날 쌍취정을 향해서 출발한다. 그 이전 일정에는 월출산 상견성암과 도갑사를 들러 시를 한 수 남긴 것으로 되어 있다. 아무튼 기행문에 묘사된 표현을 잘 살펴보면 쌍취정의 주변 풍경을 선명하게 그려볼 수 있다. 조윤신 집이 있던 구림마을 서호정에서 모정마을 쌍취정까지의 거리는 약 십 리이고 오는 길은 소나무 숲이 울창했다. 큰 연못, 만주의 버드나무, 너른 들녘, 창문을 열면 한눈에 보이는 월출산 전경, 문곡 김수항과 석천 임억령의 글씨와 시, 둑방길 등이 묘사되어 있다. 바로 당시의 모정마을 호수와 들녘, 그리고 호수가 쌍취정에서 바라본 월출산을 생생하게 묘사한 것이다. 현재의 모습도 거의 그대로다. 다른 점이 있다면 일제시대 당시 저수지를 확장하면서 호수가 훨씬 커졌고 여러 차례의 공사 때문에 아름드리 버드나무가 많이 소실되었다는 것이다. 하지만 지금도 저수지 둘레에는 크고 작은 버드나무가 여러 그루 남아 있다. 그리고 앞에서 이야기했지만 쌍취정이 서호면 엄길마을로 이설되어 그 터만 남게 되었다.

"창문을 열면 바로 월출산의 푸르름을 대할 수 있으니, 이것이 최고의 승경이다."라고 한 것으로 보아 쌍취정은 내부에 조그마한 방을 갖추고 있었음에 틀림없다. 이것은 담양의 소쇄원이나 식영정을 비롯한 많은 정자들에게서도 쉽게 찾아볼 수 있는 양식이다. 여름에는 사방의 창문을 활짝 열어 바람을 불러들이고 겨울에는 창문을 닫아 바람을 차단하는 용도로 쓰이던 아주 조그마한 방이다. 특히 엄동설한의 추위를 대비하여 구들장을 깔아 난방을 하기도 했다. 지금은 고인이 되신 모정마을 김학수 씨는 쌍취정에 대해서 이렇게 말했다. "쌍취정은 임구령 목사가 진남제를 완성한 후에 중형인 석천 임억령과 함께 지은 정자였다. 정자 규모가 꽤 컸었다. 땅바닥에서 마루까지의 높이가 높아서 꼬마들이 그 사이로 뛰어다닐 수 있었다." 주춧돌에서 마루판까지의 높이를 미루어 짐작해보면 쌍취정은 누정 양식에 가까운 정자였던 것 같다.

4) 낭호신사에 나오는 쌍취정

구림마을 출신의 박이화(1739~1783)가 쓴 낭호신사(朗湖新詞)에 보면 쌍취정에 대한 다음과 같은 구절이 나온다.

"요월당 높은 집은 임목사(임구령)의 랑사로다

연당의 배를 타고 형제상유 하올시고

강호백발 양령자는 쌍취정이 완연하다"

요월당은 임구령 목사의 사랑채를 말하는 것이고, 연당에서 배를 타고 형제끼리 서로 놀았다는 대목에서의 형제는 바로 석천 임억령과 월당 임구령을 지칭하는 것이다. 강호백발 양령자는 두말할 필요 없이 늙은 두 형제의 쌍 그림자를 나타내는 말이며 쌍취정을 빗댄 표현이다. 충청도 선비 담헌 이하곤이 모정마을 쌍취정을 다녀간 것이 1722년이었고, 박이화가 낭호신사를 쓴 것은 그때부터 60년이 지난 후였다. 이 글을 보면 쌍취정이 1558년 명종 13년에 지어진 후로 200년이 지났지만, 그때까지도 건재했으며 수많은 시인 묵객들이 다녀갔었다는 것을 알 수 있다.

5) 선산 임씨 종손 임선우 씨와의 만남

2014년 여름 어느 날이었다. 전날 밤에 머리가 허연 네 분 신선들을 만나 담소를 나누는 꿈을 꾸다가 깨었다. 아내에게 그 내용을 전하면서 무슨 일이 있으려고 그런 꿈을 꾸었는지 모르겠다고 말했다. 오전 일을 끝내고 월인당 누정에 앉아서 책을 읽고 있는데 갑자기 승용차 한 대가 집 앞에 멈춰서더니 어른들 네 분이 차에서 내렸다. 꿈에서 본 것처럼 백발이 성성한 도인의 풍모를 갖춘 어른들이었다. 무슨 일로 오셨냐고 여쭸더니 한 분이 점잖게 물었다.

"여기에 무슨 방죽이 있습니까?"

"제가 살고 있는 이곳은 마을 서쪽에 있는 언덕이라고 해서 서재(西岾)라고 부릅니다. 방죽은 동쪽 언덕 아래 있습니다만 무슨 일로 그러십니까?"

"옛날 우리 선조께서 이곳 연못가에 정자를 짓고 사셨는데 그 터가 궁금해서 한 번 찾아와 보았습니다."

"혹시 그 정자 이름이 쌍취정이 아닌지요?"

"아니, 젊은 사람이 쌍취정을 어찌 아십니까?"

"네, 어른들을 통해 들어서 알고 있습니다. 잠깐 안으로 드시지요. 다과를 드신 후에 제가 안내해 드리겠습니다."

이렇게 해서 선산 임씨 어른들과 첫 대면을 했는데 그중 한 분이 임구령 목사의 16세손이자 종손으로 월당공의 묘소와 제실을 관리하고 있는 임선우 씨였다. 그날 모정 저수지, 쌍취정 터, 삼효자문과 사권당 등 마을 곳곳을 안내하면서 꽤 많은 이야기를 나누었다. 종손 임선우 씨는 쌍취정기와 중수기 원문을 보관하고 있다며 나중에 기회가 되면 복사본을 한 부 마련해서 건네주겠노라고 약속했다. 가을 어느 날 종손 임선우 씨가 약조한 대로 쌍취정기 원문과 문곡 김수항이 쓴 중수기, 그리고 월당공 장남인 남호처사 임호와 관련된 자료를 전달해주셨다. 이렇게 500년 만에 쌍취정기를 읽어보게 되었다.

6) 쌍취정기

공의 성휘는 임구령이요, 호는 월당이니, 위사공신 목사요 증 호조판서공이다. 부친의 휘는 우형이요 시호는 충순이니, 증 보작공신 대광보국숭록대부 영의정 홍문관 예문관 춘추관 관상감 영사 부원군이요, 형은 억령이요 호는 석천 또는 하의이니, 우리나라 문장이고 관찰사이며, 차형은 백령이요 호는 괴마이고 시호는 문충이니 정난위사공신 보국숭록대부 숭선부원군이다.

공은 계자요 계제로서 신유(1501년/연산군 7년)년 5월에 해남 사저에서 출생하고, 나이 34세에 출사하여 국가 포상의 공을 받고, 하사한 선물이 해가 갈수록 많아지니 그 성은이 비할 수 없었다. 처음 광주 목사와 좌우승지에 임명되고 남원부사에 재임하니, 이에 그 부귀가 나라에 으뜸하고 곡물이 수만 섬이요, 노비가 수천 명이나 되었다. 그러나 훈천양육은 보신처세에 오히려 장애가 된 것임을 깨닫고 달 밝고 조용한 밤이면 일찌감치 잠자리에 들어 꿈에 엄군평과 만나서 '분수를 알고 용퇴할 방법'에 대하여 서로 이야기하고, 또 중국의 재상 범여가 벼슬을 그만두고 망명을 하게 된 깊은 뜻을 마음에 새기면서, 우연히 영암 서구림에 들렀는데, 이곳은 바로 월출산 밑이며 서호의 위이고, 옛 고려의 국사인 도선이 살던 땅이며, 구거(舊居)에서 멀지 않고 서울에서 천 리나 떨어진 곳이다.

인간 만사를 헤아릴 제 세상에서 제일 급선무는 생활경제의 길밖에 없다 하고, 진남포 일대에 축대를 쌓기로 기획하여, 창고를 개방하고 노비와 장정을 투입하여 마침내 천여석지기 토지를 개간하였으며, 한편에는 못을 파고 한쪽에는 정자를 지어 못에는 연꽃을 심고 고기를 키워서 운치를 아름답게 하고, 고기가 헤엄쳐 놀도록 꾸몄다. 정자는 처음에 모정(茅亭)이라고 이름을 붙였는데, 이것은 요임금의 모자불치(茅茨不侈)라는 고사의 뜻을 취했던 것이며, 다시 쌍취정이라고 이름하여 형제 동락의 뜻을 담았으니, 지(池)와 정(亭)의 두 가지 아름다움이 서로 어울려 볼수록 더욱 아름답고, 들녘에서는 공을 칭송하는 격양가가 울려 퍼지고, 정자에서는 임금을 사모하여 멀리서 우러러 은덕을 따르는 노래를 부르며, 거문고를 스스로 즐기며 여생을 마치니, 화려한 세월과 태평한 세상을 이 정자에서 가히 얻었다 할 것이다.

갑인년(1614년) 칠월 박동열 기술함

출처: 선산 임씨문헌록

7) 쌍취정 중수기

문곡(文谷) 김수항이 1678년에 쓴 쌍취정 중수기(重修記)를 보면 쌍취정이 한 번 불에 타서 다시 지었음을 알 수 있다.

"석천 선생이 담양부사가 되어 이 정자에 놀러 와서 시를 읊었는데, 그 후 정자가 병화에 불타고 오랜 뒤에 복구하였으나 시는 흩어져서 그 소재를 알 수 없었다. 이제 마침 창평 어느 집에서 선생의 유고를 얻으니 그 시가 모두 실려있어 당시의 풍류생활을 완연히 파악할 수 있으므로 각하여 정자의 벽에 걸어 두고 오래도록 전할 것이며, 또 그 전말을 대강 기록하여 후인에게 알리는 바다. 그 시가 처음 지은 후 지금 다시 게시할 때까지 갑자(甲子)가 다시 돌아왔으니 그 또한 이상한 일이로다.(1678년 4월 김수항 기록함)" (쌍취정 건립 1558년 이후 120년이 지났다는 뜻이다.)

8) 모정리 호숫가에 터만 남은 쌍취정

19세기 초에 선산 임씨들은 모정리 주민들에게 방죽(큰 연못) 곁에 있던 논을 팔고 영암을 떠났다. 그 후 엄길마을 전씨들이 이 쌍취정을 사서 이설하고 수래정이라는 이름을 붙였다. 지금 엄길마을 회관 곁에 세워져 있는 정자가 바로 그것이다. 1850년대에는 임씨 후손들이 나타나 연못의 소유권을 주장하는 사태가 일어나 마을 주민들과 소송이 벌어졌다. 그 결과 김병교 관찰사의 명 판결을 기리는 철비가 세워졌다.

엄길리 수래정은 쌍취정의 원형을 짐작하게 하는 품격을 갖춘 고풍스러운 정자다. 그러나 이설하는 과정에서 쌍취정의 원형이 조금 변형되었다. 이하곤의 기행문에서 설명된 작은 방을 없애고 정자 바닥 전체에 마루를 깔아 시원스럽게 공간을 비워 놓았다. 이 과정에서 쌍취정 편액과 문곡 김수항과 같은 문사들이 남긴 여러 시를 새겨놓은 편액 또한 소실된 것으로 보인다.

9) 쌍취정 복원 희망

2014년 여름 어느 날 월인당을 방문했던 선산 임씨 네 분의 어른들은 현재 홍련이 가득한 모정 저수지 가에 쌍취정을 복원했으면 하는 소망을 내비쳤다. 그리고 1857년 모정마을 주민들과 연못 소유권을 두고 벌어진 행정소송 사건도 선산 임씨 문중 한 개인의 욕심이 빚어낸 결과였지 문중 차원에서 벌인 일이 아니라고 분명히 선을 그었다. 나 역시 선산 임씨 문중과 모정마을 주민들이 힘을 합하여 쌍취정을 복원한다면 양 가문의 화해 차원에서도 후손들에게 큰 귀감이 될 것이라고 말했다.

그리고 여러 시문과 기행문에 나오는 내용을 세심하게 살펴보면 쌍취정은 자연지형을 그대로 살린 원림에 가깝다. 쌍취정을 복원할 때 이 점을 충분히 고려하여야 할 것이다.

영암향교 최기욱 전교도 쌍취정을 꼭 복원하여 영암의 문화관광자원으로 활용해야 한다고 여러 차례 주장해오고 있다. 쌍취정 복원은 '호남삼고(湖南三高)' 중 한 사람으로 추앙받는 석천 임억령과 구림사회에 큰 영향을 미쳤던 월당 임구령의 발자취를 되살리는 일이 될 것이다. 이것은 또한 모정리 홍련지, 담양의 식영정과 서호면 엄길리의 수래정, 구림마을 요월당을 연계한 훌륭한 문화유적 답사코스가 될 수 있으리라 믿는다.

2. 모정마을 주변 풍광과 이웃 마을 이야기

서호면 은적산에서 내려다본 영산강과 무영대교. 은적산은 월출산과 더불어 영암을 대표하는 이름난 산이다.
상은적봉과 하은적봉으로 양분되어 있는데 산이 깊고 숲이 울창하여 많은 등산객들이 찾는 곳이다.
한편 담양 용소에서 발원한 영산강이 이곳 영암을 거쳐 목포 앞바다로 흘러간다. 저 다리를 건너면 남악 신도
시가 나온다. 이곳을 흘러가는 영산강을 주민들은 주룡강이라고도 부른다. 매월리 앞에 주룡나루터가 있다.

가. 영산강

영산강 발원지 담양 용소 전경-남도의 젖줄 영산강은 담양군 용면 용추봉에서 발원하여 담양, 광주, 나주, 무안, 영암을 관통하여 목포 앞바다로 흘러간다.

담양군 용면 용추봉에서 발원하여 담양, 광주, 나주를 거쳐 이곳 영암까지 삼백 리를 유장하게 흘러온 영산강은 금강마을 어귀에 이르러서야 비로소 그 진면목을 드러낸다. 나주 동강과 무안 몽탄을 거쳐 시종 남해포에서 흐르는 삼포강 물을 흡수하면서 거침없이 남해 바다를 향해 굽이쳐 흐르는 모습이 위풍당당하다. 이 고갯길의 오르막길과 내리막길을 걸으면서 커다란 물줄기가 서로 만나 하나가 되는 장엄한 광경을 두 번이나 볼 수 있다. 황촌마을 앞에서 서호강과 덕진강이 서로 만나 영암천을 형성하는 모습과 금강마을 앞에서 영암

모정마을 이야기

천과 영산강이 서로 만나 더 큰 물줄기를 이루는 광경이 바로 그것이다. 산과 들과 강이 이렇게 절묘하게 조화를 이루는 곳은 영암에서 오직 여기밖에 없다. 동북쪽으로는 너른 평야가 끝없이 펼쳐지고 서쪽으로는 큰 물줄기가 주변의 대지를 흠뻑 적시면서 수백 리를 흘러 내려온다. 그 들과 강 너머로 크고 작은 산들이 서로 어깨동무를 한 채 뒷걸음질 친다.

군서면 월산 삼거리에서 출발하여 동호 모정의 너른 들녘을 관통하다가 서호면 황촌 고갯마루에서 잠시 숨을 고른 후 금강 태백을 거침없이 내달려온 영산로도 마침내 그 이름대로 영산강을 만나 회포를 푼다. 북으로는 남해만이요, 동으로는 덕진만이다. 남해만과 덕진만이 보듬어 안은 수천 갈래 지류들의 강물이 이곳에서 만나 바다처럼 넓은 하구를 형성한다.

나. 서호강

서호강의 시작은 월출산이다. 월출산 홍계골에서 발원한 시냇물이 군서천을 따라 굽이치며 흐르다 서호정 상대포를 지나 대섬에 이르러 제법 큰 하천을 형성한다. 은적산에서 발원한 시냇물도 장동마을과 엄길마을을 지나 서호강에서 합류한다. 학산면 묵동리 먹뱅이골에서 발원하여 묵동저수지를 거쳐 학산면 상월리와 용산리, 서호면 몽해리를 지나 서호강에서 만난다. 지금은 하천에 불과하지만 성재리와 양장리 사이에 제방이 완성되기 전에는 구림마을 상대포, 용산리 아천포에서 출항하는 어선들과 상선들의 뱃길이었고 가까이는 목포와 영산포까지, 멀리는 일본과 중국에까지 연결되는 무역항로였다.

조선 시대에는 중국의 항주와 소호의 아름다움에 빗대어 이곳을 서호라 부르면서 시인 묵객들이 꼭 한번 들러보고 싶은 소풍 장소로 손꼽히는 명소로 떠올랐다. 수천 년 동안 얼마나 많은 사람들이 이 물길을 따라 왕래했을지 모를 일이다. 만일 일제 강점기 때 현준호가 이곳을 간척지로 조성하지 않고 그대로 놔두었다면 어찌 되었을까? 그러나 부질없는 생각이다. 어차피 1980년대에 목포 하굿둑을 쌓음으로써 간척지가 될 수밖에 없는 처지였다. 인간은 생존을 위해 자연을 그대로 두지 않는 법을 습득했다. 그 시절에는 쌀이 최고의 가치였고 쌀 생산을 위해서는 너른 들녘이 필요했다. 현준호 이전에도 고산 윤선도, 월당 임구령 등 당대의 지식인들은 농토를 확보하기 위하여 병목 구간에 제방을 쌓아 갯벌을 매립하는 간척공사를 진행했다.

서호강과 갈대

당시의 영암만은 강진만이나 순천만보다 훨씬 더 깊숙이 내륙을 파고들어 왔다. 시종, 도포, 해창, 덕진, 성재리 무송동, 동호, 성지촌까지 밀물이 들어왔으니 월출산은 사실 바닷가 산이었다. 여기에서 생산되는 해산물은 찰지고 비옥한 갯벌로 말미암아 최고의 맛과 품질을 자랑했다. 영암 어란이 괜히 나온 게 아니었다. 영산강으로 흘러들어가는 크고 작은 하천을 따라 하염없이 펼쳐진 갈대밭과 그곳에 서식하던 수많은 철새들은 그 자체로 한 폭의 그림이었고 시인 묵객들과 예술가들의 발길을 유혹하는 관광명소였다.

   하지만 예전의 규모에는 턱없이 부족하지만 우리 영암에도 갈대밭이 없는 게 아니다. 옛 학파들녘 중앙을 관통하여 흐르는 서호강을 따라 광활한 갈대밭이 끝없이 펼쳐진다. 그 중간지점이 학파동 마을이고 서호강 갈대를 가장 잘 볼 수 있는 지점이 학파동 다리 위다. 학파다리 위에 서면 강변 양쪽으로 끝없이 펼쳐진 갈대밭뿐만 아니라 사방으로 펼쳐진 너른 들녘, 모정마을 너머 동편 월출산과 학파동 서쪽으로 안온하게 자리 잡은 은적산, 그리고 들녘 가까이에 산재해 있는 여러 마을들을 한눈에 바라볼 수 있다. 이 서호강 갈대밭을 배경으로 탐방로를 조성하고 양쪽 강둑을 이용하여 하이킹 도로를 만든다면 관광명소가 될 듯싶다.

검주리 앞 들녘 가운데로 끝없이 펼쳐진 서호강 갈대밭

다. 배롱나무 백 리 길-영산로
-영암 유일의 강변도로가 있는 길

봄을 부르는 백 리 벚꽃길

영암에는 전국 12대 아름다운 길 중 하나로 선정된 "백리 벚꽃 길"이 있다. 바로 영암읍 버스 터미널 앞 로터리에서 시작하여 독천까지 이어지는 819번 도로다. 월출산 자락을 끼고 이 마을 저 마을을 굽이 돌아 이어지는 이 길은 해마다 4월 초가 되면 연분홍빛 왕벚꽃이 활짝 피어 봄을 부르고 이어서 상춘객들까지 불러들인다. 왕인문화축제도 자연히 이 시기에 맞추어 열리게 된다. 기암괴석의 월출산과 유서 깊은 마을들, 그리고 진초록 보리밭과 어우러진 이 벚꽃 터널은 나그네의 발걸음을 끌어들이기에 부족함이 없다.

영암의 새로운 명소-배롱나무꽃 백 리 길

이 왕벚나무 가로수길과는 별도로 대부분의 영암인들이 잘 모르고 있는 영암의 숨은 비경을 간직한 길이 또 하나 있다. 이 길의 이름은 "영산로"다. 월산마을에서 시작하여 양지촌, 지남, 동호리, 모정리, 양장리, 서호강, 무송동, 황촌고개, 금강리, 태백리, 미교리, 매월리, 석포리, 은곡리, 신덕리, 광산마을, 독천까지 이어지는 환상적인 오프로드다. 현재 월산에서부터 은곡리까지 길 양쪽으로 배롱나무가 심어져 있다. 배롱나무꽃은 유식한 말로 목백일홍이라고 하며, 말 그대로 7월에 나무 아래쪽에서 꽃이 피기 시작하여 9월까지 100일 동안 꽃이 핀다. 나무 아래를 간질이면 파르르 떤다고 해서 '간지럼나무'라고 부르기도 하고, 또한 이 꽃이 다 지면 벼가 익는다고 해서 '쌀밥나무'라고 부르기도 한다. 사실 영암고을의 가로수는 대부분 벚나무 일색이어서 4월 초순에만 반짝 꽃을 볼 수 있는 단조로움이 있었던 것이 사실이었다. 그런데 이 백 리에 걸친 배롱나무꽃 가로수길이 생김으로써 여름과 가을에도 꽃을 감상할 수 있게 되었다.

이 영산로는 너른 들녘과 강을 가로지르다가 은근하게 깊은 골이 많은 은적산을 끼고 돌면서 영산강변을 타고 넘는다. 주변 마을마다 나름대로의 특색 있는 풍광과 문화유적, 그리고 신비로운 전설을 간직하고 있다. 소나무 동산과 넓은 평야, 구릉지대에서 한눈에 바라보이는 월출산과 은적산, 가장 한국적인 느낌을 오롯이 간직하고 있는 농촌 마을과 풍광 좋은 정자, 서호강과 여러 갈래의 샛강, 갈대와 철새들, 황촌고개에서 내려다보이는 스펙터클한 대평원과 영산강 풍경, 은적산 깊숙한 곳에 자리한 아늑하고 정겨운 산촌 풍경, 한적한 영산강 강변도로와 무인도 풍경 등은 오직 이 영산로에서만 맛볼 수 있다.

서호면 무송동을 지나 황촌 고갯길을 넘으면 금강마을 두물머리가 나온다. 영암천과 영산강이 만나는 곳이다. 영산로를 따라 조금 더 가면 태백리가 나온다. 태평정과 백운동을 합하여 태백리라고 부르는데 은적산 자락에 숨어 있는 은둔형 마을이다. 백운동 초입에 전통 방식으로 두부를 만드는 집이 있다. 이 손두부집을 지나 산허리를 감아 돌면 갑자기 바다처럼 넓어 보이는 영산강이 마중 나온다. 영산강 건너편으로 무안이 보이고 강 가운데에는 삼각형 모양의 무인도인 가래섬이 보인다. 이곳에서 바라보는 석양이 일품이다. 여기서부터는 일명 주룡강이라 불리기도 한다. 상사바위의 전설을 음미하면서 강변을 달리다 보면, 뒤로는 은적산을 끼고 앞으로는 주룡협곡을 마주하고 있는 마을이 하나 보인다. 바로 미교마을이다. 그 이름에 걸맞게 마을 앞에 영산강을 가로질러 남악 신도시와 연결하는 아름다운 다리가 건설되었다. 바로 무영대교다.

영산강변도로-나의 신혼여행길

영산강변도로는 매월리를 지나 석포리까지 계속 이어진다. 매월리와 석포리는 옛날 석화로 이름난 곳이다. 해 질 무렵을 기다려 이 영산로를 달려보라. 영산강 갈대를 배경으로 펼쳐지는 해넘이 풍경은 보는 이를 압도한다. 배롱나무꽃 가로수길은 은곡마을까지 계속 이어진다. 은곡마을에는 옛 서당인 집영재가 있다. ㄷ자 형태의 한옥인데 구조가 독특하다.

목포길로 이어지는 신덕마을 삼거리를 지나 광산마을에 이르면 마침내 영산로 배롱나무 백 리 길이 끝이 난다. 광산마을은 매화 피는 마을로 유명하다. 3월 중순에 이곳을 방문하면 청아한 매화꽃 향기에 흠뻑 젖어볼 수 있다. 마을 소나무 동산에 자리한 정자 광신정도 가볼 만한 곳이다. 영산로의 끝 지점에 위치한 독천은 낙지마을로 이름난 곳이다. 수십 개의 낙지 전문식당이 즐비하게 늘어서 있다. 여기에서 819번 국도를 타면 아름다운 벚꽃 가로수길을 만날 수 있다. 이 벚꽃 백 리 길은 구림마을을 지나 영암읍까지 이어진다. 나는 이 영산강길을 너무나 사랑하여 신혼여행길로 삼았다.

작고 굽은 길과 크고 곧은 길

나는 이 길을 30년이 넘도록 즐겨 다녔다. 때로는 걸어서, 때로는 자전거나 오토바이를 타고, 때로는 자동차를 타고서 수백 번을 다녔다. 신혼여행 이튿날 이 영산로를 택해서 오토바이를 타고 드라이브를 하기도 했었다. 영산로 주변 풍광은 아침저녁으로 다르고, 계절마다 달랐다. 때로는 소박하고, 때로는 장엄했다. 구불구불 산허리를 돌아 들녘으로, 강으로, 마을로 이어지는 이 영산로는 무슨 까닭인지 사람의 체취가 물씬 묻어났다. 아마도 길이 너무 크지 않아서, 너무 곧지 않아서 그랬을 것이다.

지금 사람들은 무조건 도로를 넓히고 직선화한다. 마을 주변에 직선으로 뻗은 큰 도로를 내면 지역이 크게 발전할 것이라고 믿는다. 하지만 새마을운동 이후로 지속돼온 도로 넓히기 사업은 사람들의 기대와는 달리 마을과 지역을 황폐화시킨 결과를 가져오고 말았다. 우선 영암과 광주를 보라. 30년 전에 영암에서 광주까지 가려면 버스를 타고 2시간이 넘게 걸렸다. 그러나 지금은 한 시간이면 충분하다. 그 결과 영암에서 근무하는 직장인들은 대부분 광주에서 출퇴근한다. 교통이 나쁘던 옛날에는 상상도 못했던 일이다. 영암과 광주 사이에

곧게 뻗은 큰 도로가 생겨서 영암지역이 발전하기는커녕 오히려 영암의 인구와 상권이 광주로 흡수당하는 현상이 발생했다. 큰 도로를 따라 사람과 돈이 빠져나가는 역효과가 일어난 것이다. 쇼핑도 목포나 광주로 간다. 아이들도 큰 도로를 따라 대도시 학교로 이동한다. 공직자들도, 교사들도 한 시간 거리에 있는 대도시로 출퇴근하느라 바쁘다. 당연한 결과로 영암읍은 공동화 현상이 심해진다.

서울 수도권과 지방 도시 역시 마찬가지 관계다. 고속도로가 생기고, 이어서 고속철도가 생기면서 지방의 인구와 상권은 서울 수도권으로 흡수되었다. 지금도 현재진행형이다. 고속전철을 타고 대구에서, 광주에서, 대전에서 서울까지 쇼핑을 가고 병원을 다닌다. 지방자치단체에서는 인구감소 대책을 강구하기 바쁘지만, 서울과 수도권은 인구과밀화 현상으로 골머리를 앓는다.

크고 곧은길은 속도를 동반한다. 속도는 현대인의 키워드다. 뭐든지 빨라야 한다. 빠르게 움직여야 살아남는다. 흔히 하는 말로 뒤돌아볼 겨를도 없이 앞만 보고 달려간다. 빠른 속도에 적응하면 정신적으로나 경제적으로 더 나아질 것이라는 믿음이 굳게 내재되어 있는 듯하다. 그러나 살림살이가 나아지기는커녕 속도가 빨라질수록 사는 일이 팍팍하다. 과속은 사고를 부르기 마련이다. 정신적 신체적 건강에 적신호가 켜진다. 어느 순간 빠르게만 달려온 길을 뒤돌아보면 와서는 안 되는 길을 너무 멀리 와버렸음을 깨닫는 경우가 많다. 다시 돌아가고 싶지만 현실은 발목을 잡고 놓아주지 않는다. 이대로 갈 것인가? 다시 되돌아갈 것인가? 귀향 귀촌과 귀농에 대한 고민이 싹트기 시작한다. 그러나 주변의 여러 가지 상황은 결단을 어렵게 만든다.

한편, 크고 곧은길은 단절을 동반한다. 고속도로에는 반드시 중앙분리대가 설치되어 있다. 도로의 이쪽에서 저쪽으로 건너가지 못한다. 큰길은 들녘과 들녘을, 마을과 마을을 단절시킨다. 큰길은 산을 두 동강 내며, 심지어 자연 풍경까지도 반 조각낸다. 큰길을 가는 사람들은 쇠락해 가는 공동체 마을에 대해서, 그 마을에 사는 이웃들에 대해서 생각하지 않는다. 오직 목적지를 향하여 무서운 속도로 달려갈 뿐이다. 그 종착점에는 무엇이 기다리고 있는가? 혹시 대도시의 오염된 공기와 이웃 간의 치열한 경쟁만이 그대를 기다리고 있지는 않은가?

이제 다시 생각해봐야 할 때가 되었다. 크고 곧은 길보다는 작고 구불구불한 길이 인간적이고 자연친화적이다. 영산로와 같은 사람 냄새가 나는 길을 찾아내어 보존하고 잘 가꾸어야 한다. 속도에 지치고 메마른, 인정에 지친 사람들이 일부러 찾아와 쉴 수 있는 휴식처로 만들어야 한다. 강가에 앉아서 쉴 수 있는 벤치도 만들고 작은 원두막도 설치해 놓으면 좋겠다. 갈대꽃 서걱거리는 둔치에는 소공원을 만들어 잠시 산책을 하며 쉬어갈 수 있도록 하면 더욱 좋겠다. 이제는 가던 길 멈추고 잠시 휴식을 취할 타이밍이다. 여기 휴식에 딱 어울리는 영산강변도로가 있다. 영암에 오시거든 영산로를 찾아 쉬었다 가시라.

라. 검주리

솔짓개를 넘어 검주리로

모정리 2구 마을로 분구된 마을 이름이 검주리(黔蛛里)다. 솔짓개는 아름드리 소나무가 무성한 고개를 나타내는 이름인데 1990년대에 솔잎혹파리의 피해를 당해 지금은 모두 베어지고 없다. 이 솔짓개 삼거리에서 오른쪽으로 가면 양장마을이 나오고 왼쪽으로 가면 검주리가 나온다. 솔짓개에서 검주리 안길에 이르는 언덕길은 주변 전망을 잘 조망해볼 수 있는 곳이다. 동쪽 월출산과 서쪽 은적산을 한눈에 바라볼 수 있다.

거미 형국인 마을

검주리는 풍수상 지형이 거미형국을 띠고 있기 때문에 생긴 이름이다. 검을 검(黔)자에 거미 주(蛛)자를 썼다. 마을이 형성된 때는 학파농장이라고 불린 간척지가 조성된 후다. 넓은 들녘 덕택에 많은 사람들이 이주하였다. 처음에는 외지에서 여러 성씨들이 들어와 살았으나 점차 모정마을에서 분가해왔다. 점차 인구가 늘어나자 1960년대에 모정리 2구로 분구되었다. 구호주택이라고 하는 일종의 연립주택이 많이 들어섰다. 이때 마을 호수는 60여 호에 달했다고 한다. 하지만 지금은 20여 호에 불과하다.

검주리는 마을회관이 있는 본 마을과 백암동과 잇대어 있는 초장골로 이루어져 있다. 북에서 남으로 이어지는 구릉 아래에 위치해 있기 때문에 대부분의 집들의 좌향이 서향이다. 마을회관 바로 앞에 들녘을 조망해볼 수 있는 풍락정(豊樂亭)이라는 정자가 있다. 마을 앞으로는 기름진 평야가 끝도 없이 펼쳐져 있고 그 들녘 한가운데를 서호강이 관통하여 흐른다. 서호강 너머에는 서호면에 속하는 학파동마을이 자리하고 있고 그 너머로 능선이 완만한 은적산이 있다. 그래서 검주리는 은적산 산등성이에 비끼는 석양이 일품이다.

검주리에서 학파동마을을 가기 위해서는 서호강을 지나는 조그마한 다리를 건너야 한다. 일명 학파다리다. 그런데 이 학파다리 주변의 갈대가 장난이 아니다. 나락이 차지게 익어가는 가을에 황금들녘과 너울너울 수작을 건네는 풍성한 갈대꽃의 율동도 멋지지만 하얗게 쭉정이만 남아 초록색 새싹과 대비를 이루는 5월 풍경도 그에 못지않다.

마. 구림마을

구림마을은 2,000년이 넘는 역사를 자랑하는 유서 깊은 마을이며 뛰어난 풍광과 다양한 역사문화유적지를 보유하고 있다. 모정마을과는 예부터 밀접한 관계를 맺어왔다. 우선 두 마을은 천 년 전 도선국사와 관련한 탄생설화를 공유하고 있다. 구림마을에는 처녀가 아기를 낳아 숲속 바위 위에 버렸는데 다음날 가보니 비둘기가 아기를 덮어 보호하고 있었다는 전설이 있다. 모정마을에는 그 비둘기가 날아간 곳이라 하여 비죽이라고 부르는 장소가 있다.

조선 중기 무렵 구림마을 부흥에 선산 임씨 월당 임구령과 그의 아들 남호처사 임호가 크게 기여하였다. 1536년에 나주목사 임구령이 현재 국사암이 있는 터에 요월당을 짓고 구림마을에 안착한 후 1540년 동호리와 양장리를 잇는 제방을 쌓아 간척지를 조성했다. 1558년에는 중형인 석천 임억령과 함께 연못가에 지어놓은 정자를 개축하여 쌍취정이라 명명하고 이 정자에서 수많은 시인 묵객들과 함께 시국을 논하고 풍류를 즐겼다. 남호처사 구암공 임호는 여러 선비들과 더불어 대동계를 결성하고 향촌의 풍속을 교화하는 데 힘썼으며, 1565년에는 박규정 등과 함께 회사정을 짓고 직접 회사정기를 썼다. 구림마을 서호정에 있던 요월당과 모정마을에 있던 쌍취정은 16세기 중후반 선산 임씨들이 구림사회에 미친 영향이 얼마나 컸었는지를 잘 말해주는 문화유적이다. 하지만 오늘날에는 선산 임씨들의 흔적은 거의 남아있지 않다. 지금의 구림마을은 왕인박사를 전면에 내세워 '왕인박사마을'로 널리 홍보하고 있으며 '전남에서 먼저 살아보기' 등 다양한 체험 프로그램을 운영하고 있다.

호남의 8대 정자에 속하는 구림마을 회사정 가을 풍경. 1565년 임호, 박규정 등이 지은 정자로 구림 대동계 집회장소다.

바. 동호리

군서면 사람들은 모정리, 동호리, 양장리 세 개 마을을 합하여 '삼리'라고 부른다. 이 세 마을의 자녀들은 이른바 3학군에 속하여 모정마을에 설립된 군서남초등학교에 함께 모여 공부했다. 1540년 동호리와 양장리를 잇는 제방을 쌓아 간척지가 조성된 후부터 농사짓는 터전도 세 개 마을이 함께 공유했다. 그래서 홍수로 제방이 무너질 조짐이 보이면 제방을 삼등분하여 세 개 마을이 함께 관리하기도 했다. 어찌 보면 모정 양장 동호리는 예로부터 운명공동체였다고도 말할 수 있겠다. 그래서 여기에 특별히 동호리와 양장리에 대한 소개 글을 실었다. 모정리 주민들도 이웃 마을에 대해서 기본적인 것들은 알고 있으면 좋을 것이다. 이 이야기는 직접 동네 어른들을 만나 뵙고 기록한 것이며 구석구석 발품을 팔아 모은 이야기들이다.

제비가 점지해 준 풍요의 마을

동호마을은 원래 호숫가에 위치한 마을이지만 마을 입석에 새겨진 조각에서 볼 수 있듯이 풍수적으로는 제비 형국이다. 마을 뒤편에 자리 잡은 야트막한 산이 동서로 길게 늘어져 있는데, 멀리서 바라보면 마치 제비가 날고 있는 형국이다. 보통 제비 형국의 마을들은 연소리와 같은 제비와 관련된 이름을 갖고 있는 데 비해 동호리는 그렇지 않다. 아마도 바다에 인접한 마을이기 때문이었을 것이다. 그럼에도 불구하고 마을 사람들이 굳이 입석에 제비를 새겨 넣은 것은 제비가 가지고 있는 여러 가지 상서로운 상징성 때문일 것이다.

동호마을 초입 풍경. 마을 입석에 제비가 새겨져 있다. 앞에 보이는 들녘이 1540년에 조성된 간척지이고 이 도로 끝에 모정마을이 있다.

사실 옛날에는 제비와 함께 한집에서 살았다고 해도 과언이 아니었다. 논흙을 물어다 집을 짓고 있으면 조그만 널빤지를 받쳐주는 정성을 보이기까지 하지 않았던가? 문을 열어 놓고 도리상에 앉아 밥을 먹고 있으면 제비들이 방 안에까지 날아 들어와 날갯짓을 하고 다녀도 그냥 내버려 둘 정도였다. 제비 한 쌍이 서로 힘을 합하여 집을 짓고 알을 낳아 100일 동안 지극정성으로 새끼들을 돌보는 모습을 보면서 우리는 어린 나이였지만 이를 통하여 부모의 도리를 배우기도 했었다. 하지만 요즘은 제비를 보는 일도 쉽지 않다. 초가집과 같이 제비가 쉽게 집을 지을 수 있는 친환경적인 주거형태가 콘크리트 집으로 변해서이기도 하고 무분별한 농약 살포와 난개발로 인한 생태계 파괴의 결과이기도 하다. 우리 민족과 가장 친숙하게 지냈던 제비가 우리 세대에 와서 사람들과 점차 멀어져가고 있다는 것이 안타깝다.

오돈제와 400년 느릅나무

마을 초입에서 신작로를 따라 안 쪽으로 조금 걸어 들어가면 조그마한 쉼터가 나오고 바로 곁에는 탐진 최씨 문각인 오돈재(五惇齋)가 있다. 오돈재는 4칸 한옥인데 처마를 길게 빼고 쪽툇마루를 빙 둘러 내달아 놓았다. 마당 가에는 400년 된 느릅나무가 한 그루 있다. 느릅나무 둘레에는 새끼줄이 쳐 있었다. 고목은 곧 그 마을의 역사를 말해준다. 최동근 이장님은 동호마을 역사에 대해서 이렇게 말한다. "원래는 인동 장씨가 먼저 입촌해서 살았다. 나중에 탐진 최씨가 들어와 살게 되었는데, 지금은 장씨는 별로 없고 주로 최씨가 일가를 이루고 있다. 오돈재 느릅나무 수령으로 보아 탐진 최씨가 동호리에 입촌한 지는 대략 400년 전으로 짐작된다. 현재 78세대 정도가 마을을 이루고 있다." 동호리 역시 한때는 100호가 넘는 큰 마을이었으나 여느 마을과 같이 젊은이들이 모두 도시로 떠나고 노인들만 남아서 마을을 지키고 있다.

심군수 선정비

동호마을은 동변(東邊)이라고도 불린다. 왜 동호(東湖), 동변이라는 이름이 생겼을까? 그 대답은 서호(西湖)에서 찾아야 할 것 같다. 서호면에서 보면 동호마을은 동쪽에 위치해 있기 때문이다. 이렇게 보면 우리 영암은 참 멋진 지명을 가지고 있다. 서호와 동호가 언덕 하나를 사이에 두고 사이좋게 어깨동무를 하고 있다. 동호와 서호를 부드럽게 이어주는 곳을 원머리(언머리)라고 부른다. 이 원머리는 양장마을에 속하는 지역이다. 임구령 목사는 이 원머리에서 동호리까지 제방을 쌓아 지남들을 만들었다. 바로 오중스님의 살신성인 전설이 깃든 진남제다. 450년 전 당시에는 흙으로 된 토방이었다. 그러다 보니 홍수로 지면 흙이 유실되어 둑이 무너지거나 넘치는 일이 많았다. 동호, 모정, 양장마을 주민들은 장마철이 되면 늘 긴장할 수밖에 없었다. 현재 원머리에서 살고 있는 최석준옹은 이렇게 말한다. "옛날에는 모정, 동호, 양장에 사는 주민들이 제방을 삼등분해서 울력을 했다. 장마가 지면 꽹과리를 쳐서 사람들을 모았다. 삼리 사람들이 모두 포대를 들고나와서 흙을 채워 제방을 보수하곤 했었다. 그런데 이게 해마다 되풀이되는 일이라서 보통 고역이 아니었다. 그런데 심의철이란 분이 영암군수로 왔다가 이것을 보고 영암군민을 동원하여 제방을 튼튼히 보수하였다. 모정, 동호, 양장 삼리 주민들은 심군수의 선정에 감동하여 공덕비를 세웠다. 그 뒤 일제 강점기 때, 한 일본인이 석축을 쌓아 지남제를 더욱 튼튼하게 만들었다."

심군수 선정비는 최석준옹 집 바로 곁에 지금도 남아 있다. 규모가 그렇게 크지 않은 석비다. 군수 심의철은 1881년 영암군수로 부임하였다가 1883년에 파직당했다. 석비는 비바람에 마모되어 글씨가 분명하지 않다. 이 비문에도 삼리라는 어휘가 나온다. 당연히 모정, 동호, 양장 세 개 마을을 일컫는 말이다.

동호마을 당산제

동호마을에는 당산제를 지내는 터가 두 개나 있다. 하나는 바닷가 소나무 아래에 있는 입석이고 또 하나는 탐진 최씨 문각인 오돈재 안에 있는 느릅나무다. 바닷가 당산터는 위에서 말한 수패 바로 곁에 위치해 있다. 이 입석 아래 단상에는 "서호지신상"이라고 쓰여 있다. 400년 된 느릅나무 아래 단상에는 "당산지신단"이라고 쓰여 있다. 한 마을에 두 개의 당산터가 있다는 사실이 몹시 흥미롭다. 마을 사람들에게 물어보니 "모정마을에서 정월 대보름 때 줄다리기를 크게 했다면, 우리 동호리에서는 당산제를 크게 모셨제."라고 자랑스럽게 말한다.

동호마을 대보름 당산제 마을굿이 행해지는 곳에는 당산 또는 당산나무라 불리는 크고 신성한 나무가 있고, 그 아래에 돌 제단이 있다. 당산나무는 여러 가지 마을 제당의 기원 전설을 가지고 있고, 대개 남성과 여성으로 쌍을 이루고 있다. 할머니 당산, 할아버지 당산이라 부르기도 한다. 당산나무는 마을의 수호신이고, 신령이 내려오는 장소이기도 하다.

동호마을에는 바닷가 쪽에 네모난 돌(입석)을 서호지신이라 하여 할아버지 당산으로, 탐진 최씨 문각인 오돈재 마당가에 있는 400년 된 느릅나무를 당산지신이라 하여 할머니 당산으로 모시고 있다. 마을 사람들은 할머니 당산을 더 크게 모셔왔다고 한다.

마을 주민 최석연 씨는 이렇게 말한다. "우리 마을 당산제의 역사는 느릅나무 수령만큼이나 오래되었다고 짐작된다. 할머니 당산을 윗 당산, 할아버지 당산을 아랫 당산이라고 부른다. 정월 대보름날 먼저 할머니 당산에서 당산제를 모시고 그다음 할아버지 당산으로 간다. 할머니 당산이 굿과 흰 꽃을 좋아한다고 해서 고깔에 흰 꽃을 만들어 쓰고 풍물 굿을 크게 한다. 당산제를 모시는 동안 마을의 안녕과 풍년을 비는 칠장소지 의식을 행한다. 소지(燒紙)란 종이를 태우는 것을 말한다. 예를 들면, 한 장 한 장 소지하면서 자손이 없는 사람은 자손을 잉태하게 해달라고 빌고 군대에 간 아들이 있는 사람은 무사히 생활하고 돌아오기를 비는 것이지. 당산제를 맡은 유사는 과실이 없는 깨끗한 사람으로 뽑는다. 당산제 유사로 뽑힌 사람은 몸과 마음을 깨끗이 하고 함부로 밖을 나다니지 못한다. 할머니 당산에서 당산제를 모신 다음에는 마을 공동 우물터에 가서 샘굿을 한다."

전통 농경사회에서 마을 공동으로 이용하는 우물은 아주 소중하게 취급되었다. 지방에 따라 다르지만, 정초에 정제(井祭)를 지낸다. 샘굿은 우물굿이라고도 하는데 대보름날 해온 전통의식이다. 마을 당제의 일환으로 하기도 하고, 마을 농악대의 지신밟기에서도 한다. 샘가에서 풍물을 치고 지신밟기를 하면서 한 해 동안 우물이 마르지 않고 물이 많기를 기원한다. 마을 사람들이 공동우물에 가서 합동으로 샘굿을 지내는 것은, 해가 바뀌었으니 마을의 모든 것이 새롭게 잘 이루어지기를 바라는 마음에서다. 그래서 마을 사람들은 정초가 되기 전에 모두 모여 공동우물을 깨끗하게 청소한다. 이끼를 닦아내고 고여있는 물을 모두 퍼낸다. 헌 물을 퍼내고 새 물을 맞이하는 정성스러운 의식이다. 이 과정을 통해서 새로운 몸가짐을 갖추는 것이다.

최석연 씨는 계속해서 말한다. "샘굿을 하고 나면 그제야 바닷가에 있는 할아버지 당산으로 가서 당제를 모신다. 이때에도 칠장소지를 하면서 마을의 안녕을 빈다. 우리 마을 사람들은 당산제가 모두 끝나야 가정에서 제사를 모신다. 마당에 가랫불을 피우고 '가랫불 넘자'라는 구호를 외치면서 모닥불을 넘어 다닌다. 액막이 행사의 일종이라고 보면 된다." 마을 주민들에 따르면, 당산제를 지극정성으로 모셔온 결과인지는 모르지만, 1950년 발발한 6·25 전쟁 때 군에 입대하여 전투를 벌인 동네 청년들 중에서 전사자 또는 부상자가 단 한 사람도 없었다고 한다.

할아버지 당산은 마을 뒤편 바다가 한눈에 내려다보이는 소나무 아래에 있다. 네모난 입석인데 규모가 그다지 크지는 않다. 입석 아래에는 '서호지신상'이라고 새겨진 석상이 있고 돌 전신에 새끼줄이 감겨 있다. 바닷가에 위치한 것으로 보아 바다에서 일어나는 일에 대한 안녕과 풍어(豊漁)를 기원하기 위해서 모시는 당산으로 짐작된다.

사. 양장리

모정리 솔짓개 삼거리에서 오른쪽으로 나 있는 언덕길을 10분 정도 걸어가면 양장마을이 나온다. 이 언덕길은 서구림 신흥동에서 시작하여 모정리를 지나 양장과 신기동까지 이어지는데 거리상으로 월출산과 은적산의 중심에 위치한다. 그래서 이 구릉에서는 병풍처럼 펼쳐진 월출산과 은적산의 전경을 한눈에 조망해 볼 수 있다. 동쪽으로는 지남들녘이, 서쪽으로는 몽해들녘이 수반처럼 두 명산을 떠받치고 있다.

양장은 원래 염장마을로 '염소 마당'을 뜻한다

양을 풀어 키우기에 좋았던 '염소 마당' 양장마을은 염장마을로 불리기도 했다. 그런데 일부 사람들이 첫 글자인 '염'자를 소금 염(鹽)자로 잘못 이해하여 소금을 생산했던 마을이라서 그런 이름을 갖게 된 것으로 알려져 있다.

마을 주민 박영대 씨는 마을의 유래에 대해서 이렇게 말한다. "염장에서의 '염'자는 원래 염소를 뜻하는 순우리말이었다. 따라서 염장은 '염소 마당'이라는 뜻이다. 이것을 한자로 표기하다 보니 양장(羊場)이 된 것이지. 마치 '배바우'가 주암(舟岩)이 되고, '마당바우'가 장암(場岩)이 된 것처럼 말이여. 보다시피, 우리 양장마을은 반도처럼 생겼제. 이 너른 언덕이 염소(양)를 풀어서 키우기에 좋은 마당 같다고 해서 붙여진 이름인 것이지. 그리고 이곳은 바닷가가 아니라 강가에 위치한 마을이 아닌가? 삼호처럼 바닷가 마을에서 염전을 조성하여 소금을 만드는 것이지 어찌 강에서 소금을 만들 수 있겠는가? 상식적으로 생각해도 이치에 맞지 않는 말이제…."

지금의 모습을 갖추기 이전에는 '솟대등', '기와집개', '홍산등' 등으로 불리는 곳에 조그마한 마을이 있었다. 이름에서 볼 수 있듯이 솟대와 기와집, 그리고 홍살문이 있는 지역이었으리라. 약 400년 전에 장씨, 류씨, 김씨, 양씨 등이 차례로 입촌하여 마을이 커지면서 주변 소나무 동산과 논밭이 점점 택지가 되었다.

오늘날의 지남들녘을 만들어낸 진남제가 시작되는 곳을 '언(원)머리'라고 부른다. 이 언머리에서 동호리 수패에 이르는 둑길을 '언둑'이라고 한다, 지금은 없어졌지만. 일제 시대까지만 해도 이 언머리는 군서면에서 생산되는 농산품과 수공예품을 실어 나르는 선창이었다. 모정리 쌀과 구림마을 대나무도 이곳 원머리 선창에서 배에 실렸다고 한다.

소 형국의 와우등과 '소 구시' 샘

물이 귀했던 동네 마을 사람들은 이구동성으로 양장마을이 '소 성국(형국)'이라고 주장한다. 마을 뒤편의 커다란 곰솔나무가 있는 곳을 '와우등'이라고 부른다. 그래서 소나무 곁에 있는 정자 이름도 와우정(臥牛亭)이다. 그리고 천연기념물로 지정된 소나무를 '소뿔에 매단 꽃'으로 비유한다. 옛날 농가에서는 따뜻한 봄날, 처음 소를 끌고 들녘으로 쟁기질을 하러 가는 날에는 소의 머리에 꽃을 달아 주는 풍습이 있었다. 꽃피는 춘삼월에 일하러 가는 소의 기분을 맞추어 주려는 농부의 세심한 배려였다.

마을 아래쪽에는 샘이 하나 있는데, 마을 사람들은 이 샘을 '소 구시'라고 부른다. 소가 물을 마시는 그릇이라는 뜻이라고 한다. 박영대 씨에 따르면, 이 우물 맞은편에 있는 조그마한 동산이 풍수적으로 동네 안산에 해당하는데, 까마귀들이 떼를 지어 노니는 곳이라 해서 '오(烏)무'라고 부른다고 한다. 양장마을은 물이 귀한 마을이었다. '소 구시'라고 불리는 우물이 마을의 유일한 샘이었다. 100호가 넘는 큰 마을에 우물이 하나밖에 없었기에 이 샘은 당연히 신성시되었다. 일제 강점기 전까지만 해도 큰 당산제를 모시지는 않았지만, 대보름날 농악을 하면서 샘굿을 했다고 한다.

모정마을 이야기

마을 사람들은 마을 이름에 나와 있는 것처럼 '소와 양처럼 순박하고 협동심이 좋은 사람들'이라고 스스로를 평하고 있었다. 박영대 씨는 이렇게 말한다. "우리 양장마을은 물이 귀한 동네지만, 불이 나서 집이 무너진 경우가 한 번도 없었어. 이웃집에 불이 날 경우엔 모두가 팔을 걷어붙이고 나섰지. 부녀자들까지 나서서 집에 길러놓은 물을 가져와서 불을 껐으니까. 물이 없을 경우엔 소변을 담아 놓은 항아리에서 오줌물까지 퍼다 불을 껐었지. 마을 사람들의 협동심 하나만큼은 어디에 내놔도 빠지지 않을 것이여." 이 순박하고 인심 좋은 마을에는 영암 고을 어느 마을에도 없는 보물이 하나 있다. 그것은 바로 '와우등'이라고 불리는 곰솔 동산이다.

와우등 곰솔 동산

양장마을에 가면 반드시 가봐야 할 곳이 있다. 바로 '와우등'이라고 불리는 곰솔동산이다. 이곳에 수백 년 된 곰솔나무가 여러 그루 있다. 모정마을에 이팝나무와 팽나무가 있고, 동호마을에 느릅나무가 있다면, 양장마을에는 '곰솔나무'가 당산나무 역할을 하고 있다. 곰솔은 흑송(黑松)의 순우리말이다. 해풍에 강하여 주로 해안가에 방풍림으로 심었다. 표피가 두껍고 검은색을 띤다. 적송이 여성스러운 반면에 곰솔은 남성적이다. 가지의 뻗침과 삐침이 힘차고 거리낌이 없다. 이 와우등에는 20여 그루의 크고 작은 곰솔들이 마을을 지키는 파수병처럼 촘촘히 늘어서 있다. 영암 고을에서 이렇게 커다란 곰솔나무가 집단적으로 자라고 있는 마을을 찾아보기가 어렵다. 구림의 서호정마을 회사정 주변에 멋진 소나무들이 있긴 하지만, 소나무 종류가 다르다. 회사정 적송이 기품 있는 선비의 모습이라면, 와우등 곰솔은 우람한 장수의 모습이다. 천연기념물로 지정된 제일 어른인 곰솔 곁에 '와우정'이라는 이름을 가진 정자가 자리하고 있다.

사실, 조선 사람들에게 있어서 이 소나무만큼 특별한 의미를 가져다주는 나무도 없을 것이다. 산업화 이전만 해도 "소나무 아래서 태어나 소나무와 함께 살다가 소나무 그늘에서 죽는다."라는 말이 당연시될 만큼 사람들과의 관계가 밀접했다. 나는 소나무와 관련된 표현 중에서 특히 "못생긴 소나무가 선산 지킨다."라는 속담을 제일 좋아한다. 젊은 시절부터 고향마을에 내려와 선산을 지키며 살고 있는 나 자신의 모습이 꼭 못생긴 소나무를 닮은 것 같아서다. 곰솔 동산 한가운데에는 이 마을 출신인 김재혼 시인이 쓴 시가 새겨진 시비가 두 개 세워져 있다. '양장리'라는 제목의 시다.

이 와우동산 서쪽으로 구릉을 따라 황토밭이 펼쳐지다가 너른 학파들녘이 아득히 멀리 은적산 기슭까지 이어진다. 그 들녘 한가운데로 서호강이 굽이쳐 흐른다. 언제나 그렇듯이 높은 언덕에서 내려다보는 농촌 풍경은 아늑하고 평화롭다. 여성스러운 은적산 골짜기마다 고만고만한 마을들이 수굿하게 자리 잡고 있다. 마을로 들어가는 신작로가 유난히 정겨워 보인다. 저 길을 따라 걸어가면 부드러운 산세만큼이나 순하게 살아가는 사람들을 만날 수 있으리라. 그러나 모

모정마을 이야기

두 갱년기를 훨씬 지나버린 사람들, 더 이상 자손을 생산할 수 없는 사람들이 모여 살면서 곰솔나무 껍질만큼이나 까칠한 손으로 서로를 보듬으며 의지한다. 문득 불순한 생각이 떠오른다. 저분들마저 이 땅 위에서 자취를 감추면 세상이 어떻게 변할까? 저 인고의 세월을 숙명으로 받아들이고 목숨 다할 때까지 고향을 지키며 살아온 이 지구상의 마지막 세대로 기억될 것이라 믿는다.

아. 은적산

서호면 은적산은 원래 섬이었다. 은적산을 중심으로 동쪽으로는 서호강이, 서쪽으로는 영산강, 주룡강이 흐르던 지형이었다. 하지만 세월이 지남에 따라 서호강과 영산강이 간척되면서 현재의 모습으로 변했다. 벽해가 상전이 된 셈이다. 은적산 뒤편으로 영산강 하구가 목포로 이어진다. 은적산은 상은적봉과 하은적봉을 중심으로 남에서 북으로 길게 이어진 주능선을 가지고 있다. 서호면 장천리와 학산면 신덕리 경계지점의 봉우리를 상(上)은적봉, 서호면 태백리와 학산면 매월리 경계지점의 봉우리를 하은적봉이라고 한다. 최고봉인 상은적봉이 해발 394m인 비교적 낮은 산이지만 정상에서 바라보는 풍경만큼은 어느 유명산에도 뒤지지 않는다.

선사주거로

은적산 앞쪽의 마실길은 영산로의 끝 지점에서 이어지는 선사주거로와 서호로다. 영산로가 은적산 뒤에 있는 반면, 이 두 길은 은적산 앞에 펼쳐져 있다. 선사주거로는 독천 삼거리 노정로에서 시작하여 영모정, 신흥리, 괴음마을을 지나 장천리 선사주거지까지 이르는 길로, 영암지역에서 가장 먼저 사람이 살았던 흔적을 간직하고 있다. 이 길은 말 그대로 선사시대로 통하는 길이다. 장천리와 엄길리 주변에 많은 기수의 고인돌이 남아 있고 청동기 시대 사람들이 살았던 집터가 보존되어 있다. 엄길리에는 천년수라고 불릴 만큼 오래된 느티나무가 웅장한 자태를 뽐내고 있으며 장동사, 수래정 등 문화유적지들이 산재해 있다. 뒷산 철암바위 아래에는 매향비문이 무슨 보물처럼 숨겨져 있다. 철암산 정상에 서면 광활한 대평야가 한눈에 내려다보인다. 서호강, 죽도, 학파간척지, 월출산, 그리고 모정마을도 보인다.

서호로와 학파로

장천마을에서 영풍리, 신풍리, 소산리, 소흘리, 송산리, 남하동을 거쳐 성재리에 이르는 길을 서호로라고 한다. 이 서호로는 은적산 기슭을 따라 굽이치며 크고 작은 마을들을 품었다 놓았다 하면서 마을과 마을, 사람과 사람을 여기저기로 이어준다. 상은적산과 하은적산이 남과 북을 연결하면서 기슭에 둥지를 튼 마을들을 따뜻하게 감싸고 있는데 골골마다 산봉우리를 넘어 매월리 미교리 태백리로 넘어가는 샛길이 있고 전설이 있다. 한편, 엄길리에서 서호동과 학파동을 거쳐 무송동 마을까지 길이 이어지는데 이 길을 '학파로' 라고 한다. 이 학파로는 무송동 마을에서 영산로와 만난다.

자. 학파농장

백암동, 신기동, 서호동, 학파동, 남하동, 무송동 등 이름이 동자로 끝나는 마을들은 현준호 일가의 군서면과 서호면 일대의 간척사업 때문에 생긴 마을들이다. 이곳 농민들은 20세기 말까지 이 간척지를 '학파농장'이라고 불렀다. 서호강과 인접한 마을에 사는 주민들치고 학파농장의 영향을 받지 않은 경우는 거의 없었다.

특히 몽해리, 엄길리부터 성재리에 이르기까지 은적산 자락에 분포되어 있는 마을들은 현기봉·현준호·현영원 일가와 학파농장을 말하지 않고서는 20세기 후반기의 농경 생활을 설명하기 어려울 정도로 큰 영향을 받았다.

서호면 엄길리 철암산에서 바로 본 학파농장-1943년 간척사업 이전까지는 영산강 물이 들고나던 갯벌이었다.

무송 현준호가 1943년 조선총독부로부터 개발권을 따내고 동양척식회사와 현준호는 신탁은행으로부터 자금을 조달받아 서호 간척지

공사에 착수했다. 1943년 4월부터 공사를 시작하여 1944년 5월 서호면 성재리에서 양장리까지 1.6km에 이르는 제방 공사를 완성시켰다. 그 결과로 900정보(270만 평)에 달하는 간척지가 조성되었지만 당장 농사를 지을 수 있는 환경은 아니었다. 논농사의 성패는 물에 달려있다. 농사를 짓기 위해 가장 필요한 것은 풍부한 물을 저장해 놓을 수 있는 저수지와 수로(水路)다. 용배수로 시설은 현준호 씨 3남인 현영원 씨가 완공했다. 학파농장이 완공된 때는 1961년이었다. 이 때문에 학파농장은 1949년 6월 21일에 공포된 농지개혁법 대상에서 제외되었다. 제방만 하나 덜렁 있었지, 제대로 농사를 지을 수 있는 여건이 갖추어지지 못했기 때문이었다. 하지만, 이로 인해 1980년대 중반에 들어서 소작철폐운동이 일어나게 되었다.

소작철폐운동

18년 동안이나 법률적으로는 미등록 토지이지만 현실적으로는 소작농의 지위로 살아온 간척지 주변 농민들에게 이것은 불만의 대상이었다. "1962년 겨우 행정적으로 완공을 함으로써 18년간 등록도 되지 않는 농토에서 부당이득을 취한 것이 땅값의 2배에 해당되니 무상 양도를 받을 수 있다"는 게 소작민들의 주장이었다. 또한 "20년 동안 농사를 지어주면 토지를 무상 분배하겠다."라는 무송의 약속(농민들 주장)과는 달리 50년이 넘어도 소작농의 신세를 면치 못하게 되자 소작민들의 불만은 극에 달했다.

소작민들은 당시 이러한 주장을 내세워 여러 차례에 걸쳐 각계각층에 진정서나 탄원서 등을 보내 자신들의 뜻을 알리고 농지를 무상으로 분배받기를 원했다. 하지만 아무런 효과가 없자 서호 간척지 소작인들은 마침내 '학파농장 소작철폐대책위원회'를 조직하고 본격적인 소작철폐운동에 나서게 되었다. 때는 올림픽이 열리던 1988년이었다.

군서면과 서호면에 거주하고 있던 학파농장 소작민들은 일제히 일어나 조직적인 투쟁을 전개하기 시작했다. 소작료 납부 거부를 선언하고 무송동 뒷산 기슭에 위치한 농장 사무실을 점거하여 순번을 정해 교대로 근무했다. 학파농장 경작민이라면 남녀노소 누구도 예외가 없었다. 한편 객지에서 대학에 다니던 자손들도 부모들의 투쟁에 동참했다. 각 마을 게시판에 대자보를 붙여서 소작철폐운동의 정당성을 알리기도 하고 직접 풍물을 치며 주민들을 격려하기도 했다. 농민들은 때로 수십 대의 경운기에 삼삼오오 나눠 타고 풍물을 치며 영암 읍내로 진출하기도 했고, 올림픽 성화봉송로(819번 도로)를 점거하기 위해 전경들과 격렬한 몸싸움을 벌이기도 했다.

농장 측도 가만있지는 않았다. 농민들이 소작료를 내지 않아서 농지세와 종합토지세를 낼 수 없다고 버텼다. 양측 줄다리기는 7년이나 계속되었다. 사건 해결의 실마리를 마련한 사람은 당시 유인학 국회의원이었다. 그의 발의로 '간척지 등의 양도에 대한 양도소득세 등 면제특례'라는 특별법이 제정됐다. 장기임대농지 매매의 경우 매수, 매도자에게 세금감면 혜택을 주는 것을 골자로 하는 법안이었다. 영암 군의회도 분쟁 해결에 나서 특별법 시한 내에 매각, 매입이 이뤄질 수 있도록 중재했다. 소작민들도 당초 주장했던 무상양도에서 평당 2천 원으로 양보하여 협상에 응했다.

그러나 학파농장 측은 처음부터 주장한 시가 1만 원 정도의 매도 가를 끝까지 양보하지 않았다. 그러다가 1995년, 평당 6,500원에 매 수하되 정부가 대신 갚아주는 대신 20년 분할상환하기로 합의를 보 았다. 20세기 말 대한민국 현대사에 길이 남을 '학파농장 소작철폐운 동'이 마침내 그 결말을 보는 순간이었다. 이 과정에서 모정마을 주민 들 또한 온몸으로 저항했고 끝까지 투쟁했다. 이제는 과거의 추억으 로 남았지만 당시에는 10여 개가 넘는 마을공동체가 한 몸이 되어 생 존을 위해 싸워 이긴 한 편의 대서사시였다.

2010년 서호면 성재리 무송동 포구. 1980년 영산강 하구언이 건설되기 이전에는 꽤 번창했던 포구다. 이곳 성 재리 포구에서 목포와 영산포로 가는 여객선이 오갔다. 일제 강점기 때 학파 간척지가 조성되기 전에는 구림 상대포, 학산 아천포와 직접 연결되는 해상교통의 요지였다.

모정마을 이야기

차. 서호면 엄길마을

아늑하고 편안한 마을

엄길마을은 한마디로 편안하고 아늑하다. 이 마을에 들어서면 시간이 정지된 느낌을 받는다. 멀리 은적산 고재봉과 관봉 두 봉우리들이 마을 서쪽 뒤편을 병풍처럼 감싸고, 북서쪽에는 철암바위가 수호신처럼 우뚝 서서 마을을 지켜주고 있다. 동쪽으로는 멀리 월출산이 한눈에 바라보이고 마을 가까이에는 십리방죽으로 알려진 학파저수지가 자리하고 있다. 이 저수지 아래로 학파농장이라고 불리었던 너른 들녘이 끝없이 펼쳐져 있다.

마을 곳곳이 문화유적지

엄길마을은 골목골목마다, 발길 닿는 곳마다 그냥 문화유적지다. 고대와 중세와 현대가 공존하는 역사박물관이다. 엄길리 고인돌 군락지, 700년 수령을 자랑하는 느티나무, 철암바위 안에 숨어있는 매향비문, 임진왜란 의병장 전몽성 장군과 그 형제들을 배향하기 위해 지어진 장동사, 천안 전씨 문각인 원경재, 수백 년 세월의 흔적을 고스란히 간직하고 있는 아름다운 정자 수래정, 조선시대 영암 최고의 소풍 장소였던 죽도(竹島), 정겹게 펼쳐져 있는 돌담길, 마을 입구에 소담스럽게 위치한 느티나무 동산과 정자, 최근에 수래정 옆에 한옥으로 지어진 커뮤니티 센터, 수래정과 마을회관 사이를 관통하여 흐르는 실개천, 원경재 앞에 선비처럼 기품 있게 서 있는 400년 수령의

회화나무, 수래정 바로 곁에 철갑을 두른 장군처럼 우뚝 서 있는 곰
솔 한 그루, 한겨울에도 늘 푸른 마을 앞 보리밭, 4월의 정취를 돋워
주는 마을 앞 유채밭 등 엄길마을은 그 자체로 문화역사 박물관이며
자연생태와 마을공동체가 잘 어우러진 마을이다.

서호면 엄길마을 수래정 전경. 2020년에 중수하여 주춧돌과 일부 목재를 교체했다.

모정마을 이야기

3. 공동체 문화

가. 모정줄다리기
-당거나 보세 당거나 보세 동쪽 서쪽 당거나 보세

모정마을의 전체 형국은 누운 소 형국, 즉 와우형국이다. 소는 힘이 세고 온순하지만, 한편으로는 고집도 세다. 그래서 주기적으로 줄다리기를 하여 땅의 기운을 눌러주어야 한다고 믿어왔다.

또한 부분적으로 보면 모정마을은 배(舟) 형국을 닮았다. 모정 줄다리기에서 줄은 배의 닻줄을 상징한다. 마을 주민들은 마을이 배 형국이어서 배 닻을 감는 형태를 하면 좋다는 생각을 가지고 있다. 튼튼한 닻줄로 배를 붙들어 놓으면 태풍에도 흔들리지 않고 안정적이기 때문이다. 모정마을 줄다리기는 한 해 농사의 풍년과 동네의 안녕을 기원하는 제의적 의미뿐만 아니라 마을의 지형과 관련된 풍수적 의미도 동시에 지니고 있다.

모정마을 줄다리기는 줄의 제작과정, 줄 놀이 과정, 줄다리기 과정, 줄의 처리 과정으로 구성되어 있다.

1) 줄의 제작과정
-꼰나세 꼰나세 양짝에 꼰나세

줄의 제작은 정월 5일부터 대보름까지 10일간에 걸쳐서 이루어진다. 가가호호에서 짚을 거출하여 마을 공터에 쌓아 놓고 그 짚으로 줄을 만든다. 큰 나뭇가지 위에 줄을 걸쳐놓고 세 사람이 삼각형 형태로 서로 마주보고 서서 짚을 꼬아 줄을 만든다. 양손을 사용하여 볏짚을 서로 주고받으면서 줄을 꼰다. 세 사람 뒤에는 볏짚을 보충해 주는 사람이 각각 필요하다. 줄을 만들 때 "꼰나세 꼰나세 양짝에 꼰나세"(꼬세 꼬세 양손으로 꼬세)라는 노동요를 부르면서 손발을 맞춘다. 이때 부르는 노동요는 가락이 빠르고 경쾌하며 힘이 넘친다. 처음에는 천천히 부르다가 뒤로 갈수록 가락이 빨라진다. 이는 줄의 길이가 뒤로 갈수록 짧아지는 관계로 호흡을 맞추어야 하기 때문이다. 아래와 같은 내용의 가사인데 모정마을에서만 볼 수 있는 독특한 형태의 줄다리기 노동요다.

꼰나세 꼰나세 양짝에 꼰나세
꼰나세 꼰나세 양짝에 꼰나세
이 줄을 만들어서 꼰나세 꼰나세
무엇에 쓸꼬허니 양짝에 꼰나세

대보름날 잔치에 꼰나세 꼰나세

줄다리기 할라네 양짝에 꼰나세

잘도하네 잘도하네 꼰나세 꼰나세

우리동쪽 잘도하네 양짝에 꼰나세

잘도하네 잘도하네 꼰나세 꼰나세

우리서쪽 잘도하네 양짝에 꼰나세

오른손 받고 꼰나세 꼰나세 꼰나세

왼손 주고 꼰나세 양짝에 꼰나세

오른손 주고 꼰나세

꼰나세 꼰나세

왼손 받고 꼰나세

양짝에 꼰나세

꼰나세 꼰나세

꼰나세 꼰나세

양짝에 꼰나세

동쪽 줄과 서쪽 줄을 따로따로 만드는데 서로 크고 튼튼한 줄을 만들기 위해 경쟁이 치열하다. 처음에는 아이들이 줄다리기를 하기 위해 조그맣게 줄(동줄)을 만든다. 매일 작은 줄을 만들어 줄다리기를 하다가 날이 갈수록 참여 계층이 마을 청년으로 그리고 마을 어른들로 점차 확대된다. 줄의 크기 또한 점점 커진다.

그래서 정월 14일이 되면 여러 가닥의 줄이 만들어진다. 14일에 큰 줄이 제작되면 줄의 고 밑 부분에 '연목대'라 하여 긴 통나무 3개를 붙인다. 연목대는 힘센 장정들이 '줄 탄 사람'을 고 위에 태우기 위한 일종의 받침대다. '줄 탄 사람'을 '설소리꾼'이라고도 부르는데, 그 위에 올라타서 줄다리기 놀이꾼들을 진두지휘한다. 이렇게 만들어진 용줄은 하룻밤 잠을 잔 후 대보름날 마침내 모습을 드러낸다.

용줄 만드는 과정

모정마을 이야기

2) 줄 놀이 과정

-상사아 듸여어 어듸여

대보름 저녁이 되면 마을 가운데 한골목(큰길)을 경계로 동서로 편을 나누어 서쪽 팀은 암줄을, 동쪽 팀은 숫줄을 어깨에 메고 양쪽 다 모두 '줄탄 사람'을 태운 채 동네 안을 돌아다니는 줄놀이 과정으로 전개된다. 줄을 메고 온 동네 골목을 돌아다니면서 '상사' 소리를 하는데, 앞소리는 고 위에 탄 설소리꾼이 하고, 뒷소리는 줄을 메고 가는 놀이꾼들이 하는 방식인 선후교환창으로 불러진다. 설소리꾼이 예부터 전해 내려오는 가락에 전래가사뿐만 아니라 즉흥적인 가사를 붙여 부르면 줄을 멘 놀이꾼들은 "상사아 듸여어 어듸여" 하는 모정마을의 전통가락으로 답한다. 줄을 메고 서쪽 동쪽 골목길을 다니면서 하는 다음과 같은 소리 또한 모정마을 줄다리기에서만 볼 수 있는 독특한 형태의 전래 가락이다. 줄놀이 가락은 채보하여 악보로 남겨두었다.

상사아 디여어 어디어   상사아 디여어 어디어

상사 소리를 더 크게 하소   상사아 디여어 어디어

달 떠오네 달 떠오네   상사아 디여어 어디어

월출산에 달 떠오네   상사아 디여어 어디어

하늘에는 달빛도 밝다   상사아 디여어 어디어

동쪽 사람들 많이 나와 주소   상사아 디여어 어디어

하늘에는 잔별도 많다   상사아 디여어 어디어

서쪽 사람들 많이 나와 주소	상사아 디여어 어디어
저 건너 갈미봉에	상사아 디여어 어디어
비가 담뿍 몰아오네	상사아 디여어 어디어
모정뜰 저 너머에	상사아 디여어 어디어
안개 끼고 비 몰아오네	상사아 디여어 어디어
동쪽 줄은 용의 대장	상사아 디여어 어디어
서쪽줄은 실비암 꼴랑지	상사아 디여어 어디어
서쪽줄은 용의 대장	상사아 디여어 어디어
동쪽줄은 실비암 꼴랑지	상사아 디여어 어디어
당거나 보세 당거나 보세	상사아 디여어 어디어
동쪽 서쪽 당거나 보세	상사아 디여어 어디어
동쪽이 이기면 풍년들고	상사아 디여어 어디어
서쪽이 이기면 무병하네	상사아 디여어 어디어
동쪽이 이기면 쌀밥 먹고	상사아 디여어 어디어
서쪽이 이기면 보리밥 먹네	상사아 디여어 어디어
당거나 보세 당거나 보세	상사아 디여어 어디어
동쪽 서쪽 당거나 보세	상사아 디여어 어디어

멀리 월출산 위로 둥근 대보름달이 불끈 솟아오르면 모정마을 줄다리기는 점점 절정을 향해 치닫기 시작한다. 용줄을 탄 설소리꾼의 앞소리에 호응하여 줄꾼들이 상사소리로 답하면서 온 동네 골목골목을 누빈다. 때로는 가까이서, 때로는 멀리서 들려오는 줄꾼들의 상사

소리는 온 동네 사람들을 집 밖으로 끌어내는 마력을 가지고 있었다. 아련하게 들려오는 그 상사소리는 태고(太古)부터 우리 마음속 깊은 곳에 내재되어 면면히 전해져 오는 고향의 소리, 어머니의 소리였다. 어머니가 부르는 그 소리를 듣고서도 집 밖으로 나오지 않는 사람은 아무도 없었다. 온 마을은 휘영청 밝은 달빛과 줄꾼들의 상사소리와 온 동네 사람들의 떠들썩한 흥거움으로 휩싸였다. 대동 세상은 바로 이것을 두고 하는 말이었다.

용줄을 어깨에 메고 설소리꾼의 구성진 가락에 맞추어 상사소리를 하면서 온 마을 골목길을 누비던 줄꾼들은 시간이 갈수록 점차 신명이 난다. 용줄 뒤를 따르는 사람들이 점점 늘어나기 때문이다. 동네 중앙 한복판을 관통하면서 동서를 나누는 한 골목에서 서로 마주칠 경우에는 굉장한 기싸움을 벌어진다. 마을 주민 신상길 씨는 이렇게 말한다. "한 골목에서 서로 마주치면 경쟁이나 하듯이 설소리꾼들의 앞소리와 줄꾼들의 상사소리가 커졌제. 웃으면서 장난을 많이 치기도 했지만, 또한 상대를 깔보고 얕잡아보는 걸쭉한 육담을 내뱉기도 하고 서로를 째려보면서 눈을 부라리기도 했다. 초장부터 상대편의 기를 콱 눌러놔야 나중에 유리할 것이라고 다들 생각했었으니까."

줄다리기가 동네의 단결과 화합을 도모하기 위한 친선놀이기는 하지만, 줄다리기 놀이의 특성상 한 번 경기가 시작되면 서로 양보할 수 없는 오기가 작동할 수밖에 없었을 것이다. 이런 과정이 끝나면 이제

놀이꾼들은 본격적인 줄다리기를 하기 위해 마을 공터에 모인다. 그러면 미리 와 있던 풍물패가 신나게 풍물을 치면서 도착한 줄꾼들을 환영한다. 아주 큰 줄을 당길 때는 '알춤(마을 아래 공터)'이나 동네 앞 논에서 당겼고, 보다 작은 줄을 당길 때는 '울춤(마을 위쪽 공터)'에서 당겼다. 줄다리기 규모가 클 때에는 참가 인원만 해도 1,000여 명이 넘었고 인근 마을에서도 많은 사람들이 구경을 왔다. 모정마을의 사위들은 설날에 처가댁을 방문하는 것이 아니라, 일부러 대보름 줄굿을 보기 위해 대보름날 새해 인사를 왔다. 그들은 정월 스무날까지 5일 동안이나 처가에 머무르면서 줄다리기 행사를 함께 즐겼다.

3) 줄 당기기
  -여어차 우여라, 깔아

줄놀이가 끝나고 줄 당길 장소에 도착하면 마을 주민들은 달집을 태우고 신명 나는 풍물놀이를 즐겼다. 풍물 소리에 온 마을과 들판이 떠들썩하고 사람들은 분위기에 고조되어 어깨춤을 덩실덩실 추었다. 이제 본격적으로 줄을 당길 때가 되었다.

줄 당길 분위기가 고조되면 숫줄을 치켜들고 "고 들어간다" 하면서 암줄과 숫줄의 결합을 시도한다. 몇 차례의 장난을 즐긴 다음 암줄과 숫줄을 결합시킨다. 그리고 '골목대(비녀목)'를 끼우자마자 "여어차 우여라"하면서 줄을 잡아당긴다. 모정마을 줄을 당길 때 내는 함성소리는 "여어차 우여라, 여어차 우여라…"다. '여어차'는 호흡을 가다듬는 과정이고 '우여라'는 있는 힘을 다 쏟아부으면서 내지르는 소리다.

모정마을 이야기

모정 줄다리기는 서쪽 팀(암줄)이 이겨야 풍년이 든다고 하는 믿음을 가지고 있다. 그렇지만 줄을 당길 때는 서쪽 동쪽 어느 쪽도 한 치의 양보도 없다. 한 번 지면 다음 대보름까지 일 년을 기다려야 하는데다, 진 쪽은 일 년 동안 은근한 괄시와 무시를 당하는 경우가 많기 때문이다. 만일 동쪽이 질 경우에는 서쪽 사람들이 "야, 동쪽! 이 약골들아, 이 물봉들아! 엄마 젖 더 먹고 와라."라는 식으로 일 년 내내 약을 올렸다. 그러니 줄다리기가 시작되면 형제도 필요 없었다. 젖먹던 힘까지 동원해서 힘껏 당겼는데 그 과정에서 다리가 부러지는 불상사가 일어날 정도였다.

모정 줄다리기에는 다른 곳에서는 볼 수 없는 아주 재미있고 독특한 점이 있다. 줄다리기 중에 어느 한 편이 불리할 경우, "깔아"라는 응원 대장의 구호에 따라 줄꾼들 전체가 일제히 줄을 땅에 깔고 그 위에 앉아서 버틸 수 있다. 용줄이 땅에 깔리면 어지간해서는 줄이 끌려가지 않는다. 줄 위에서 잠시 한숨을 돌리면서 기회를 엿보다가 상대방에게서 방심한 틈이 보이면 갑자기 줄을 잡고 "여어차 우여라" 하면서 다시 줄다리기를 시도한다. 또한 모정 줄다리기의 승패는 어느 한 편의 줄 끝이 정해놓은 지점에 닿아야 결정이 난다. 줄다리기에서 이긴 팀은 진 팀에게 달려가서 "모세파기(부스럼주기)" 의식을 갖는다. 줄다리기의 승부가 나면, 승리한 쪽은 노래를 부르면서 풍물을 친다. 나중에는 온 마을 사람들이 어우러지는 대동놀이가 한판 어우러진다. 남녀노소가 함께 참여한 줄다리기가 끝나면, 여자들만 따로 모여 강강수월래를 했다. 줄다리기 행사가 마무리되면, 대개 마을 사람들이 줄을 조금씩 잘라서 집으로 가지고 간다.

모정 줄다리기 벽화. 동쪽 서쪽 골목길을 돌아다니며 줄놀이를 마친 후에는 공터에서 서로 만나 본격적으로 줄당기기 준비를 한다.

나. 모정마을의 나눔과 섬김의 문화

마을사업을 진행할 때 가장 어려운 일이 사업부지 확보였다. 마을 자금이 많지 않기 때문에 주민들의 협조가 필수적이었다. 1784년 효자 김예성의 맏아들인 김구해가 쌀 90석을 내놓아 흉년으로 굶주린 군서면 600가구를 구제한 이후로 기부문화가 모정마을의 미풍양속으로 자리를 잡았다. 이러한 기부문화는 효행과 더불어 우리 모정마을의 전통이자 자랑이다. 다른 마을 사람들이 많이 부러워하는 공동체 정신의 구현이다. 후세에 길이 남기고자 기부 과정과 내용을 자세히 기록하고자 한다.

주역의 문언전에 '적선지가 필유여경(積善之家 必有餘慶)'이라는 문구가 실려 있다. 선행을 쌓은 집안에는 반드시 기쁜 일이 있다는 뜻으로, 착한 일을 계속해서 하면 복이 자신뿐만 아니라 자손에까지 미친다는 말이다. 마을공동체의 공공복지를 위해 귀중한 자산과 재능을 기부한 사람들, 작은 것이라도 이웃들과 함께 나누는 사람들, 그리고 지극한 정성으로 부모를 모시고 이웃을 섬기는 사람들에게 깊은 존경과 감사를 표한다.

① 1784년, 모정리 유생 김구해의 빈민구제 덕행

② 2013년, 모정두레체험관 건립부지 230평은 김용길 재경모정향우회장이 모정마을에 기부하여 마을 땅으로 등기 완료하였다.

③ 2014년, (구)모정보건진료소를 리모델링하여 알춤 할머니쉼터를 조성하기로 한바 서울에서 살고 있는 김진성 향우가 감정가 비용을 후원, 영암군청으로부터 매입하여 모정마을회 자산으로 등기 완료하였다.

④ 2015년, 네거리에서 마을회관까지 200m에 이르는 도로 확장을 위하여 광산 김씨 문중에서 150평의 땅을 조건 없이 마을에 내놓았다.

⑤ 2016년, 두레체험관과 할머니쉼터 사이에 마을주차장이 절실히 필요했다. 마을 주민인 김내중 씨가 210평 전답을 조건 없이 마을에 희사하여 모정마을회 자산으로 등기 완료했다.

⑥ 대보름 행사, 연꽃축제, 추석맞이 콩쿨대회, 동계 등 마을 축제나 행사 때마다 향우들과 주민들이 물심양면으로 후원을 아끼

지 않는다. 상부상조와 나눔문화는 우리 모정마을의 미풍양속
이다.

■ 모정마을 기부문화 현장

김구해 빈민구휼 벽화

마을주차장 부지 기부

할머니쉼터 부지 및 건물 기부

두레체험관 부지 기부

모정마을 이야기

마을진입로 부지 기부 행사물품 및 후원금 기부

1) 모정리 유생 김구해(1718~1799)의 빈민구제 덕행

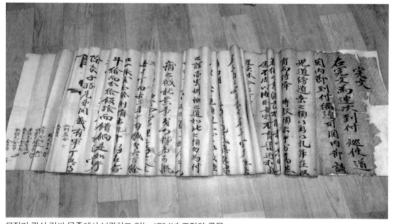

모정리 광산 김씨 문중에서 보관하고 있는 1784년 조정의 공문

　모정리 광산 김씨 문중에서 보관하고 있는 230여 년 전의 문서를 살펴보는 도중에 삼효자의 효행과 더불어 효자 김예성의 맏아들인 김구해의 덕행이 상세하게 기록된 내용을 확인하게 되었다. 당시에 조정에서 모정리 김씨 문중으로 보낸 공문인데 그 안에 쌍취정(雙醉亭)이

라는 말이 두 번이나 나온다. 이 내용을 상세히 살펴보기로 한다.

조선 정조 임금 때의 일이었다. 당시에 나라에 흉년이 들어 백성들이 굶주리고 있었다. 그때 모정마을 벼슬 아니한 유생 김구해가 곡간문을 열어 쌀 90여 석을 내놓아 구림마을을 비롯한 군서면 600가정에 쌀을 한 말씩 나누어 주었다. 이 덕행이 영암 고을 사또를 거쳐 임금에게까지 알려졌다. 그러자 조정에서는 모정리 유생 김구해의 빈민구제 덕행에 감동하여 세금감면 조치를 내렸다. 1784년 조정에서 광산 김씨 문중에 보내온 이 완문에 쌍취정 이름이 두 번 등장한다. 영암군은 김구해 공덕비를 세워 그 숭고한 뜻과 행실을 널리 알리고 장려해야 마땅한 일일 것이다.

완문 해석

여섯 개 도내의 진휼을 논의한 나머지 한 사람의 백성도 편안히 거처할 곳을 얻지 못한다는 생각에 슬퍼졌다. 서종면 모정리에 사는 벼슬 아니한 유생 김구해(金龜海 1718~1799)는 평소부터 어떤 목적을 이루기로 결정한 심리상태가 씩씩하고 꿋꿋했다. 앞과 뒤로 흉년이 들어 곡식을 실어다 두루 구제하여 마을과 서종면에서 칭찬하고 관청에서도 이 사실을 안 지 오래였다. 그때 임금이 백성을 도운 이에게 특별히 감사의 글을 내렸다. 마음에 느끼어 밖으로 나타남을 이길 수 없어 나라에 보고한다.

지난 2월 중순에 굶주린 백성 600여 인에게 나라에서 흉년이면 곡식을 나누어 주는 방법을 따랐다. 식량 90여 석(섬)을 내어놓아 1말씩 나누어 주니 밥을 짓고, 음식을 만들고, 제사를 지내고, 음식을 나누어 먹게 되었다.

■ **김구해 빈민구휼 기록 벽화**

모정마을 한골목 벽화의 거리. 조정에서 보낸 완문 내용대로 김구해 빈민구휼 덕행을 벽화로 그려 그 고귀한 나눔의 정신을 기렸다.

2) 김용길(1956~) 씨 모정두레체험관 부지 기부

: 모정리 293-2번지 550㎡ / 300-3번지 208㎡=총 758㎡

모정리 故 김호수 선생 자녀 칠남매 중 삼남인 김용길 회장은 부인 이용녀 여사와의 슬하에 김지은(딸, 1984), 김민성(아들, 1987) 두 자녀를 두셨다. 현재 서울에서 '장평유통' 이라는 이름의 유통업 회사를 경영하고 계신다.

2011년 녹색농촌체험마을 공모사업(사업비 2억)에 도전하여 전남도 내 23개 마을 중 5개 마을을 뽑는데 우리 모정마을이 1등으로 선정된 기쁨도 잠시 체험관을 지을 부지가 없어서 큰 어려움에 처했다. 마을회의를 개최하여 의논했으나 마을 명의의 땅도 없고 부지를 마련할 만한 자금도 없어서 별 뾰족한 수가 없었다. 이전과는 달리 법이 바뀌어서 토지사용 승낙서를 받는다고 해도 개인 명의의 땅에는 공공건축물을 지을 수가 없게 되었다. 땅이 없으면 결국 어렵게 선정된 녹색농촌체험마을 사업을 반납해야 한다. 마을회의를 했지만 마을에서 당장 할 수 있는 일이 없었다. 혼자서 고민 고민하다가 조언을 구하고자 김용길 재경모정향우회장께 연락을 드리고 서울로 찾아뵈었다. 김회장은 모정행복마을 가꾸기 사업을 시작할 때부터 고향마을에 큰 관심을 가지고 열정적으로 참여하셨다. 초기부터 어려운 일이 있으면 자신의 일처럼 보살펴 주셨고 돌레미 한옥단지에 두 동의 한옥을 신축하여 행복마을 사업에 힘을 보태 주셨다.

자초지종을 다 들으신 김 회장은 회사의 CEO답게 금방 상황을 파악하셨다. "위원장, 만일 여기에서 선정된 공모사업을 완료하지 못하면 관에서 다시는 우리 마을에 사업을 주지 않을 걸세. 사업비를 내려줘도 일을 못 하는 마을에 누가 다시 사업을 주려고 하겠는가? 이번 녹색농촌체험마을 사업을 반드시 마무리해야 우리 마을이 빛이 날 걸세. 그런데 체험관을 지을 적합한 땅이 있는가?"

　"네, 알츰사장 주차장 바로 곁에 김애중 씨 사모님 명의로 된 땅이 있습니다. 230평 정도 크기인데 여러모로 보아 체험관 부지로 적합한 땅입니다. 처음에는 조상님이 물려주신 땅이라 안 팔겠다고 하셨는데 마을 일이니 협조해달라고 거듭 찾아가 부탁드리니 그렇게 하겠다고 허락하셨습니다."

　"그렇다면 고마운 일이네. 주차장 바로 곁이어서 체험관 부지로 안성맞춤이겠구먼. 땅값은 바로 송금해 줄 테니 걱정 말고 내려가소. 우리가 모정행복마을 사업을 처음 시작할 때 함께 그렸던 큰 그림을 완성하는 데 체험관 완공이 중요한 부분을 차지하게 될 거라 생각하네. 한 가지 일을 하더라도 끝까지 제대로 마무리를 해야 하네."

　이렇게 해서 김용길 회장은 지속적인 마을 사업을 위해 절실히 필요로 했던 녹색농촌 체험관 부지를 사비로 매입하여 마을에 기부해 주셨다. 그 덕분에 두레체험관을 완공하였고 녹색농촌체험마을 사업을 무사히 완료할 수 있었다.

　그 이후로도 김용길 회장은 계속 고향마을을 아름답게 가꾸는 일

에 앞장섰다. 재너머길 자연석 석축, 망월정 아래 자연석 석축, 원풍
정 자연석 석축, 이낙연 전남도지사, 전동평 영암군수 기념식수 표지
석이 있는 소공원 터 기부, 울춤사장 주변의 나무 전정, 울춤사장 주
차장 난간대 설치, 마을 행사 때마다 금품 기부 등 그동안 남모르게
고향마을을 위해 후원을 아끼지 않으셨다. 행복마을 사업 초기 한옥
단지 부지 매입부터 마을 공원 조성과 수변산책로 완공에 이르기까
지 김 회장의 아이디어와 도움의 손길이 닿지 않는 곳이 없다. 우리
모정마을이 현재의 모습을 갖추는 데 커다란 기여를 해주신 김용길
회장 내외분과 가족들에게 깊은 감사의 말씀을 올린다.

2013년 11월 2일, 이날은 김 회장에게 매우 뜻깊은 날이었다. 은퇴
후에 고향에서 여생을 보낼 계획으로 고향마을에 두 동의 한옥을 짓
고 전통한옥과 잘 어울리는 아름다운 정원까지 다 완공한 날이었기
때문이다. 이날 김 회장은 주민들을 초청하여 집들이 잔치를 벌였다.
서로 주고받는 축하와 환영 인사로 오랜만에 마을이 떠들썩하니 활
기가 넘쳤다.

모정마을 이야기

돌레미 한옥단지 내 김용길 씨 댁 집들이 행사 모습

3) 김진성(1972~) 씨 알춤할머니쉼터 기부

: 모정리 298-3번지 265㎡(80평)+건물 1동(구 보건진료소 건물) 기부

김진성 향우는 마을 주민 김향숙 씨 삼남매(은남, 진성, 수완) 중 둘째다. 지금은 서울에서 'MVK 인터네셔널' 홈쇼핑 회사를 경영하고 있다. 부인 이희경 씨를 만나 가정을 이루고 슬하에 김채현(딸, 2002), 김기범(아들, 2004) 두 자녀를 두고 있다.

알춤사장에 자리한 보건진료소가 건물이 너무 낡고 시설물이 노화되어 2011년 여름 군서남초등학교 폐교 터에 새 건물을 짓고 이사를 갔다. 그러자 구 보건진료소 건물이 비게 되었다. 원래 이 건물터는 모정마을회 땅이었는데 보건진료소를 짓는다고 하여 마을에서 영암군에 기부체납했던 땅이다. 그런데 이제 새 건물로 이사를 하였으니 이 건물과 땅은 마을에서 사용하면 되겠구나 생각하고 영암군청 재

무과를 찾아갔다. 마을회의에서 이 건물을 리모델링하여 알촘 할머니쉼터로 사용하기로 결의가 된 사항이었다.

군청에 가서 원래 우리 마을 땅을 돌려달라고 했더니 황당한 대답이 돌아왔다.

"위원장님, 이 건물과 땅은 영암군 재산목록에 등재되어 있어서 마을에 무상으로 돌려줄 수가 없습니다." 이 말을 들으니 기가 막혔다.

"뭐라고요? 우리 마을 주민들이 보건진료소를 짓는다고 하기에 그냥 쓰라고 땅을 기부했는데 이제 새 건물로 이사 가서 쓸 용도가 없으니 다시 마을에 돌려줘야 맞지 않습니까? 이런 황당한 경우가 어디 있습니까?"

"그래도 영암군 재산으로 등재된 이상 법적으로 어찌할 도리가 없습니다. 방법은 딱 한 가지인데 모정마을과 영암군이 감정가대로 수의계약을 맺고 매매하는 것입니다. 그렇지 않으면 원하는 사람에게 공매 처분할 수밖에 없습니다."

말만 하면 영암군에서 그냥 내줄 것이라고 생각했던 나는 이 말을 듣고 황당하기 그지없었다. 마을로 돌아와서 김장성 이장에게 군청에 다녀온 이야기를 전했다. 이장도 난감하기는 마찬가지였다. 마을회의에서 이 헌 집을 리모델링해서 할머니 쉼터로 사용하기로 결의했는데 생각과는 딴판이었던 것이다. 한참을 생각하더니 이장이 말했다. "위원장님, 진성이 아시죠? 서울에서 사업을 하면서 열심히 살고 있는 친구인데 고향마을에 좋은 일 한번 하라고 부탁해 보겠습니다.

아마 들어줄 것입니다." 이 말을 들으니 다소 안심이 되었다.

며칠 후 김장성 이장이 환한 얼굴로 찾아왔다. "위원장님, 제 친구 진성이가 그렇게 하겠다고 승낙했습니다. 매매대금을 제 통장으로 송금하겠다고 합니다." 이 소식을 들으니 눈앞이 환해지며 근심 걱정이 눈 녹듯이 사라졌다. "참으로 훌륭한 친구를 두었구먼. 장성이 이장 자네가 복이 많네. 수고했네. 고맙네그려." 감동적인 소식에 마음이 훈훈해졌다.

며칠 지나지 않아 김진성 향우는 약속대로 친구인 김장성 이장에게 매매대금을 송금했다. 이장은 바로 군청에 가서 수의계약을 하고 구보건진료소 건물과 대지를 모정마을회로 이전했다. 그 후 이 건물을 새롭게 단장하여 알춤할머니쉼터로 사용하고 있다. 마을이 크고 언덕이 져서 위와 아래에 각각의 경로당이 필요했는데 적시에 기부를 한 셈이었다. 마을의 숙원사업인 알춤할머니쉼터 공간을 주민들께 선물해준 김진성 향우에게 큰 감사의 마음을 전한다.

4) 고(故) 김내중(1940~2019) 씨 알춤 주차장 부지 기부
  : 모정리 299-1번지 694㎡ 기부

고(故) 김내중 선생은 부인 강정자 여사와의 슬하에 김금희(딸, 1966), 김선정(일남, 1968), 김선남(이남, 1971) 세 자녀를 두셨다. 선생은 1969년 전라남도 도청에서 근무를 시작하여 30년 공직생활을 마치고 1998년 퇴임하신 후 귀향하셨다.

우리 마을에서 가장 큰 공터가 알춤사장이다. 하지만 명절 때나 마을 행사 때 주차장이 협소하여 큰 불편을 겪었는데 한골목에 거주하시는 김내중 어르신이 문전옥답을 마을주차장으로 이용하라고 2007년 12월(이장 신평균) 토지사용 승낙을 해주셨다. 그 덕분에 대형차도 주차할 수 있고 주말이나 명절 때에도 편리하게 차를 주차할 수 있게 되었다.

그런데 2016년 여름 어느 날이었다. 김내중 어르신이 원풍정에서 좀 보자고 하셨다. "위원장, 내가 할 말이 있네. 지금 알춤 주차장으로 쓰고 있는 땅에 대해서 말인데, 현재 내 앞으로 등기가 되어 있네. 신평균 이장 때 마을 주차장이 꼭 필요하다고 해서 토지사용 승낙만 허락해 주었었거든. 이제 곰곰이 생각해 보니 내 나이도 있고 해서 저 주차장 부지를 모정마을회로 이전해 줄까 하네. 자식들한테 상속해줄 수도 있지만, 그것보다는 마을에 기부를 하면 영원히 고향마을 주민들이 주차장으로 편리하게 사용할 수 있을 것 아닌가?" 이 말씀을 듣는 순간 가슴이 찡해오며 눈시울이 뜨거워졌다. 조상 대대로 물려받은 문전옥답을 선뜻 고향마을을 위해 내놓을 수 있는 사람이 과연 얼마나 있겠는가? 고향마을에 대한 애정과 관심이 크지 않으면 정말 할 수 없는 일이다. 다른 마을 추진위원장들 말을 들어보면 마을 길 넓히는데 땅 한 뼘만 양보해 달라고 해도 거절당하기 일쑤라고 한다. 우리 모정마을의 기부문화에 대해서 얼마나 부러워하는지 모른다.

바로 다음 날 김내중 어르신을 모시고 면사무소에 들러 인감을 떼고 읍내의 법무사 사무실에 가서 이전서류를 작성하여 법원에 제출했다. 마을공동체를 위하여 증여한 관계로 토지 취득세나 등록세도 면제되었다. 안타깝게도 어르신은 2019년도에 돌아가셨는데, 나중에 그 자녀분들과 만날 기회가 있어서 주차장 부지 기부 건에 대해서 이야기를 나눴다. 따님인 금희는 나와 동창이고 일남인 선정은 3년 후배다.

　　"아버지께서 우리 자식들에게 '주차장 부지를 마을에 기부하고 싶은데 너희들 생각은 어떠냐?'라고 물은 적이 있습니다. 그때 우리 자식들은 '아버지 뜻대로 하십시오. 저희들은 괜찮습니다.'라고 대답했습니다." 첫째아들 김선정의 말이다. 부인인 강정자 여사는 이렇게 말씀하신다. "그 당시 그 양반이 별스럽게 주차장 부지 이전을 서두르십디다. 천천히 해도 될 것인데 그렇게 서두르시는 것이 당신이 돌아가시기 전에 정리를 해두려고 했던 것 같아요, 나중에 생각해 보니. 마을로 이전해주고 몇 해 안 되어 돌아가셨잖아요. 자기 돌아갈 날을 미리 다 알고 준비를 하고 계셨던 것 같습니다."

　　고향마을의 공익을 위해 큰 결정을 해주신 고(故) 김내중 선생에게, 그리고 고인의 뜻을 기꺼이 받들어주신 가족들 모두에게 깊은 감사의 말씀을 올린다.

5) 광산 김씨 문중마을 진입로 부지 기부

　: 약 200m×2.5m=500㎡

2015년 광산 김씨 문중(공사원 김용건)에서 마을 주민들의 간곡한 요청을 받고, 네거리에서 울춤사장으로 들어오는 약 200미터 길이의 진입로 확장을 위해 광산 김씨 문중 명의로 되어 있는 땅을 2.5미터 폭으로 넓혀서 마을에 기부했다. 그동안 진입로 폭이 좁아 자동차나 경운기가 서로 교행을 못 했는데 김씨 문중에서 문중 땅을 기부해준 덕택에 지금은 두 차량이 교행할 수 있게 되었다. 광산 김씨 문중의 도로용지 기부에 깊이 감사드린다.

6) 마을 대소사 때 후원금 기부 및 물품 후원, 그리고 일손 나눔

마을 주민들은 콩쿨대회, 대보름 행사, 동계, 연꽃 축제 등 마을의 대소사가 있을 때마다 물심양면으로 후원을 아끼지 않는다. 마을 대청소, 풀베기 울력, 음식 장만하기, 행사 뒷정리 등 바쁜 농사 일정에도 불구하고 마을 일에 적극적으로 참여한다. 향우들 역시 마을 일에 깊은 관심을 가지고 일이 있을 때마다 적극적으로 참여하고 후원한다. 우리 모정마을의 자랑스러운 상부상조 전통문화다. 이에 대한 보다 구체적인 내용은 아래의 사계절 축제 편에서 자세하게 소개하고자 한다. 상세한 내용을 기록하여 남기는 것이 당대의 풍습과 나눔 문화에 대한 좋은 참고자료가 될 것이라 확신한다.

다. 동계

해마다 여름 말복날 원풍정에 모여 복다림을 하고 친목과 우의를 다진다. 원래는 울춤과 알춤으로 나누어서 따로 하다가 2009년부터 하나로 합하였다. 소동계로 불렸으며 역사는 100년이 넘는다.

2018년 8월 16일 말복날, 원풍정 동계 모습

라. 울력

아름답고 쾌적한 마을을 가꾸기 위해서는 동네 주민들의 협동과 적극적인 참여가 필요하다. 마을 대청소, 공원 풀베기, 마을 꽃길 가꾸기 등 공동으로 해야 일이 생기면 이장을 중심으로 온 동네 사람들이 함께 모여 울력을 한다. 우리 모정마을 주민들의 울력 참여도는 전남 도청에까지 소문날 정도로 높다. 개인 사정으로 울력에 참여하기 어려울 때는 새참비라도 조금 내놓을 정도로 단합심이 좋다.

이른 아침 해가 뜨기 전부터 울력에 참여하고 있는 마을 주민들의 모습

마. 마을회의

마을회의의 중요성은 아무리 강조해도 지나치지 않다. 마을의 모든 일들은 회의를 통해서 보고되고 의논되어야 한다. 회의를 통해서 결의된 내용은 투명하고 공정하게 집행되어야 한다. 그래야 오해와 갈등이 안 생긴다.

마을총회, 개발위원 회의, 마을가꾸기 추진위원회 회의, 임시회의 등을 개최하여 마을 대소사를 주민들이 함께 모여 의논하고 결의한다. 마을총회에서는 한 해 동안의 마을 일들을 총결산하고 다음 해의 계획을 밝힌다. 품삯과 땅 임대료를 책정한다. 총회에서 2년 임기의 이장을 선출한다.

우리 모정마을은 마을이 크고 농지가 넓어서 영농과 마을 대소사를 책임지는 이장과 마을 축제나 행복마을가꾸기 사업을 맡아서 꾸려가는 추진위원장을 따로 선출하여 마을 일을 보게 했다. 이장과 추진위원장은 서로 긴밀하게 협조하여 보다 살기 좋은 고향마을을 만들기 위해 노력하고 있다.

　마을이 잘 돌아가기 위해서는 지도자들과 주민들 간 신뢰가 있어야한다. 마을을 수레에 비유한다면, 왼쪽 바퀴에 문화자립도를, 오른쪽 바퀴에 경제자립도를 장착하고, 앞에서는 마을 리더가 끌고 뒤에서는 마을 주민들이 힘껏 밀어야 한다. 마을 리더가 가져야 할 덕목은 비전, 목표, 헌신, 열정, 그리고 마을과 주민들에 대한 애정이다. 주민들은 이런 미덕을 갖춘 리더를 믿고 따라줘야 한다. 자기 집 개도 주인이 예뻐해야 밖에서 이쁨받는다. 마을 지도자 역시 마찬가지다. 마을 리더는 주민들의 신뢰를 받아야 힘이 생긴다. 이런 필수 요소들이 잘 갖추어진 수레는 가파른 언덕을 만나도 쉽게 넘을 수 있을 것이다. 마을회의는 수레가 잘 굴러갈 수 있도록 해주는 윤활유 역할을 한다.

2018년 8월 전국 행복마을콘테스트 본선 대회를 앞두고 두레체험관에 모여서 퍼포먼스 내용과 방법을 두고 회의하는 모습

바. 모정풍물단

2013년 모정풍물단(단장 김인순)을 조직하고 매주 2회씩 모정두레체험관에 모여 풍물연습을 하고 있다. 이론과 실습을 병행하며 전통문화의 계승 발전과 풍물단원들의 건강 증진에 이바지하는 것을 목표로 삼고 있다. 풍물 연습을 하고 나면 스트레스가 해소되고 저녁에 잠이 잘 온다고 한다. 대보름 지신밟기를 포함하여 마을 축제 때마다 큰 역할을 해오고 있으며, 영암군 문화행사, 서호정 당산제, 월곡리 당산제 등 이웃 마을 행사까지 초청을 받아 활발히 활동하고 있다. 모정마을의 핵심 문화동아리인 만큼 상세하게 기록하여 남기고자 한다.

1. 모정풍물단의 목적

① 모정행복마을의 공동체 문화를 계승 발전시킨다.

* 지신밟기: 한해 농사 풍년과 주민들의 건강과 안녕 기원 지난해 묵은 기운을 몰아내고 신명 나고 새롭게 한해 시작
* 줄다리기: 모정마을 남녀노소 대동단결의 장(정월대보름) 화합과 상생의 공동체 정신 고양
* 마을 행사 풍물놀이: 추석콩쿨대회, 연꽃축제, 이팝나무꽃 축제, 여름동계, 이웃 마을 당산제 등
* 그 밖의 행사: 면민의 날(11월), 왕인문화축제(4월) 길놀이

② 회원 개개인의 건강한 몸과 마음을 유지한다.

- 풍물 가락과 신명 나는 몸짓으로 피로회복 및 에너지 충전

③ 회원들 간의 따스한 관심과 사랑으로 인정과 유대감이 넘치는 마을 만들기에 기여한다.

④ 마을 주민들의 친목과 화합을 도모하고, 그 단합된 힘을 통하여 살기 좋은 마을 만들기에 기여한다.
  - 향우들이 돌아오는 마을, 그 누구보다도 주민들이 먼저 행복한 마을

2. 모정풍물단의 목표
① 구경꾼들과 함께 어우러져 덩실덩실 어깨춤을 출 수 있도록 신명 나게 악기를 연주할 수 있다.
* 앉아서 기본 장단을 익히고 반드시 서서 연주하여 몸의 호흡을 익힌다.
* 입장단-무릎장단-발걸음-몸짓을 장단과 호흡으로 익힌다.
* 3분박 4박자의 원리
* 봄   여름 가을 겨울
* 하나 둘   셋   넷
* 내고 달고 맺고 푸는 생명의 순환원리, 생명의 호흡에 따라 연주하도록 한다.

② 신명 나고 역동적인 대동풍물놀이 체험을 통하여 건강하고 활기찬 삶을 누린다.

③ 민요 〈원풍정 12경〉, 〈뱃노래〉, 〈모정용줄다리기〉, 〈사랑가〉, 〈개구리 소리〉 등의 노래에 맞추어 굿거리 장단을 연주할 수 있다.

3. 모정길굿 장단(느리게)

- 지신밟기를 할 때 골목길을 걸으며 치는 모정마을 고유의 길굿 장단

장구

덩	덩		덩	-	다	덩		기덕	쿵	-	다
덩		다	쿵	다	쿵	덩	다다	다	쿵	-	다
더더덩		덩	더더덩	덩		덩	다다	다	쿵	-	다

꽹과리

잰	잰		잰		재	잰		지잰	잰	-	재
잰		재	읏	잰	재	잰	재 재	재	잰	-	재
재재잰	잰		재재잰	잰		잰	재 재	재	잰	-	재

4. 2017 모정풍물단 활동 내용

정월대보름맞이 지신밟기(2월 10~11일)

모정마을

월산 당산제

서호정 당산제

서호정 마을회관

군서농협

군서농협자재판매장

군청 촛불집회(2월 16일)

영암읍내 촛불집회 2회(3월 10일)

풍류연꽃축제 대동풍물놀이(8월 5일)

월인당 한옥음악회 (11월 4일)모정풍류북춤

월인당 한옥음악회 (12월 9일)모정풍류북춤

월인당 한옥음악회 (12월 30일)대동풍물놀이

영암읍내 촛불집회 모정풍물단 길놀이(2017년 3월 10일)

사. 모정차회

모정차회(회장 조양례)는 2013년 모정풍물단 결성에 이어 2015년에 결성된 차문화 동아리다. 일하다가 틈틈이 시간을 내어 우리 전통차 중심으로 다도를 익히고 있다. 생활차 위주로 다도를 익히고 있으며 집에다가 찻상과 다기를 갖추어 놓고 일상적인 차 생활을 하고 있다. 주말에 며느리, 손주들이 오면 찻자리를 마련하여 직접 차와 다식을 대접한다. 며느리 사위 손주들에게 인기가 최고다.

마을 축제 때마다 들차회를 열어 봉사활동을 하고 있으며, 영암 왕인문화축제, 영암 국화축제, 해남 초의문화제 등에 초청을 받아 부스를 운영하고 있다.

1. 목적
* 바쁜 일상 속에서 여유로운 차 생활로 건강하고 아름다운 삶 누리기
* 오감체험으로 생기와 활기 충전
* 차 마시는 민족은 흥하고, 술 마시는 민족은 망한다(다산 정약용)
  - 음주문화 go, 음차문화 come
* 차를 통하여 한옥, 한식, 한복, 풍물, 한국화, 정자, 한글, 전래놀이 등 한국의 전통문화를 종합적으로 익히고 계승 발전시킨다.

2. 목표
* 차 한 잔의 여유로 행복을 여는 풍류차의 생활화

* 차의 고유한 맛 잘 우려 내기

* 가족과 함께 하는 찻자리-일상다반사의 생활화

* 차를 내는 동작이 흐르는 물처럼 자연스럽고 간결하게 한다.

2016년 해남 대흥사 초의문화제 들차회: 도올 김용옥 선생님과 함께

■ 모정차회 지역사회 봉사활동 내용

2015년 3월 모정마을 주민들로 구성된 모정차회 결성

2016년 5월 월인당 이팝나무음악회 들차회

2016년 8월 모정행복마을 달빛연꽃축제 들차회

2016년 10월 해남 초의문화제 들차회

2016년 10월 영암 국화축제 들차회

2016년 10월 월인당 한옥음악회 들차회

2017년 5월 월인당 이팝나무음악회 들차회

2017년 8월 모정행복마을 풍류연꽃축제 들차회

2017년 10월 해남 초의문화제 들차회

2017년 11월 영암 국화축제 들차회

2017년 12월 월인당 한옥음악회 들차회

2018년 4~5월 구림마을 달빛콘서트 들차회 3회 참가

2018년 8월 모정행복마을 풍류연꽃축제 들차회

2018년 10월 해남 초의문화제 들차회

2018년 10월 영암국화축제 들차회

2019년 4월 영암왕인문화축제 전통다례시연회

2019년 가을 영암 국화축제에 참가한 모정차회 회원들 모습

2019년 여름 모정풍류연꽃축제 원풍정 들차회

　　　　　　　　　　　　　　　　　　　　　　　　모정마을 이야기

아. 원풍망월(願豊望月) 주민예술학교

2016년부터 모정두레체험관 공간을 작은도서관으로 지정받아 운영해오고 있다. 매년 신간도서와 정기간행물을 구입하고 마을 주민들의 재능을 활용하여 '원풍망월 주민예술학교' 생활문화 프로그램을 운영하고 있다. 마을 정자 원풍정과 망월정 이름을 따서 '원풍망월 주민예술학교'라고 이름 지었다.

'일과 놀이가 융합된 삶, 문화와 예술이 생활화된 마을 가꾸기, 문화 예술활동을 통한 주민들의 문화자립도와 행복지수 높이기'라는 목표를 설정하고 저녁 시간을 활용하여 두레체험관에서 모여서 생활문화 프로그램 강좌를 열었다. 생활 글쓰기, 마을 인문학, 풍물놀이, 전래놀이, 생활다례, 서예, 도자기 공예, 목공예, 구연동화, 모정마을 문화역사 바로 알기 등의 프로그램을 운영했는데 마을 주민들이 직접 강사로 참여했다. 각각의 분야마다 강사를 모시면 그 비용을 감당할 수 없기 때문에 마을 주민들이 가지고 있는 재능을 십분 활용했다. 결과는 기대 이상으로 좋았다. 주민들 간 소통과 교류가 활발해지고 이는 곧 마을공동체에 커다란 활력소가 되었다. 고향마을의 역사, 문화, 생태, 공동체적 삶에 대한 이해도가 높아지고 주민예술학교를 지속적으로 운영할 수 있는 역량과 자신감 또한 크게 향상되었다.

작은도서관에서는 북콘서트를 개최하고 저자와의 대화 시간을 마련하여 주민들의 지적 호기심을 충족시키기 위해 노력하고 있다.

원풍망월 주민예술학교. 북춤 강습

자. 마을교육공동체를 꿈꾸며 마을학교 운영

모정마을학교 운영 취지

"온 마을이 학교다. 온 들녘이 학교다. 마을에서 자란 아이들, 들길 산길 호수길 골목길 뛰어다니며 놀던 아이들, 결국 이 아이들이 자라서 고향으로 돌아와 마을 지킨다. 이제 교육은 학교 담장 밖으로 넘쳐흘러 마을과 만나야 한다. 더 이상 교육이 학교 교실 안에서만 머물러서는 안 된다. 한 아이를 키우려면 한 마을이 필요하다. 마을과 학교, 학교와 마을은 서로 소통하고 교류해야 한다. 마을공동체와 교육공동체가 접점을 찾아 마을교육공동체, 지역교육공동체를 이루어야 한다. 마을이 살아야 학교가 살고, 학교가 살아야 마을이 산다. 학교와 마을은 서로에게 다가가고 서로에게 흘러야 하고 서로를 보듬어 안아야 한다. 우리는 만나야 한다."

심각한 지방소멸 위기에 직면해 있는 21세기에는 지역을 살리는 교육이 절실히 필요하다. 앞으로는 로컬 인재형 교육을 위해 지역교육공동체를 활성화해야 한다. 옛 교육은 초고속 산업화된 현장에 적합한 산업 일꾼을 만들어 내는 데 목표를 두고 오로지 학교에만 아이를 맡겨 평준화된 인재를 양성했지만, 앞으로는 마을과 학교가 서로 소통하고 협업하여 존경받는 어른들, 역량 있는 문화예술인들, 마을활동가 등 지역사회의 모든 사람들이 함께 아이의 성장과 발전을 돕기 위해 노력해야 한다. 이 아이들이 자라서 경제·문화적으로 자립하여 살 수 있는 지역 환경을 만들어 주어야 한다. 이를 바탕으로 지역에서 일하는 인재를 키워내야 도시로의 인재유출을 막고 고향을 지킬 수 있다.

교육 학자들과 미래 학자들은 2030~2040년에는 교육공간의 모습이 학습공원 또는 학습마을로 변한다고 말한다. 모든 마을의 문화역사 자원과 학교가 결합해 학습공원을 이루는 데 학년제도가 없어지고 대신 통합형으로 바뀐다. 학습 형태도 보다 빈번하게 인공지능을 활용하게 되며, 교육 활동이 학교 건물 안에서만 단순하게 일어나는 시대가 막을 내리게 된다. 이제 마을교육공동체 활성화가 시대적 화두가 되었다. 지역민들이 학교 울타리 밖에서 아이들과 할 수 있는 일들이 매우 많다. 이러한 시대적 요구에 부응하여 우리 모정마을에서도 지역 아동들을 대상으로 마을학교를 열었다. 인근의 구립초등학교와 협력하여 다양한 주제의 교과연계 마을학교 프로그램을 운영하고 있는 중이다. 현재 농촌유학마을 운영도 준비하고 있다.

2020년 모정마을 작은도서관 모정중심마을학교 자료집

모정중심마을학교 여름캠프

4. 마을 축제

모정마을 달빛 연꽃축제. 월출산 위로 둥실 떠오른 보름달이 원풍정 앞 500년 호수에 풍덩 빠졌다. 원풍정에는 네 개의 달이 뜬다. 하늘에 뜬 달, 호수에 뜬 달, 술잔에 뜬 달, 그대의 맑은 두 눈에 뜬 달. 이렇게 해서 네 개의 달이 뜬다.

가. 원풍정 달맞이 음악회

지금은 마을에 잔치가 사라진 시대다. 돌잔치, 생일잔치, 혼례식, 회갑잔치 등 마을 안에서 행해졌던 그 많던 잔치들이 대부분 축소되거나 마을을 떠났다. 장례식도 마을에서 이루어지지 않는다. 동네 청년들의 어깨에 들려 꽃상여 타고 떠나는 호사를 더 이상 누릴 수 없는 세상이다. 제사도, 시제도 잘 모시지 않는다. 요즘은 명절 차례도 생략하는 경향이 있다. 큰집에 제사 모시러 가신 어머니가 멥쌀 떡 가지고 오시길 눈 빠지게 기다리던 일은 먼 옛날의 추억으로만 남았다. 사정이 이러다보니 마을 주민들이 함께 모여 즐겁게 놀 수 있는 기회를 마련하기가 쉽지 않다. 그래서 주민들이 힘을 합하여 계절마다 한 번씩 마을축제를 열기로 했다. 봄에는 이팝나무꽃 작은 음악회, 여름에는 연꽃축제, 가을에는 추수대동제(추석맞이 가요 콩쿨), 겨울에는 대보름 지신밟기와 줄다리기 행사를 열기로 했다. 먼저, 원풍정 음악회를 개최하기로 했다. 온 마을 주민들이 정성을 다해 준비했다. 적자에 대한 두려움이 없진 않았지만 우리 스스로의 힘을 믿었다. 결과는 대성공이었다. 이것은 모정마을 사계절축제의 서막을 알리는 쾌거였다.

마을행사는 누구 혼자 힘으로만 이루어질 수가 없다. 주민 모두가 각자 크고 작은 역할을 맡아 헌신해야 한다. 이 과정에서 공동체 의식과 협동심이 저절로 자라게 된다. 사계절 축제는 주민들의 자존감을 높여주고 단합하게 해줄 뿐만 아니라 마을에 대한 자부심을 느끼게 해주고 있다. 사계절 축제는 또한 지자체와 이웃 마을들에게 큰 영향을 주었다. 주민주도형 소규모 마을축제를 활성화시키는 계기가 되었다.

2014년 9월 10일, 모정두레체험관에서 마을축제 개최를 위한 준비 모임을 가졌다. 이 자리에서 영암군 최초로 마을 주민들의 자발적인

모정마을 이야기

의지와 참여로 원풍정 달맞이 음악회를 열기로 결의했다. 저녁 행사라서 손님들의 저녁 식사로 연잎밥을 싸서 대접하기로 하고 연못에 있는 연잎을 채취하여 400인분의 연잎밥을 준비하였다. 초대장 발송, 무대 설치, 풍물놀이 준비, 홍보 플래카드 게시, 출연자 섭외, 후원 물품 마련, 농특산품 판매 부스 마련 등 모든 준비를 마을 사람들의 힘으로 다 마쳤다. 우리는 자신감을 얻었고, 군서면 32개 마을과 영암지역의 마을활동가 및 사회단체들에게 초대장을 발송하고 지역 신문에 홍보글을 실었다. 이러한 모든 노력과 준비과정을 상세하게 기록으로 남긴다.

1) 제1회 원풍정 달맞이 음악회 초대장

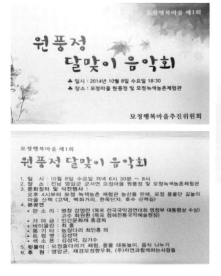

2) 제1회 원풍정 달맞이 음악회 후원물품 및 행사준비 울력 내역

후원물품 내용	이름	비고
돼지 머리고기 70인분, 막걸리, 치킨 15마리, 맥주 5상자	김용길	재경향우회 회장
인절미 2말, 송편 1말	김성덕(희승)	서울향우
막걸리 4말	이삼행	영암자활센터장
화환	영암신문사	라이온스클럽
플래카드 5장, 만장깃발 5장, 대형플래카드 1장, 판매 탁자 6개 대여, 통기타 가수, 바이올리스트 섭외	오주석	모정마을 월출도예
연밥 찌기 (2말, 400인분)	신평균, 조숙자 (모정떡방앗간)	모정리개발위원장
묵은 김치 각각 1통, 은행 1되(엄효례)	김애중, 김진님, 김금도, 최영순	모정마을 주민
돈부 각각 1되	문영자, 정선례, 이영심	〃
찹쌀 1되	김연신	〃
검정콩 각각 1되	오점숙, 오동님	〃
도라지·배즙 1박스(100개), 밤, 은행	김배원	〃
우무 1 다라이. 햇강낭콩	이영심	〃
토란대, 고사리 나물 각 1통	강영순	모정리 전 부녀회장
풋고추 한 상자	이기동	모정마을 주민
쪽파 4단	김용건	〃
행사 홍보용 붓글씨	한민자(죽정마을)	서예가
은행, 수정과, 월인당 객실 3개 및 조식 제공	김창오, 김인순	
초대장 300장, 스티커 200장 제작	(사) 자연과 함께 하는 사람들	문현 대표

행사 준비 울력 내용	이름	모정마을
마을 풀베기 및 대청소	마을 주민 전체	
총 행사 기획 및 섭외	김창오, 오주석	
플래카드 걸기	김애중, 김정석, 이삼행, 김창오	
대나무 만장 깃대 만들기, "원풍정 가는 길" 표지판 제작 및 설치하기	김애중, 김정석	
농산품 판매 스티커 부착	이기동	
새끼줄 제작 걸기, 달집 만들기, 체험관 마당 주변 예초작업	김용건	
연밥 만들기, 파전 부치기	조양례 외 풍물단원들	
행사 진행, 연잎 채취, 초대장 우편 발송, 영암(군민)신문 보도자료 작성 배포, 출연진 섭외, 농산물 추가 접수 판매 택배작업, 시장 보기, 영암군 행정기관과 협의 및 소통	김인순 김창오	
길놀이, 대동놀이	모정풍물단	
용줄 나르기	김용건, 김장성(이장), 김상순, 김애중, 이삼행	
설거지	홍석형 부녀회장, 요네다 마사코(이장댁), 기무라 게이꼬(새마을 지도자댁), 김순자	
뒷정리	조양례 외 풍물단원들	
행사 다음 날 아침 뒷정리	최순애, 최경님, 김용건	
방명록 및 후원금 접수	정수미, 정미숙	

3) 원풍정 달맞이 음악회 후원금 내역(단위: 원)

순번	이름	후원금	비고
1	재경모정향우회	1,000,000	회장(김용길)
2	신내석	100,000	서울 향우
3	김병엽	100,000	모정리
4	김용건	100,000	모정리
5	서옥경	100,000	모정보건진료소장
6	신상길	100,000	모정리
7	김배중	50,000	모정리 (광주댁)
8	녹색전남 자연해설	100,000	목포
9	김내중	50,000	모정리
10	최기홍	100,000	영암신문
11	영암자활센터	100,000	센터장(이삼행)
12	김선태	50,000	검주리
13	조종현	50,000	
14	신안댁	30,000	모정리
15	김원후	50,000	모정리
16	최용진	100,000	영암읍 최용진치과 원장
17	김선열	30,000	모정리
18	고광식	50,000	장사리 이장
19	김용원	50,000	모정리
20	김성윤	100,000	모정리
21	박밀려	50,000	신유토마을 회장
22	이경자	50,000	도포두레농원 대표
23	박종대	50,000	군서면장
24	하정우	100,000	모정리
25	신대원	50,000	모정리
26	장진선	50,000	군서청년회장
27	김희종	100,000	성심장례식장
28	정형섭	50,000	모정리 군남교회 목사
29	김인재	100,000	영암군청 과장
30	이복용	50,000	군서면이장단장
31	장용오	50,000	구림 학암마을
32	홍석형	100,000	모정리 부녀회장
33	북춤단원일동	100,000	영암복지관 단원일동
34	김한남	100,000	영암문화원장
35	김규환	100,000	현산중 교감(모정리)
36	서승민	50,000	푸른농장 대표
37	알춤할머니쉼터	50,000	모정리

모정마을 이야기

순번	이름	후원금	비고
38	군서농협	100,000	조합장(김상재)
39	김두호	50,000	영암읍 법무사
	총계	3,710,000	

4) 원풍정 달맞이 음악회 문화장터 운영 결과 보고서

제 1회 모정행복마을 달맞이 음악회 농산물 판매 내역

성명	판매금액(원)	물품	비고
신평균	300,000	배	
김배원	456,000	도라지배즙, 효소, 땅콩	
이영심	355,000	참기름,미숫가루 땅콩, 고추장, 검정깨,참깨, 검정콩	
오둥님	90,000	검정콩, 쥐눈이콩, 깐마늘, 호박	
문영자	321,000	고구마,대추,참기름,토란대, 호박,땅콩,팥, 돈부	
김애중	35,000	강낭콩, 찐쌀, 단호박	
정선례	200,000	고추가루	
최정단	194,000	조청, 참깨, 땅콩 검정콩, 팥	
김금도	75,000	수수쌀	
오점숙	110,000	국수호박,현미찹쌀,현미	
계	2,026,000 2.136.000		

5) 원풍정 달맞이 음악회 현장 스케치

주민들이 직접 생산한 농산물과 집에서 만든 조청, 참기름, 효소, 미숫가루, 고추장 등 거의 모든 농산품이 장터가 열리자마자 한 시간 만에 매진되었다. 이웃 마을 주민들도 많이 참석하여 함께 축제를 즐겼다. 이웃 마을 주민들의 참여와 후원은 마을 축제를 진행하는 데 큰 힘이 되었다. 이후 마을과 마을의 연대를 통한 연합축제를 기획하는 계기가 되었다.

홍경희 선생님의 가야금 산조 연주. 고수: 최원환 명창

모정마을 이야기

나. 사계절 축제

1) 봄-이팝나무꽃 축제

　수백 년 수령의 '벼락 맞은 이팝나무'가 있는 월인당에서 이팝나무 꽃이 만개하는 5월 중순에 봄 축제를 개최한다. 시 낭송회, 국악, 포크송 등 음악과 함께하는 찻자리, 모정풍물단 회원들의 풍물놀이 등 작은 규모이지만 보고 즐길 거리가 많은 잔치다.

2009 월인당 이팝나무꽃 축제. 서울 예정다례원(원장 이정아) 들차회

2) 여름-풍류연꽃축제

2014년 원풍정 달맞이 축제를 시작으로 해마다 여름이면 500년 역사를 자랑하는 모정마을 홍련지 일원에서 풍류연꽃축제를 연다. 처음에는 마을 주민들의 자발적인 의지와 자체 역량으로 시작하였는데 3회 때부터는 영암군에서도 농촌문화지원사업의 일환으로 일정 금액의 축제보조금을 지원하고 있다. 모정마을의 이 연꽃축제는 다른 마을들에게도 자극을 주어 마을 규모의 작은 축제를 열게 하는 기폭제가 되었다.

2017년 제5회 모정마을 풍류연꽃축제에 참여하여 붓글씨를 주민들에게 써주고 있는 화가이자 신화연구가인 김봉준 화백. 강원도 원주에서 신화박물관을 운영하고 계신다.

모정마을 500년 역사를 자랑하는 홍련지. 1540년에 조성되었다.

모정마을 이야기

모정마을 제5회 풍류연꽃축제가 열리던 날의 풍경

　모정마을 풍류연꽃축제가 열리는 지난주 토요일, 연일 계속되는 찜통더위와는 어울리지 않게 하늘은 구름이 많아 땡볕이 시들했고 바람은 시원했다. 월출산 봉우리를 타고 넘어 남쪽 들판을 가로질러온 산들바람은 마을 앞 500년 홍련지를 지나면서 연향을 담뿍 머금어다 원풍정 마루에 쏟아놓았다.

　원풍정 마루에는 인간문화재 양승희 선생의 어린 제자들이 자신들의 키만큼이나 큰 가야금을 무릎 위에 올려놓고 연주를 하고 있었다. 색색이 곱게 차려입은 학동들의 자태는 오백 년 호수에 핀 연꽃만큼이나 곱고 우아했다. 아이들의 가야금병창 소리가 원풍정에 가득 차고 넘쳐서는 이윽고 열두 기둥 사이를 뚫고 사방으로 흩어진다.

　이윽고 양승희 가야금 명인이 제자들의 소리를 이어받아 가야금병창 방아타령으로 응수한다. 신기에 가까운 손놀림에 관객들은 숨을 죽인다. 때마침 홍련지 위에서 쉬고 있던 백로들이 가야금 선율에 맞춰 날갯짓을 하며 춤을 춘다.

　"이곳 모정마을은 제 스승 김죽파의 스승님인 한성기 선생님이 사셨던 마을입니다. 저에게는 매우 뜻깊은 마을이어서 자주 오는 편입니다. 영암군, 국악인, 학자들, 주민들과 힘을 합하여 모정마을에 한성기 기념관을 건립할 계획을 하고 있습니다. 다음에 또 오겠습니다." 연주를 마치고 주민들에게 남긴 양승희 선생님의 인사말이다.

이어서 청해국악원장 최원환 명창이 고수를 대동하고 원풍정 마루에 오른다. "여보시오, 농부님들! 이네 말을 들어보소, 어~라 농부들 말 들어요. 캄캄한 어두운 밤은 멀~리 머얼리 사라지고, 삼천리 너른 땅은 새 빛이 밝았구나. 산명수렴 이 강산은 우리 농부들 차지로세. 여~여여여~루 상사디여 어럴~럴럴럴 상사디여!" 고수의 북 장단에 맞춰 신명나게 농부가를 부르니, 관객들은 모두 추임새를 넣으며 민요 속으로 뛰어든다.

목을 푼 최명창은 곧바로 판소리 심청가 중 심봉사 눈 뜨는 대목을 선보인다. 심봉사가 심황후를 만나 피눈물을 흘리면서 고하는 대목에서 관객들의 눈시울이 뜨거워진다. "이게 웬 말이요, 누가 날 보고 아버지라고 하요? 나는 아들도 없고 딸도 없소. 무남독녀 외딸 하나 물에 빠져 죽은 지가 우금 삼 년인데, 아버지라니 누구요~?" 부녀지간의 눈물겨운 상봉을 지켜보다 마침내 심봉사가 눈을 떠 광명천지를 대하는 장면에서 관객들은 비로소 안도의 한숨을 내쉬며 감격해 한다. 모정 저수지 위에 끝없이 펼쳐진 연꽃의 향연 속에 지극한 효성으로 부활한 심청의 모습이 아른거린다.

판소리의 감동에 이어 모정마을 주민들의 '원풍정 12경' 모정찬가가 힘차게 울려 퍼진다. "모정마을 달 떠온다. 모정마을 달 떠온다. 아름답고 살기 좋은 우리 마을 으뜸일세. 호수가 원풍정 열두 가지 풍경들은 신선들의 놀이터, 우리 마을 자랑일세…" 이 노래는 원풍정 열두 기둥에 걸려 있는 주련 내용을 가사로 하여 새롭게 만든 창작민요

모정마을 이야기

다. 주민들은 어깨를 들썩이며 흥겹게 노래를 부른다.

곧바로 모정 줄다리기 전래민요가 이어진다. 모정마을은 예로부터 정월 대보름에 줄다리기가 씩씩하게 성행해온 마을이다. 그런데 줄다리기 과정이 좀 독특하다. 본격적으로 줄을 당기기 전에 줄을 메고 노래를 부르면서 골목길을 돌아다니는 줄놀이 과정이 있다. 이때 소리꾼이 줄 위에 타서 선소리를 하면 줄꾼들은 상사소리로 화답한다. 선후교환창이다.

달 떠오네, 달 떠오네 상사아 듸여어 어듸여
월출산에 달 떠오네 상사아 듸여어 어듸여….

마을 주민들은 용줄을 메고 다니던 옛 추억을 떠올리며 있는 힘을 다해서 상사소리를 한다. 상사소리는 500년 호수 위를 지나 저 너른 들녘을 가로질러 월출산 봉우리에까지 가 닿는다.

뒤이어 벌어지는 무대는 모정마을이 자랑하는 모정풍물단의 풍물놀이 한마당이다. 올해에는 강진에 있는 대안학교인 늦봄학교 학생들 11명이 함께했다. 마을 청소 등 봉사활동뿐만 아니라 농촌공동체의 문화를 이해하고 공동체 정신을 배우기 위해서였다. 역시 우리 풍물놀이는 길놀이고 판굿이다. 힘이 넘치고 활기가 넘친다. 풍물소리에 맞춰 모두가 어깨를 들썩인다.

뒤이어 마지막 무대인 김성천 향우의 색소폰 선율이 원풍정과 홍련지 주위를 휘감고 돈다. 주민들은 너나 할 것 없이 자신들이 좋아하는 노래를 신청한다. 더 이상 원풍정 마루에 앉아있지 못하고 마당으로 뛰어나간다. 춤추고 노래하며 시름도 잊고 무더위도 잊는다. 오래된 팽나무 잎사귀들이 춤추듯 한들거린다.

나뭇가지 사이로 시원한 한줄기 산들바람이 지나가는 소리다. 한바탕 잔치가 지나간 자리에 은적산 석양빛이 들고 백로가 지나간 연못 자리엔 빠알간 연꽃 봉오리들이 뾰족뾰족 죽순처럼 솟아난다. 풍요로운 모정들녘엔 농부들의 발자국 소리를 들으며 나락들이 떼글떼글 영글어간다. 올해도 풍년이 오려나 보다.

2017년 8월 11일

인간문화재 양승희 선생의 가야금 연주(원풍정 연꽃축제)

모정마을 이야기

모정리에서

서삼석(영암 · 무안 · 신안지역 국회의원/시인)

긴 여름
숨은 턱까지 차오르고

갈 길 바쁜 나그네의
처진 어깨는

뚝배기 한 사발에
달음질 치겄구만

인심 좋은 모정에서
짐 풀고 마음 내려

저 너머 월출산에
달이 걸칠 때까지

긴 한 잠 발 뻗고
눈 한 번 비려 보리

내 생애 천국이
손 짚고 일어서는 이 땅이었네

2018년 8월 12일

모정행복마을 제5회 풍류연꽃축제를 보고

3) 가을 추석맞이 콩쿨대회

1980년대 중반까지 매년 추석 때마다 울춤사장에서 열렸던 콩쿨대회는 1990년대부터는 완전히 자취를 감추었다. 도시화와 산업화로 인하여 젊은이들이 대부분 마을을 떠났기 때문이었다. 그러던 중 과거 향수를 잊지 못하던 향우들의 간절한 바람으로 2015년 추석부터 다시 콩쿨대회가 열리게 되었다. 약 30년 만에 부활한 것으로 모정마을 주민들과 향우들뿐만 아니라 동호리, 양장리, 구림리 등 인근 마을 주민들도 덩달아 참여하여 즐거운 시간을 보낸다. 2015년에 부활한 첫 콩쿨대회 대상은 모정마을 중학교 3학년 김민호 학생(풍동댁 손자)의 차지였다.

추석맞이 콩쿨대회는 최근에 새로운 모습을 보인다. 아들 며느리뿐만 아니라 딸 사위들 얼굴이 빈번하게 무대에 등장한다. 옛날에는 명절 때 여성들이 시댁에서만 머물렀지만, 지금은 친정집에도 똑같이 다녀가기 때문이다.

2015년 추석에 다시 콩쿨대회를 시작한 후로 다섯 차례를 개최했다. 무대 설치, 경품 준비. 밴드 음향 섭외, 간식 준비, 손님 접대 등 콩쿨대회를 개최하려면 비용이 많이 든다. 마을 주민들은 이러한 사실을 너무나 잘 알고 있기에 물심양면으로 후원을 아끼지 않는다. 고향을 방문한 향우들 역시 마찬가지다. 우선 개인 카드로 경품을 마련해놓지만 한 번도 적자를 본 적이 없다. 다소 장황하긴 하지만 콩쿨대회를 개최하는 동안에 주민들이 십시일반 후원한 내용을 상세하게 기록으로 남긴다. 이것은 농촌 마을공동체의 풍습과 작동 원리를 엿볼 수 있는 귀중한 자료일 수가 있다. 마을의 대소사가 있을 때마다 주민들은 한결같이 자신의 일처럼 열성적으로 참여했고, 마음을 모아 함께하는 것을 좋아하고 즐겼다. 우리 모정마을의 나눔과 화합의 문화가 너무나 자랑스럽고 뿌듯하다.

추석맞이 모정 콩쿨대회

콩쿨대회 부활을 알리는 포스터와 현수막

2015년 마을회관에 부착된 콩쿨대회 포스터 디자인(모정리 장수라)

마을 입구에 부착한 현수막

모정마을 이야기

2015년 제1회 모정마을 콩쿨대회 후원 내역(9월 27일)

번호	이름	거주지	내역	금액(원)
1	신채규	광주	현금	300,000
2	김성천	광주	현금	300,000
3	김복일	광주	현금	100,000
4	오주석, 정수미	모정	월출도예 도자기 작품 5세트	
5	영암 로컬푸드	영암	건강차 3세트, 잡곡 2세트	
6	목원가든	평리	4인가족 식사권 2장	
7	김용재	지남	(미나리농원) 현금	100,000
8	월봉 김용축	모정	왕대박상 자전거 1대	
9	임명기	모정	아리랑한옥 원목찻상 1세트	
10	김애중	모정	올벼쌀 5kg	
11	김창오	모정	월인당 메밀베개 4개	
12	이경재	영암	매력한우명품관 한우사골 7세트	
13	박석채	평리	현금	100,000
14	이삼행	모정	현금	50,000
15	김용원	모정	모정잔디 효자물꼬 3세트	
16	이기동	모정	방울토마토 2상자	
17	김창규	모정	영월당 현금	100,000
18	김영동	모정	현금	100,000
19	김장성	모정 이장	현금	150,000
20	김인재	영암군청	현금	100,000
21	김운중	광주 조선대학교수	현금	100,000
22	김원후	모정	현금	100,000
23	김성광	서울	현금	200,000
24	신상훈	광주 (동천댁 아드님)	현금	200,000
25	김선태	검주리	현금	50,000
26	하정우	모정	현금	200,000
27	김필중	모정	현금	100,000

번호	이름	거주지	내역	금액(원)
28	이청재	영암로컬푸드 이사	무화과 3상자	
29	조영율	군서면장 현금	무화과 3상자	50,000
30	신경운	모정 임동댁 아드님	현금	100,000
31	군남초등 36회	동창회	현금	200,000
32	김규선	모정 장성댁 아드님	현금	100,000
33	김명선	모정 영암군청	현금	50,000
34	김용건	모정	현금	50,000
35	김선광	모정 평산댁 아드님	현금	100,000
36	김성길	모정 모양동그리스도교회	현금	50,000
37	김기옥	검주리 김운중 씨 아드님	현금	50,000
38	김규환	모정 송월댁 아드님	현금	50,000
39	신취승	모정 신현기 씨 아드님	현금	50,000
40	김홍길	모정 노송댁 아드님	현금	50,000
41	군남초등학교	21회 동창회 일동	현금	300,000
42	신평균	모정 떡방앗간	현금	50,000
43	신원태	검주리	현금	50,000
44	김종석	모정	현금	50,000
45	김학이	모정 부암댁 아드님	현금	100,000
46	김선철	영암	현금	50,000
47	신순철	모정	현금	50,000
48	김장성	모정 이장	생수 3상자	
49	김진님	모정	창성당 묵은김치 1통	
50	김종애	모정	묵은김치 1통	
51	김선열	모정	풋고추, 된장 1통	
		현금소계		3,900,000
52	접수처	노래 신청 참가비		460,000
총계				4,360,000

모정마을 이야기

2016년 제2회 모정마을 콩쿨대회 수입·지출 및 후원 내역(9월 15일)

< 수입 >

번호	이름	거주지	물품 후원 내용	현금 후원 내역
1	김선문	광주 향우	천일염 10상자	
2	신경철	서울 향우	사골세트 10상자	
3	이경재	영암기찬랜드매력한우	소꼬리 2상자, 우족 2상자, 사골세트 3상자	
4	오주석 정수미	모정 월출도예	도자기 머그컵 5개들이 5상자	
5	박충남	영암로컬푸드 이사장	건강차 세트 5상자	
6	김석태	양장	배 1상자	
7	라이스미곡	양장	쌀 10kg 4포대	
8	김애중	모정	숙성퇴비 5톤 1대 (배달 OK)	
9	목원가든	평리	오리 2마리(4인 식사권 2매)	
10	임명기	모정 아리랑 한옥	원목차탁 1개	
11	LG전자	영암읍	커피포트 3개	
12	김성천	광주 향우		200,000
13	김인재	모정		100,000
14	김원후	모정		100,000
15	이재열	검주리 이장		100,000
16	김상재	모정 (군서조합장)		100,000
17	신상길	모정 이장		100,000
18	김창규	모정		100,000
19	서정빈	모정		50,000
20	양점승	양장		100,000
21	신상훈	광주 향우		100,000
22	고승진			50,000
23	김갑종	광주 향우		100,000
24	신취승	광주 향우		50,000
25	김규환	강진 향우		100,000

번호	이름	거주지	물품 후원 내용	현금 후원 내역
26	신이석 외 2명	서울 향우 (평안댁)		150,000
27	김용건	모정		100,000
28	김명선	모정		50,000
29	최종석	동호리		100,000
30	군서남21회		군서남초등학교 21회 동창회	200,000
31	김선룡	모정		50,000
32	김환영	모정		50,000
33	김행옥	모정		50,000
34	하승철	모정		100,000
35	김창오	모정 추진위원장		100,000
36	김행만	서울 향우		100,000
37	김배중	모정		50,000
38	김옥순	모정		50,000
39	김안중	서울 재경모정향우회장		100,000
40	최학수	동호리		100,000
41	이철주	모정		30,000
42	노래참가비			400,000
			수입 총계	3,130,000

모정마을 이야기

<지출>

번호	항목	단가	금액
1	프랑카드 5장	70,000	350,000
2	압력밥솥 1		250,000
3	진공청소기 1		170,000
4	가스렌지 1		160,000
5	대형후라이팬 1		60,000
6	만국기 2세트	6,000	12,000
7	돼지고기 30근	7,000	210,000
8	어린이 상품		102,200
9	막걸리 5상자 물 3상자 외 간식비		160,000
10	치킨 4마리	17,000	68,000
11	무대 설치비		175,700
12	음향 밴드		1,000,000
13	밴드부 식사비		100,000
14	건전지 12개		7,600
15	새참 비용		15,000
16	교통비		50,000
	지출총계		2,890,500

* 2016년 콩쿨대회 총결산

 : 총수입(3,130,000)-총지출(2,890,500)=239,500

2019년 제5회 모정마을 콩쿨대회 수입·지출 및 후원 내역

수 입			
번호	이름	금액	비고
1	김선길	100,000	검주리
2	김이남	100,000	지남마을
3	김일국	100,000	새마을지도자
4	김선태	50,000	검주리
5	김환영	100,000	이장
6	장재영	20,000	구림
7	김배중	50,000	알춤 광주댁
8	김종석	50,000	모정
9	김선문	100,000	모정
10	김장성	100,000	모정
11	김갑종	100,000	모정
12	김어순	100,000	모정
13	최광수	100,000	운창건설
14	김선정	100,000	고 김내중 씨 자
15	하승철	100,000	모정
16	김용건	50,000	모정
17	김진님	50,000	모정
18	신취승	100,000	모정
19	임정근	100,000	서호정
20	김학이	100,000	부암댁 아들
21	김행만	100,000	모정
22	김명선	100,000	모정(학산면장)
23	조병준	200,000	모정 서재
24	김남중	100,000	모정 덕리댁
25	신 웅	100,000	모정 연수댁
26	신창석	1,000,000	재경영암향우회장
27	연꽃축제수익금	293,000	제6회 연꽃축제
28	남도연구소	1,900,000	마을 축제 지원금
29	노래 참가비	280,000	참가비 1인 10,000원×28명
30	군서남 18회	500,000	
	수입총계	6,243,000	
물품 후원			

모정마을 이야기

수 입			
번호	이름	금액	비고
1	김성천	145만 원 상당	규조토 발매트 40, 기어벽시계 1, 통굽슬리퍼 60, 야전침대 10, 난방텐트 5개
2	손재필	100만 원 상당	이태리제 명품가방 3개
3	윤명열	30만 원 상당	피크닉 방수매트 20개
4	최태근	100만 원 상당	영암어란 3세트
5	김인재	10만 원 상당	선풍기 2대
6	정수미	10만 원 상당	도자기 머그컵 세트 4개
7	이경재	25만 원 상당	한우 우족세트 5개
8	남도연구소	7만 원 상당	포도 3상자

지 출			
번호	내역	금액	비고
1	음향	600,000	남도연구소에서 직접 지출
2	밴드 공연료	600,000	〃
3	공기청정기	350,000	〃
4	전기밥솥	350,000	〃
5	돼지 머리고기 4개	120,000	현대식육점
6	김치 10kg	60,000	왕인식품
7	간식비 및 잡화 (막걸리 90병, 음료, 생수 2상자, 일회용 접시 100 개, 나무젓가락 1통, 쓰레기봉투 10장)	170,000	태화슈퍼
8	플래카드 6개	150,000	1개당 25,000원×6개
9	공기청정기 1	250,000	경품 대상용
10	교통비	30,000	진행비
11	저녁식사 8인	80,000	연잎밥 1인 10,000원×8명 (음향, 밴드, 심사위원, 진행요원)
12	안면 맛사지기	400,000	1개당 2,000원×200개
지출총계		3,160,000	

* 총수입-총지출=6,243,000-3,160,000=3,083,000원

여기에서 잔액 3,083,000원은 전액 모정마을 발전기금으로 적립하

기로 했으며 이장님께서 보관하고 계신 마을통장에 입금됩니다. 마을의 발전과 콩쿨대회를 위하여 물심양면으로 도와주신 모든 분들께 감사드립니다.

2020년도는 코로나 19 바이러스가 창궐하여 우리나라뿐만 아니라 전 세계를 공포의 도가니로 몰아넣은 해였다. 안타깝고 서운하지만, 콩쿨대회뿐만 아니라 모든 마을 행사가 열리지 못하고 취소되었다.

콩쿨대회 현장

주민들의 후원 내역이 빨랫줄에 주렁주렁 걸려 있다. 사회자는 수시로 후원내용을 방송으로 알려 더 많은 후원을 유도한다. 후원 내역은 굵은 매직 글씨로 써서 즉시 게시하여 많은 사람들이 볼 수 있도록 한다. 주민들은 마을에 행사가 있을 때마다 십시일반 마음을 모은다. 물품이나 금품 후원뿐만 아니라 소매를 걷어붙이고 일손을 돕는다. 본인이 가지고 있는 재능도 아낌없이 내놓는다. 농경이 시작된 이후로 이어져 온 상부상조의 전통은 이러한 동네잔치, 문화행사를 준비하고 치르는 과정에서 더욱 빛을 발하고 공고해진다. 이러한 나눔과 섬김의 문화, 상호 신뢰와 서로살림의 문화가 마을공동체를 작동시키는 기본 원리임을 새삼 확인할 수 있다.

모정마을 이야기

2016년 제2회 추석맞이 콩쿨대회 모습. 1980년대 초부터 단절된 콩쿨대회를 무려 35년 만에 부활시켰다. 우리 모정마을 주민들뿐만 아니라 이웃 마을 동호리, 양장리, 구림리 주민들까지 참여하는 신명 나는 노래 잔치다.

4) 겨울-정월대보름 행사

예부터 농경사회를 이루고 살았던 우리나라에서는 정월을 '노달기'라 하여 농부들은 휴식을 취하면서 동시에 농사지을 준비를 했다. 새끼 꼬기, 가마니 짜기, 퇴비 만들기, 농기구 수리 등을 이 기간에 했다.

정월대보름은 일 년 동안의 세시풍속 중 가장 큰 행사가 열리는 날이다. 지신밟기, 당산제, 줄다리기, 쥐불놀이, 달집태우기, 달맞이, 더위팔기, 연줄끊어 액막이 하기, 부럼 깨기, 오곡밥 먹기 등 다양한 전통놀이가 벌어진다.

모정마을은 대보름날 전통적으로 지신밟기와 줄다리기를 씩씩하게 해왔다. 옛날에는 정월 초사흘부터 지신밟기를 시작하고 가가호호 볏짚을 거두어 용줄을 만들었는데 지금은 대보름 전날과 당일 이틀만 진행한다. 지신밟기는 마을의 안녕과 번영을 기원하는 집단 무의식의 발현이다. 지신밟기는 겨우내 잠들어 있던 생명들을 깨우는 것이다. 잠들어 있던 신명들을 깨워내는 것이다. 마을 구석구석을 돌아다니며 신명 나는 풍물 소리로 묵은 기운을 몰아내고 새 기운을 불러들인다.

대보름 지신밟기는 일종의 성지순례다. 마을의 신성한 곳을 방문하여 한국식 미사를 드리는 행위다. 당산나무, 당숲, 공동우물, 정자, 문각, 공공장소 등을 방문하여 감사를 표하고 마을의 안녕과 풍년을 기원한다.

2015년 3월 5일 모정풍물단 대보름 지신밟기(신문각 돈의재)

특히 당산나무는 그냥 나무가 아니라 조상님들의 혼이 깃든 나무로 여겨진다. 당산나무가 여러 그루 모여 있으면 당숲이 된다. 그래서 당산은 신성시되고 마을 사람들은 해마다 대보름에 당산제를 모신다. 당산은 고대사회의 소도와도 같은 기능을 해왔다. 그래서 대보름 지신밟기를 할 때 제일 먼저 당산나무 앞에서 보고를 한다. 이것을 들당산이라고 한다. 조상님들의 혼이 깃들어 있는 당산에 풍물굿 시작을 알리는 것이다. 그리고 나서야 골목길을 돌며 길굿을 하고 집집마다 방문하여 마당밟기를 한다. 집집마다 쌀바가지 위에 촛불 한 자루를 밝혀 집안의 안녕과 행복을 기원한다. 주인들은 풍물패들을 위한 주안상도 준비한다. 쌀 바가지 아래에는 풍물패들의 노고를 위하여 금일봉 봉투를 놓아둔다.

군서면 월산마을 당산제에 초청받아 당산제 풍물굿을 하고 있는 모습. 월암, 월곡, 성지촌, 양지촌, 주암, 호동 6개 마을이 돌아가면서 유사를 맡아 합동으로 당산제를 모신다. 월산 당산나무는 영험하기로 소문이 나서 전국의 무속인들이 이 당산나무의 기를 받기 위해 몰려오고 있다.

모정마을은 마을이 워낙 커서 하루에 다 돌 수가 없다. 지금은 지신밟기를 원하는 주민들을 대상으로 미리 신청을 받아서 진행한다. 그런다고 해도 이틀은 꼬박 돌아야 한다. 집 앞에 도착한 후 먼저 문 굿을 한다. "쥣쥣 문 여소. 문 안 열면 갈라요. 문 여소. 문 여소. 문 안 열면 갈라요." 이윽고 문이 열리면 앞마당, 뒷마당, 부엌까지 신명 나게 풍물을 두들기며 지신밟기를 한다. 휘모리 굿판이 끝남과 동시에 축원을 하면 비로소 주안상이 나온다. 바가지에 담긴 쌀은 포대에 담는다. 지신밟기가 모두 끝날 때 즈음엔 두 포대 정도의 쌀이 모아진다. 이것으로 떡국을 쒀서 줄다리기가 끝난 저녁에 함께 나눠 먹는다. 저녁을 먹고 나면 모두 모여 흥겹게 민요를 부르며 논다.

다. 신년 해맞이 행사

1월 1일 아침에 모정마을 해맞이·달맞이 언덕에 모여 월출산 미왕재 억새밭 위로 떠오르는 새해를 맞이한다. 월출산에서 떠오른 태양이 500년 호수 위로 비치는 모습은 모정마을에서만 감상할 수 있는 신비스러운 광경이다. 바닷가에서 보는 풍경과는 사뭇 다르다. 멀리 가지 않고 마을 언덕에서 새해 해돋이를 볼 수 있다는 것이 큰 장점이다.

모정마을 해·달맞이 언덕에서 신년 해맞이를 하고 있는 모습

라. 제53회 전국 마을 만들기 네트워크 대화모임 개최

전 세계를 거미줄처럼 하나로 묶어놓은 인터넷에서 볼 수 있듯이 지금은 네트워크, 연대의 시대다. 세상은 개인 혼자의 힘으로 살아갈 수 없듯이 마을 또한 마찬가지다. 누구나 자기 마을이 최고라고 생각

하겠지만 엄밀히 살펴보면 모든 면에서 최고인 마을은 없다. 개인과 마찬가지로 각 마을도 장단점을 가지고 있기 마련이다. 부족한 점을 보완하고 함께 성장해 나가기 위해서는 마을과 마을의 연대와 협력이 절실히 필요하다. 그러기 위해서는 일단 서로 만나야 한다. 마을 활동가, 마을리더, 마을 주민들, 외부인들, 전문가들, 학생들 누가 되었든 서로 허심탄회하게 자신들의 의견을 털어놓고 대화 나눌 수 있는 자리가 필요하다. 이런 모임에는 지역이나 참가자격을 제한할 필요가 없을 것이다.

여기저기 수소문 끝에 '전국 마을 만들기 네트워크 대화모임'이 주기적으로 열린다는 것을 알게 되었다. 대화모임 개최를 희망하는 마을을 대상으로 우선 신청을 받고 여러 가지 상황을 고려하여 개최 시간과 장소를 결정하는 방식이었다. 우선 마을회의를 통해서 우리 모정마을에서 대화모임을 개최하는 것으로 의견을 모으고 신청서를 제출했다. 봄이나 가을에 하고 싶었지만 8월로 결정되었다. 정대철 전 남마을넷 대표와 함께 공동주최하기로 했다. 2016년 8월 12일부터 13일까지 2일 동안 모정마을 두레체험관, 모정마을회관, 월인당에서 진행되었다. 강릉, 인천, 수원, 완주, 대전, 창원, 목포, 순천, 나주를 비롯한 전국 각지에서 문병교 사무국장, 권상동, 마상헌 운영위원을 비롯한 마을만들기와 마을공동체 가꾸기에 헌신하고 있는 많은 분들이 참석했다. 개인 활동가들뿐만 아니라 어린 자녀들과 함께 참가한 가족들도 여럿 있었다. 한 공간에 남녀노소가 함께 모여 마을공동체의 미래와 희망에 대해서 고민하고 토론하는 모습이 참 인상적이었다. 벽화감상 등 마을 구석구석 둘러보기, 모정풍물단의 대동풍물놀이, 사례발표와 질의 응답, 자유 토론, 식사 후 뒤풀이, 500년 홍련지해맞이, 수변산책로 걷기 등 열띤 분위기 속에서 다채로운 행사가 진행되었다. 마을과 마을이 서로 협력하며 교류하는 분위기를 조성하는 데 적극 협력하기로 의견을 같이했다.

제 53회 전국마을만들기 네트워크 대화모임 진행 중인 모정마을 현장 모습

Ⅱ

모정마을
설화와 민담

2020년 10월, 진남제 오중스님 전설이 깃든 모정마을의 가을들녘. 은적산 너머
해가 지면서 황금들녘이 더욱 풍성하게 보인다.

1. 진남제 오중스님 살신성인 이야기

구술 박찬환(지남마을 주민)

　모정마을 앞으로 일명 '지남들'이라고 불리는 너른 들녘이 펼쳐져 있다. 이 지남평야는 지금부터 약 480년 전에 나주 목사를 지냈던 임구령이라는 분이 지휘하여 동호리에서 양장 원머리에 이르는 제방을 쌓아 만든 간척지다. 이 제방을 진남제(혹은 지남제)라고 한다.

　조선 시대 1530년경 나주목사를 지낸 임구령이란 분이 영암 구림에 와서 여생을 마치기로 하고 주변 지세를 살펴보니 양장리와 동호리 사이의 물목이 수 백간(수백 미터) 밖에 안 되어 보여서 제방을 쌓아 농토를 만들 결심을 했다. 거의 제방을 다 쌓고 마지막 물막이 공사만 남았는데 물살이 세서 여러 번 실패를 거듭하여 실의에 빠져 있었다. 어느 날 밤 꿈을 꾸니 백발이 성성한 노인이 나타나 물막이 공사를 할 때 스님 다섯 명을 생매장하면 둑이 터지지 않을 것이라고 말했다. 임 목사는 이튿날 공사 현장에 나가서 한탄했다.

"노인이 꿈에 한 말은 내 힘으로 할 수 없는 일이다. 재산도 다 털어 쓰고 없는데 더 이상 어떻게 한단 말인가?"라며 포기 상태로 멍하니 서서 눈물을 흘리고 있을 때, 한 스님이 목탁을 두드리며 나타나 무슨 어려움이 있느냐고 물었다. 임 목사는 자초지종을 말하고 모든 일이 생각대로만 되지는 않는다고 한탄을 했다. 이 말을 들은 스님이 "백성을 위해 나라님도 못하는 좋은 일을 하시는데 부처님인들 어찌 방관하시겠습니까? 소승은 지남마을 진남사에서 불도를 닦는 오중이라는 사람입니다. 몇 월 며칠에 물막이 공사를 할 수 있게 준비를 하시면 소승이 와서 돕겠습니다."라고 말했다.

임 목사는 이 말을 듣고 천군만마를 얻은 기분이었다. 용기백배하여 있는 힘을 다해 공사 준비를 하였다. 마침내 그날이 오자 약속한 대로 스님이 나타나서 물 빠진 현장에서 진두지휘를 하기 시작했다. 돌망태와 흙무더기가 쏟아지는 현장에서 안타깝게도 스님이 자갈에 미끄러지면서 흙무더기에 휩쓸려 들어가 매장되고 말았다. 그 후 다시는 제방이 터지지 않았고, 그 스님이 바로 진남사에서 온 오중 스님이라는 것을 알게 되었다. 그래서 감사하는 마음을 더해 그 제방을 진남제라고 했다.

2. 조선 최고의 가야금 명인 한성기 선생

구술 고 김학수(모정마을), 양승희(가야금 인간문화재),

천재철(영암군청 실장)

한성기(1889~1950)는 가야금 산조의 창시자인 김창조의 제자로 영암군 군서면 도리촌에서 태어나 한동안 모정리에서 살았다. 그는 목포, 장흥, 대구 등지에 거주하면서 여러 사람에게 가야금 산조를 가르쳤다. 특히 1921년 김죽파(김창조의 손녀)가 11세 되던 해에 목포에서 살던 김죽파의 양부모(양기환)의 집에 초대되어 3년간 기거하면서 가야금 산조를 죽파에게 가르쳤다.

한성기는 부모가 일찍 세상을 떠난 관계로 군서면 모정리에서 결혼할 때까지 맏형 한만기와 함께 살면서 김창조 선생에게 가야금 산조를 사사하였다. 모정마을 광산 김씨 문중에서 물심양면으로 후원을 많이 해주었다. 그는 가야금 연주자로 유명하여 이후에 타지역에 살면서도 마을 행사가 있을 경우에 초대되어 마을에 있는 광산 김씨 문각인 사권당과 제각(선명제)에서 연주를 하였는데, 그때마다 그의 연주를 듣기 위해 사람들이 사방에서 모여들었다. 나이가 지긋한 마을 주민들 또한 가야금 명인 한성기를 기억하고 있다. "가야금을 기가 막히게 탔제. 사권당이나 원풍정에서 가야금을 연주하면 구경꾼들이 구름처럼 몰려와서 들었지. 가락이 어찌나 변화무쌍하던지 듣는 사람들을 울리고 웃겼제." 마을 주민 고 김학수 어르신의 말씀이다.

일제강점기 때 한성기는 시에론 레코드 음반과 태평레코드(다이혜이) 음반 2개를 남겨 당대의 가야금 산조 연구에 큰 기여를 하고 있다. 한성기 명인은 판소리 흥보가 중 중타령을 비롯해서 사랑가, 새타령, 호남가, 명기명창 등 수많은 녹음을 남겼고, 다른 산조에 비해 계면조·강산제가 많고 농현이 심오하며, 조의 구성이 다채로운 것이 특징이다. 한성기의 가락은 김죽파류 가야금 산조를 통해 일부가 전해지고 있다. 그의 음반은 가야금 산조 1세대인 김창조의 음악이 어떻게 제2세대인 한성기를 거쳐 제3세대인 김죽파에게 전승되었는지 그 연계성을 살펴볼 수 있는 중요한 단초를 제공해주고 있다.

한편 연변대학 출판부에서 출판한 "조선민족음악가사전 상편"에 '한성기는 당시 첫 자리에 꼽히는 가야금 연주가로서 최옥삼을 전문적으로 맡아서 전수함'이라고 소개되어 있다. 이를 보면 그는 당대 최고의 연주가인 것을 알 수 있다. 한성기가 가르친 김죽파, 최옥삼은 이후에 수많은 제자들을 길러내어 오늘날 가야금 산조가 맥을 있는 데 큰 기여를 했다. 한성기는 우리 영암이 낳은 위대한 국악인이다.

그의 딸인 한동선도 뛰어난 국악인이었다.

우리 모정마을 주민들은 한성기 가야금 명인의 생가를 복원하여 그의 업적과 뜻을 기릴 수 있기를 간절히 소망하고 있다. 그래서 현재는 해마다 여름철이면 한성기 선생이 가야금을 연주했던 원풍정에서 풍류연꽃축제를 개최하면서 국악인들이 가야금산조를 선보이고 있다. 2016년 8월에는 김죽파의 제자인 양승희 인간문화재가 원풍정 마루에서 직접 죽파류 가야금 산조를 연주하기도 했다. 필자도 마을 주민들과 함께 그 역사적인 연주 장면을 처음부터 끝까지 숨을 죽이면서 지켜보았다. 최고의 달맞이 명소로 유명한 원풍정 마루에서 양승희 가야금 명인의 죽파류 가야금 산조가 시작되었는데 김창조-한성기-김죽파-양승희 선생으로 이어지는 산조 소리였다. 모정마을 주민들은 원풍정 마루 위에 앉아 양승희 선생이 연주하는 변화무쌍한 가야금 산조 가락을 들으며 마치 옛날의 한성기가 다시 모정마을 찾아온 것 같은 느낌을 받았다.

원풍정 마루 위에서 가야금 산조를 연주하는 인간문화재 양승희 선생. 그는 모정마을에 한성기 선생의 생가를 건립하기 위해 애쓰고 계신다.

모정마을 이야기

3. 한성기 스승 김창조(金昌祖)*의 가야금 산조와 머슴들의 판소리

글 조동현 선생(영암읍 회문리, 조정 시인의 부친)

　김창조가 어렸을 적에 밥 먹듯이 드나들던 곳은 역시 자기 집 부근에 있는 당거리에 사는 무당집이었다. 철이 들면서부터 아버지를 따라 당거리에 사는 무당들과 거의 생활을 함께하였다. 당시만 해도(1860년 무렵) 당거리에 사는 무당은 회의촌(會蟻村) 부근의 여러 마을을 관할하고 있었다. 녹암마을을 비롯해서 배바우, 오산, 원마산, 신덕정, 도리촌, 장사리, 해창, 목화정, 송평리, 망호리, 교동리, 서남리, 동무리, 남풍리, 역리, 춘양리 일대는 당거리에 사는 무당들의 당골판이었다. 따라서 여름 보리 수확 때와 가을 벼 수확 때의 두 번은 당골세를 걷었었다.

　당시는 병자가 생기면 누구나 먼저 점쟁이를 찾았다. 악귀가 들려서 몸이 아픈 것으로 생각했기 때문이다. 점쟁이는 악귀가 집 안에 든 원인을 곧 점을 쳐서 밝혀내고 병을 앓게 하는 악귀를 쫓아낼 방도를 진단해 주었다. "못 쓸 물건을 들여놓았구먼, 그 물건에 신이 들렸어. 무당을 찾아가서 굿을 해야겠어", "어허, 시아버지 묘를 건들었구면. 무당을 불러 큰 굿을 해야겠어." 이렇게 점괘가 떨어지면 '큰일 났구나!' 하고 생각해서 당골을 찾아가 무당이 밝힌 점괘를 소상히 말하고 굿을 할 날짜와 재물 준비를 의논해서 무당굿을 하였다. 작은 굿은 무당이 혼자 와서 밤새도록 징을 치고 주문을 외우면서 진행하였지만 큰 굿을 할 때는 재인(율객)과 함께하였다.

무당은 주문을 외우면서 징을 치고 재인은 여러 가지 악기로 합주하고 춤도 추면서 밤새도록 점굿을 하는 것이 상례였다. 집안에서 굿을 할 때는 끝 무렵 바가지를 문턱에 올려놓고 발로 부수면서 문밖으로 향해 두 손을 바짝 들고 "새! 새! 새!" 세 번 외치고 난 후 "귀신이 밖으로 쫓겨 달아났어!"라고 엄숙히 무당이 선언하면 무당굿이 끝나는 것이었다. 무당굿이 끝나는 것은 대체로 아침 동틀 무렵이었다. 재물의 음식과 돈은 모두 무당이 싸서 가지고 갔는데 무당을 따라다닌 재인들도 나누어 갔을 것이다. 무당들이 수고비도 조금 주었을 것이고, 이것이 율객들의 가냘픈 생활 모습이었다.

무당에 메어 살았던 재인들

지금은 병이 나면 병원을 찾아가지만 적어도 1940년도 무렵까지만 해도 아프면 귀신 들린 것으로 생각하고 점쟁이와 무당을 찾았었다. 점쟁이는 병을 진찰하는 의사였고 무당은 약사였다. 당시의 시골 마을에는 밤새도록 무당들의 징 치는 소리가 여기저기에서 들리는 것

모정마을 이야기

이 예사였다. 다반사로 볼 수 있었던 마을 풍경이었다.

어떻든 김창조는 성년이 될 때까지는 아버지를 따라 당거리에 사는 무당과 생활권을 같이하였다. 당시 홀대받던 재인들의 빈곤한 생활고를 헤쳐 나아가기 위해서는 어쩔 수 없는 일이었다. 초가 1칸의 집(6·25 때까지 그대로 남아 있었음)에서 살면서 어머니는 남의 밭매기 품과 부엌의 허드렛일로 연명하였고 아버지는 무당과 함께 돌아다니면서 몇 푼의 돈을 가정에 던져 주는 빈한한 가정환경 속에서 김창조는 유년 생활을 보냈다. 하나 김창조는 일찍이 기악 연주에 천부적인 소질을 가지고 있었다. 자식의 뛰어난 재질을 감지한 아버지는 소질 계발에 혼신의 정성을 쏟았다. 따라서 성년이 될 무렵에는 그 연주력의 출중함이 주위에 알려지게 되었다. 그리하여 이때부터는 무당과 아버지 곁을 떠나 부근의 여러 고을을 돌아다니면서 연주 생활을 하게 되었다.

그의 명성이 높아지자 나주 남평에서 안기옥이, 군서 모정에서 한성기가, 시종에서 김병호가, 장흥 부산에서 최옥삼 등의 제자들이 모여들었다. 한 칸 방에서는 어쩔 수가 없어 집에서 조금 떨어진 곳에 있는 개금바위(너른 바위로 수십 명이 앉아 가야금을 연주할 수 있는 바위로 당시 야외 교육장 역할을 하였다)에서 제자들과 가야금 연주 교육을 하였고 산을 오르내리는 나무꾼들과 이 바위에서 잘 어울렸다. 후에 마을 사람들이 이 너른 바위를 가야금을 연주하는 바위라는 뜻으로 '개금바위'라고 부르게 되었다. 제자들과 함께 영암 인근의 장흥, 강진, 보성 등지로 돌아다니면서 연주활동을 하였다. 김창조의 수제자 안기옥은 이 시기를 추억하면서 "나는 악기와 함께 선생님의 침구, 요강까지 지고 따라다녔다"라고 술회했다. 재인(才人) 출신의 민간 음악가들을 멸시하고 천대하였던 당시 사회의 냉혹한 처지에서 음악 활동을 하였던 김창조. 양반이나 지주들의 애경사에 불러 다니면서 미세한 보수를 받고 근근이 연명해 간 처지였다. 그는 연주생활로 타향을 전전 유랑하면서도 고향이 그리울 때면 틈틈이 고향 회의촌(會蟻村)을 찾아왔다.

마을을 가로질러 흐르는 냇가에는 수백 년 묵은 노송들이 즐비하게 우거지고, 하얗게 핀 메밀꽃은 온 들녘을 뒤덮고 있었다. 김창조는 굶주린 배를 움켜쥐며 메밀꽃 하얀 고향마을을 어두운 밤에 찾곤했다. 눈 내린 깊은 밤중에 찾아온 고향 풍경을 보면서 만감에 젖었을 것이다. 그는 얼마나 고달프고 서러웠을까?

"月白, 雪白, 天地白(월백, 설백, 천지백)

山深, 夜深, 客愁深(산심, 야심, 객추심)

달도 희고, 눈도 희고, 온 천지가 모두 희구나!

산도 깊고, 밤도 깊으니, 나그네의 설움 또한 깊구나!"라고 노래한 방랑 시인 김삿갓의 심정과 어쩜 같았을까?

김창조는 마을의 머슴들과도 사랑방에서 곧잘 어울렸다고 한다. 당시 마을에는 천석궁의 지주 집이 두 집, 오백석궁 지주 집이 두 집이 있었고, 나머지는 모두 그 부잣집의 소작인들이거나 매달려 사는 일꾼들이었다. 지주들의 집에는 머슴들이 기거할 수 있는 사랑방이 있

모정마을 이야기

었는데 이 사랑방에는 늘 마을 머슴들이 모여 어울렸고 때로는 떠돌이 식객들이 찾아오는 일이 잦았다. 당시 판소리의 창은 이 사랑방에서 기거하는 머슴들이 주로 불렀었다. 머슴들은 일을 할 때 으레 판소리의 창을 불렀고 지게 지고 산에 나무하러 가고 올 때도 불렀었다. 동네 용치 골짜기에 저녁 해가 질 무렵이면 나뭇짐을 지고 내려오면서 부르는 머슴들의 창 소리가 구슬프게 울려 퍼지는 것이 일상사였다. 이런 모습은 1950년 6·25 때까지 매일같이 이어졌다. 당시 머슴들이야말로 판소리의 명창들이었다.

민중의 생활감정을 진술하고 사실주의적으로 형상화하였던 판소리는 마을 사람들의 가슴을 메이게 했다. 김창조의 가야금 산조에는 이 머슴들의 판소리가 스며 있다. 김창조는 머슴들과 곧잘 어울리면서 살았다. 가진 것도 없고 사회적인 계층도 없었던 머슴들과 김창조는 이 어려운 시기를 음악으로 견디어 냈다. 관의 폭정을 견디다 못해 유순하고 몽매했던 백성들이 들고 일어났던 홍경래의 난(1811), 진주민란(1860), 그리고 동학 난(1894) 등의 농민 항쟁의 상처가 가시지 않았던 당시의 사회 환경에서 태동하였던 판소리와 김창조의 가야금 산조는 민중의 아픈 애환을 승화시킨 민중음악이라고 할 수 있다. 흐느끼고 절규하고 울부짖듯 소리치는 농민 항쟁의 통곡 소리가 판소리와 가야금 산조에 스며 있다. 이 처절한 소리는 어쩌면 머슴들과 김창조의 아픈 처지에서 우러나온 것인지도 모른다.

* 악성 김창조: 가야금 산조의 창시자. 영암이 낳은 대한민국 최고의 가야금 명인. 모정마을 한성기 선생의 스승

4. 말난굴 몰무덤 아기장수 설화[*]

구술 김동준(도포면 원목리)

　우리 마을 전설에 의하면 말난굴 몰무덤 아기장수 이야기가 있어요. 말이 나왔다 해서 말난굴, 말이 죽어 묻혔다 해서 몰무덤이라고 하지라. 옛날에는 말을 몰이라고도 했어라. 마을 저쪽에 나무도 없이 큰 흙무덤이 있었어요. 무덤이 동산마니로 때락 컸어. 비가 오면 흙이 씻겨내려갔제. 우리가 어렸을 때 몰무덤에 비가 내리면 흙이 비에 씻긴 자리에서 은방울이 나오고 구슬이 나왔단 말이요. 오색 구슬이 나와라. 큰놈은 큰놈대로 끼고, 작은놈은 작은 대로 끼고. 큰 구슬은 목걸이 하고, 작은 구슬은 끼어서 가락지 했어요. 구슬도 치고.

　동네 어른들 이야기 들어보면, 옛날 원앙사 절이 있을 때 절 위쪽 집에서 주씨 성을 가진 사람이 살았대요. 원앙처럼 금슬이 좋은 부부였는데 그 주씨네 아낙네가 아들을 하나 낳았다요. 애기를 난지 얼마 안 돼서 빨래할 때가 되었지라. 그란디 옛날에는 샘에서 빨래를 못하게 했어라. 더구나 절샘에서는 더더욱 못하게 했제라. 그래도 빨래는 해야 쓰겄고 해서 산모가 시기를 여시고 있다가 어느 그믐날 밤 빨랫감을 들고 절샘으로 세탁을 하러 갔어요. 달 없는 캄캄한 밤을 틈타서 누가 볼까 무섭게 빨래를 벼락같이 해갖고 부리나케 집으로 돌아왔지라. 빨래를 널라고 방문 쪽으로 갔는디 방 안에서 이상한 소리가 나는 것이요. 저 소리가 먼 소리다냐 하고 문틈으로 방 안을 들여다보니 애기가 이상하거든. 애기가 난다고 그럴까? 아, 이 애기가 천장에 붙었다 벽에다 붙었다 막 그란다 그것이여. 방 안 여기저기로 막 날아댕긴 것이제. 그람시로 방 안에 있는 파리를 몰고 다니면서 다 때려잡아분다 이것이요.

이것을 보고 애기 엄마가 간이 쿵 내려앉아부렀지라. '워매, 저것이 먼 일이다냐? 애기가 날아다니다니 이것이 보통 일이 아니네.' 하고는 남편에게 달려가서 이야기를 했제. 그러자 남편도 깜짝 놀라 뒤로 자빠라져부렀제. 장수가 태어난 것이 틀림없는 것이제. 옛날에는 집안에 애기장사가 나오면 나중에 커서 역모를 꾀할 수 있다고 삼족을 멸한다고 했어요. 이 사실을 누가 알면 난리가 나게 생겼지라. 부인한테 이 사실을 절대로 누구한테 말하면 안 된다고 신신당부를 했제. 말이 새 나가면 애기도 죽고 집안도 몰살당한다고 말이여. 그란디 애기 엄마가 이 비밀을 자기만 알고 딱 가슴속에 묻어뒀어야 하는디 안타깝게도 그러질 못한 것이여. 시암으로 물질르러 댕기다가 어느 날 깜빡 이 말을 입 밖에 내분 것이제. 그러니까 그 말이 전달전달해져서

무족지언비우천리, 발 없는 말이 천리가드라고 인제 나라님, 임금님
귀에까지 들어가부렀어.

"이름 없는 백성의 집에서 아기장수가 태어나다니! 틀림없이 커서
역모를 꾀하겠지." 이렇게 생각하는 것이 옛날 방식이었어. 왕족이나
대갓집이 아닌 평민의 집에서 장수가 태어난 사실 자체가 죽어 마땅
한 대역죄였제. 임금은 그 애기장수를 가만둘 수가 없었제. 속히 잡
아서 죽이라는 어명을 내렸제.

인자 관아에서 병사들이 곧 그 애기장수를 잡으러 온다는 소식이
주씨네 산모에게도 전해졌제. 엄마는 애기가 불쌍해서 피멍이 들도록
가슴팍을 치며 울었제. 하지만 아무리 울면서 후회를 해도 이미 때
는 늦어부렀제. 애럽게 정신을 차리고 가만히 생각해보니 남편이 했
던 말이 생각나는 것이여. 자기 때문에 일이 이렇게 생겨분 것인디 애
기도 애기지만 집안 걱정이 앞서는 것이었제. '오매 큰일 나부렀구나,
이제 관군들이 쳐들어오면 우리 집안사람들 다 몰살당하겠구나' 하
는 무서운 생각이 앞선 것이제. 그래서 병사들이 오기 전에 내가 먼
저 손을 써야 되겠다는 독한 마음을 품었다요. 먼저 죽여서 묻어불
고 그런 애기 없다고 하면 우리 집안은 건사하겠지라는 생각을 한 것
이제. 그래서 이 엄마가 피눈물을 흘리면서 아기장수를 잡아다가 보
자기에 싼 다음 빨래방망이로 꽉 눌러서 죽여부렀다는 것이요.

아기장수가 죽어분 뒤로 한 며칠 있은께 말난굴에서 용마가 한 마리 뛰쳐나왔어. 장수를 태우러 온 것이제. 훌륭한 장식을 달고 나왔어. 온몸을 은방울과 오색구슬로 찬란하게 치장을 한 씩씩한 용마였는디 주씨 집이 있는 원앙사 주변을 빙빙 돌면서 계속 뛰어다니는 거여. 바로 지가 태울 주인을 기다린 것이제. 그란디 몇날 며칠을 돌아다녀도 주인이 안 나오는 거여. 그 아기장수가 말 주인인데 자기 엄마가 죽여부러서 못 나온 거제. 그렇게 말이 며칠 동안 은방울 오색구슬을 찰랑거림시로 히이잉 히이잉 울면서 돌아다니다가 끝내 주인이 나타나지 않은께 기진맥진해서는 아기장수가 묻혀 있는 자리 위에 무르팍을 딱 꿇고 꼬꾸라져 죽어부렀제. 그랑께 동네 주민들이 말이 죽은 자리에 그대로 흙을 덮어부렀어.

그래서 큰 무덤이 생겼고 거기를 몰무덤(말무덤)이라고 불렀제. 억울하게 죽은 아기장수와 용마의 한이 얼마나 컸으면 땔싹 큰 무덤에 풀한 포기, 나무 한 그루 안 자랐겠소? 그러고 난 후 먼 까닭인지는 모르지만 원래는 주씨가 많이 살았던 이 마을에 현재 김씨와 곽씨 두 성씨들만 살고 있지 주씨 성을 가진 사람은 한 명도 없다요. 얼마 전까지만 해도 쩌그 산비탈에 주씨 집안 선산이 있어서 조상묘지도 많았었는데 다른 사람이 사서 개간을 해버리고 지금은 무덤 하나 남은 게 없다요. 아무튼 묘하게도 우리 마을에서 주씨 집안 흔적이라고는 암것도 없이 다 사라져분 것이제라.

* 영암 유일의 아기장수 설화

5. 땀띠를 낫게 하는 신비의 들샘-오리샘

구술 김애중(모정마을 주민)

우리 동네 저수지에서 위쪽(평리쪽)으로 한 200미터 정도 될까? 그 정도 위치에 사시사철 마르지 않는 샘이 하나 있어요. 월출산에서 시작된 수맥이 땅속으로 기어들어 갔다가 저 들 한복판에서 폭 솟구쳐 분 것이제라. 마을에서 꽤 떨어져 있다고 해서 오리샘이라고 하제라. 오리샘 물속에 들어가서 보면 물구멍이 엄청나게 커요. 시컴해갖고 거기서 물이 팍팍 솟아나오제라. 이만하게 큰 물구멍 보고 있으면 무섬증이 든당께요.

물이 어찌께 선한지 한여름에도 10분 이상 몸을 담굴 수가 없당께라. 그 물속에 한 10분 있으면 입술이 퍼래져불고 이빨이 덜덜 떨려분당께요. 온 몸이 오들오들 오글어들어붐시로 소름이 돋아부러요. 땀띠 난 것이 다 죽어불제라. 웬만한 피부병은 다 나서부러요. 하다 춘께 물 밖에 나와서 햇볕을 쬐고 난 후에 또 들어가곤 했제라.

모정마을 이야기

낮에는 꼬마들이 오리샘에서 멱을 감았고, 저녁에는 동네 아저씨들이 주로 이용을 했제라. 그란디 가끔은 여자들이 여럿이 떼를 지어 오리샘에 목욕하러 가기도 했어요. 그때는 미리 말을 하고 가기 때문에 남자들이 샘 근처에 얼씬도 안 했제라. 일부러 자리를 피해준 것이제. 피부에 좋다고 하니까 여자들도 한 번씩 오리샘을 이용한 것이제라.

그라고 이 오리샘은 아무리 가물어도 사시사철 마르는 법이 없어라. 이 물은 늘 철철 넘쳐서 논을 거쳐 또랑을 타고 저수지로 흘러 들어가요. 이 물로 농사를 짓제라.

여름에는 무척 시원하고 겨울에는 김이 모락모락 남시로 미지근해요. 얼음이 안 얼제라. 참 신비한 샘이지라. 그런데도 물이 어찌께 맑고 맛이 좋은지 농부들이나 낚시꾼들이 식수로 사용했제라. 나중에는 동네 알춤사장에 있는 공동우물에 물이 딸리니까 호스를 오리샘에 연결하여 주민들 식수로도 이용했지요. 나중에 상수도가 들어온 다음에는 사용하지 않고 있제라.

경지정리 하면서 옛날보다 크기가 줄어들었지만 지금도 여전히 물이 나오고 있지요. 우리마을 입장에서 보면 참말로 보물이지요, 보물.

6. 원풍정 썩은 나무 기둥을 돌기둥으로 바꾼 엿장수

구술 김용건(모정마을 주민)

우리마을 저수지 가에 가면 지은 지 90년 가까이 되는 정자가 하나 있제.

원풍정이라고 하제. 기둥이 12개인 디 물가에 서 있는 데다가 세월이 흐름시로 비바람에 나무기둥이 썩어 수리가 시급했제. 동네 어른들이 아예 비바람을 안타는 돌기둥으로 갈아붙기로 작정하고 쩌그 월출산 벽작바위에서 돌을 쪼개다 갔다놓았제. 그라고 있는디 해필이면 6·25 난리가 터져분 것이여. 꼼짝없이 3년이 넘게 지나가부렀제. 어느 해 여름날 동네 주민들이 원풍정 마루에 앉아서 의논을 하고 있었어. 기둥이 심하게 썩어서 곧 무너지게 생겼는데다가 월출산에서 쪼개다 논 돌은 정자 한쪽 구석에 쟁해져 있는디 막상 기둥을 갈 마땅한 목수가 없는 것이었제.

그래서 어른들이 머리를 맞대고 고민을 하고 있는데 마루 한쪽에

모정마을 이야기

앉아서 땀을 식히고 있던 한 나그네가 앞으로 나와서 조심스럽게 제안을 한 것이여.

"어르신들, 기둥 교체하는 것 땜시 고민이 많은가 봅니다. 저한테 작기 하나하고 인부 한 명만 붙여주면 제가 갈아드리겠습니다."

어른들이 가만히 살펴본께 엿판 짊어지고 지나가다 더위 피하러 온 엿장수란 말이여. 얼척이 없어서 그만 웃어부렀제.

"예끼, 이 사람아. 엿장수가 먼 재주로 기둥을 간단 말인가? 썩은 기둥이 열두 개나 되는데." 그러자 이 엿장수가 정색을 하고 자신 있게 말을 하는 것이여.

"어르신들, 제가 원래 목수였습니다. 꽤 잘나가던 대목이었는데 전쟁이 난 통에 일감이 없어서 이렇게 엿이나 팔러 다니는 신세가 되어부렀지요. 한번 믿어보십시오. 틀림없이 잘 갈아드리겠습니다."

동네 어른들이 반신반의하면서도 말하는 것을 본께 먼가 있는 것 같다는 생각이 들어 엿장수가 원하는 대로 해줬어. 작기도 구해다 주고 인부도 붙여줬제. 아 그랬더니 이 엿장수가 작기로 기둥을 받치고 썩은 부분을 싹뚝 잘라낸 다음 그 자리에 다듬은 돌기둥을 탁 받치고, 또 다음 기둥을 그렇게 하고 함시로 12개 기둥을 탁탁 돌아가며 기가 맥히게 갈아분 것이여. 자기가 목수 출신이라고 하드만 대체나 그 엿장수 말이 맞았던 것이제. 어른들이 깜짝 놀라서 몹시 기뻐하며 품삯을 톡톡히 줬다고 해. 지금 보이는 원풍정 돌기둥이 그때 그 엿장수가 일해논 그대로여.

7. 검주리 간척지와 구호주택 이야기

구술 김용득(검주리 주민)

풍수설에 의하면 우리 동네가 거미 형국이어서 검을 검자, 거미 주자를 써서 검주리라고 했어. 1960년대 학파들녘이 생기면서 동네가 형성되었제. 모정에서 2구로 분구되었제. 그 당시 구호주택이 많았어. 63세대나 되었어. 한 집에 두 세대가 꼭 살았어.

질문) 구호주택이 뭡니까?

구호주택이라고 말집처럼 생겼는디 둘로 나눠 한 호당 두 집씩 산 것이제. 연립주택이나 마찬가지제. 이 구호주택은 미국이 원조해서 지어진 것이제. 간척지가 생겼으니까 사람들이 많이 모인 거고 집이 많이 필요해서 그런 주택이 생긴 것이지. 미국 무슨 단체에서 지원해 줬다고 해. 학파 간척지 초창기에는 천수답이어서 하늘에서 비가 떨어지면 농사를 짓고 그랬제. 모를 심어놓으면 소금기 때문에 해독이 심했어.

질문) 비가 안 오면 어떻게 물을 댔어요?

간척지 중간중간에 개용(물길)이 있잖아? 그 개용을 막아 보를 만들어서 물을 품었제. 두레로 품었는데 네 명이 협동해서 일을 했지. 또 염전에서 사용하는 수차를 이용하기도 했제. 발로 밟아서 물을 품는 장치이지. 그 당시에는 학파농장이 완공되었어도 수리시설이 엉망이어서 비가 100mm 정도 와버리면 완전 홍수가 났어. 벼가 좋게 잘 되다가도 물이 쩌서 배래부렀어. 일이 이렇다 보니까 63세대에 달하던 구호주택 주민들이 대부분 서울로 어디로 이사가부렀제. 그때 강진, 장흥 등 외지에서 온 사람들이 많았거든. 하늘만 처다보고 농사짓느라 고생이 이만저만이 아니었제. 요새는 수리시설이 좋아서 농사짓기 좋제. 그래서 지금은 본토 사람들만 남아서 살고 있제. 구호주택은 모두 철거되고 없어.

8. 세 마리 학 꿈과 낙방거사의 슬픈 이야기

구술 김승호(모정마을 주민)

이조 말기였제. 우리 모정마을 광산 김씨 동네에 학문이 뛰어나고 문장이 기가 막힌 선비가 있었어. 이분이 과거시험을 보러 가게 되었는디 동문수학하던 이웃 마을 선비 두 분하고 함께 동행을 하게 되었어. 세 분 선비가 과거시험을 보러 가는 것이제.

그런데 그날 밤 우리 모정마을 광산 김씨 문중 어른 한 분이 기묘한 꿈을 꾼 것이여. 꿈속에서 보니까 소나무 위로 세 마리 학이 날아와 앉더라는 것이여. 큰 소나무 위에서 한참을 놀다가 날아가는디 두 마리만 훨훨 날아가고 한 마리는 나무 아래로 톡 떨어져 붙더라는 것이여.

그래서 이 어르신이 얼른 문중회의를 열어서 자초지종을 이야기하고 그 선비를 불렀어.

"너는 과거시험 보러 가는 도중에 네 재주를 함부로 내보이지 마라. 그리고 과거시험장에서 절대로 답안지를 누구에게든 팔지 마라. 그것만 지키면 틀림없이 급제할 것인께."

어른들이 아조 신신당부를 했다고 해. 이 선비가 학문이 뛰어나지만 인정이 많아 혹시라도 인정에 끄들릴까 걱정이 된 것이제.

과거시험장에 도착하여 시험을 보는 디 문제를 보고 바로 답안지를 작성했는데, 옆 마을 선비가 사정사정을 하드라는 것이여.

"자네는 실력이 좋으니까 또 쓸 수 있잖은가? 나는 이번에 떨어지면 고향마을에 갈 면목이 없네. 나 좀 봐주소."

마음이 약해진 이 김씨 선비가 그냥 자기가 쓴 답안지를 줘부렀어. 그리고 다시 답안지를 작성했는데 이번에는 저쪽 마을 선비가 또 사정사정하는 것이여. "우리 셋이 과거 보러 왔는데 나만 떨어져불면 면면목으로 고향 어른들을 뵐 수 있겠는가? 자네는 실력이 뛰어나니 나 한 번만 살려주소."

그래서 인정에 끄들려 또 답안지를 줘분 것이여. 그러고나서 답안지를 다시 써서 제출했는데, 아 시상에 그 두 사람은 합격하고 이 선비는 낙방해분 것이여.

이 소식을 접한 우리 동네 김씨 문중에서는 난리가 나부렀제. 그렇게 신신당부했는디 결국 인정에 끄들려 일을 그르쳐분 것이제. 콱 오기만 해봐라, 아조 혼짝을 내불랑께 하고 벼르고 있었제. 그란디 이 선비가 내려오다가 어른들 볼 면목도 없고 밥도 제대로 못 먹고 해서 굶어 죽어분 것이여. 딱 꿈대로 되야분 것 아니여? 기가 맥힌 일이제.

이 선비 덕으로 과거 급제한 두 선비 집안에서는 김선비 제삿날에 매년 제찬을 가지고 와서 예를 올렸어. 6·25 전쟁 나던 해까지 지극 정성으로 제찬을 올렸는데 전쟁 끝난 뒤로는 끊어졌어.

9. 참깨알에 쓴 거북 구(龜)자

구술 김원후(모정마을 주민)

우리 모정마을에 학문이 아조 뛰어난 선비가 한 분 있었는디 중국 칙사로 발탁이 되었어. 그래서 만반의 채비를 하고 중국으로 향하던 중이었는데 하필이면 그때 모친상을 당해분 것이여. 그란디 나라의 큰 임무를 맡고 중국 칙사로 떠나는 사람인데 딱 부고를 전달해부렀네. 아 뭣하러 부고를 할 것인가? 그때 그냥 나랏일로 중국 다녀와부렀으면 우리 모정마을이 얼마나 떠부렀었어? 어쨌거나 어머니가 돌아가셨다는 부고를 받았으니 가다가 말고 그냥 돌아와분 것이제. 우리 모정 김씨 집안은 유도(儒道)를 지키다 좋은 기회를 놓쳐분 것이제.

이 선비가 말을 타고 돌아오는디 이웃마을 청년들이 텃새를 했는갑데. 마을 앞을 지나가는데 시비를 걸고 꼬장꼬장한 것이제. 그러니까 이 선비가 말에서 내려 소나무 곁에 있는 정자에 걸터앉아 붓과 참깨 한 알을 가져오라고 했어. 그리고 그 참깨 알에다 한문으로 거북 구

(龜)자를 써분 것이여. 이것을 보고 그 동네 청년들이 깜짝 놀라 뒤로 자빠져부렀제.

"아이고, 선비님. 몰라뵈어 죄송합니다. 용서해주십시오." 하고 허리를 조아리고 고개를 땅에 닿을 때까지 숙였다는 이야기가 구전되어 오고 있제. 얼마나 실력이 좋았으면 이런 이야기가 전해올까 싶제. 그 뒤로 우리 모정마을 사람이라고 하면 아무도 건들지 못했다고 해, 허허.

모정마을 이야기

10. 일 년에 딱 한 번 가는 모정 아낙네들의 장구계 화전놀이

구술 최순애(모정마을 주민)

우리가 젊었을 때 마을에 장구계가 있었어. 회원이 40여 명 되었어.

장구계 유사를 맡으면 유사가 콩나물 몇 시루 찌고, 쌀 부주해서 밥을 하제. 또 돼지고기 양씬 삶아서 뽀빠이 봉지에 나눠서 담아가게 하제. 계원들 수대로 줄래줄래 먹을 것 담아서 월출산 도갑사로 화전놀이 간 것이제. 장구 어깨에 메고, 곱디고운 한복 자태 뽐내며 모정에서 도갑사까지 걸어서 갔어. 거리가 이십 리나 되는 솔찬히 먼 길인디 이날 만큼은 멀다는 생각이 안 들어. 삐뚤삐뚤 꾸불꾸불 지 멋대로 생긴 논두렁 밭두렁 지나 들길 따라서 너나없이 노래하고 춤 춤시로 가제. 여럽도 안 했어. 누가 보든지 말든지 아무 신경 안썼제.

그날은 논일이고 밭일이고 다 제쳐놓고, 하루 종일 노는 날이제. 우리 동네 남자들이 그날만큼은 우리 여자들에게 맘껏 놀게 했어. 이제 곧 농사철 닥치면 쉴 새도 없이 일할 것인께 그 전에, 일 년 동안 쌔빠지게 일하다가 지치기 전에, 하루 실컷 놀라고 마음으로 배려해준 것이지.

진달래꽃 피고 봄바람이 살랑살랑 불어오고 보리밭 새순도 초록으로 눈부시니, 참말로 그날은 모정 아낙네 꽃피는 춘삼월 봄 소풍이었어.

참기름 고소롬허니 땀뿍 볼라았고 진달래 화전도 부치고, 술밥 쪄서 만든 막걸리도 한잔 걸처부렀제. 오야! 동서, 네! 성님 함시로 동서 간에 회포도 풀고 오메! 아짐, 워따메! 조하(조카), 함시로 이웃 간에 우애도 다지고 했제. 아낙네들 정다운 웃음소리에 도갑사 홍계골 다람쥐도 흥겹게 지나다녔다네.

우리 동네 장구 하면 한골목 연포성님이었제. 장구만 맸다 하면 신들린 사람처럼 기차게 처부렀제. 고개춤 어깨춤 춤시로 폴짝폴짝 뛰면서 장구채 잡은 손이 안 보일 정도로 막 장구를 두들겨 패부렀은께. 옆에서 보고 듣고 있으면 저절로 흥이 났제. 연포성님 장구가락에 모정 아낙들 노래하고 춤추고 시간가는 줄 몰랐어. 그렇게 장구계 화전놀이 한판하고 오면 일 년 농사일도 더 심차게 했제.

모정마을 이야기

III

수상 실적

전남 행복마을 콘테스트 퍼포먼스 연습(모정찬가 부르기)

2018년 전라남도 제5회 행복마을 콘테스트 최우수상 시상식

시상식 무대에 선 김환영 이장, 김창오 추진위원장

전국 3,200개 마을 중에서 엄격한 심사를 거쳐 소득·체험, 문화·복지, 경관·환경, 아름다운 농촌가꾸기 캠페인 4개 부문 각 5개 마을씩 총 20개 마을만 본선에 진출할 수 있다. 본선 진출권을 획득하기 위해서는 각 시도별 콘테스트에서 그 부문에서 최우수상을 수상해야 한다. 최우수상을 탄 9개 마을을 대상으로 다시 심사하여 최종 5개 마을만 본선에 진출할 수 있었다.

우리 모정마을은 문화·복지 부문에서 전남행복마을 콘테스트 최우수상을 수상한 후 다시 9개 마을과 본선 진출권을 두고 치열한 경쟁을 벌였다. 마을 주민들은 심사위원들의 현장 방문을 두고 일심 단결하여 만반의 준비를 기했다. 마을 대청소, 원풍정 줄꼬기 퍼포먼스, 마을 가꾸기 전 과정을 한눈에 알아볼 수 있는 자료 전시 등 최선을 다해 준비한 끝에 마침내 본선 진출권을 획득했다. 이후 PPT 프리젠테이션 13분, 모정마을 줄다리기 퍼포먼스 7분 발표를 위해 날마다 모여서 의논하고 연습했다. 마을 소개 PPT 발표는 김창오 추진위원장이 맡고, 줄다리기와 풍물, 민요 부르기 퍼포먼스는 남녀노소 모두 제각기 역할을 맡아 참가했다. 이런 노력을 통해 결선무대에서 문화·복지 부문 은상을 수상하였다. 관광버스 3대에 올라탄 마을 주민들은 이날 버스 안에서 '모정찬가', '모정줄다리기 민요' 등 축하의 노래를 부르며 모처럼 동심의 세계로 돌아갔다.

2018년 전국행복마을 콘테스트 은상 수상 기념사진

온 마을 주민들이 한마음 한뜻으로 똘똘 뭉쳐 이룩한 성과였다. 이 행사를 준비하는 과정에서 우리 모정마을 주민들은 신명과 활기가 넘치는 대동 세상의 모습이 어떤 것인지를 제대로 확인할 수 있었다.

2018년 제5회 전국 행복마을 콘테스트 문화·복지부문 은상(장관상)

함께한 모정마을 주민들과 재경모정향우회 회원들

모정마을 이야기

주민들의 전국대회 본선 콘테스트 준비 모습

본선 줄다리기 퍼포먼스를 위한 저녁 연습(모정두레체험관)

전국 행복마을 콘테스트 본선 진출 관련 심사단 현장 답사
(꼰나세 줄꼬기 시연, 동네 아짐들의 응원 노래)

6분간의 퍼포먼스 준비 시나리오 창작 내용

구성	내용	인원	시간
랩	• 김민호(영암고 2) 모정찬가	래퍼 1명	30초
입장	• 심사위원석 쪽: 줄꼬기 팀 삼각대와 미리 만들어 놓은 줄 가지고 입장. 삼각대 설치 • 반대쪽: 민요 부르기 팀 악기 메고 등장 • 양쪽에서 동시에 모정찬가를 즐겁고 활기차게 부르면서 입장 • 이때 응원객들도 큰소리로 합창	• 줄꼬기 팀 10명(꼰나세 남 3, 보조 여3, 어린이 3, 줄 잡는 사람 1) • 민요 부르기 팀 10명, 어린이 18명 • 상쇠: 김경민(고3, 늦봄학교) 총 28명	30초
1부 - 동	• 오르간 연주와 악기 연주에 맞춰서 민요팀이 무대 중앙에서 모정찬가 합창 • 줄꼬기 팀은 노동요인 '꼰나세' 부르며 용줄 제작	총 26명	80초
2부 - 정	• 상사 소리에 맞춰 양쪽에서 동시 입장 • 동쪽 줄에 소녀, 서쪽 줄에 소년이 올라 탄 채 모정줄다리기 전래민요 소리를 하면서 천천히 입장 • 줄꾼들은 상사소리를 후렴으로 씩씩하게 합창 • 선후 교환창으로 10회 주고 받은 후 줄 내려놓기 • 후렴인 상사소리는 응원객들도 함께 합창	• 소녀 오정민(구림초 3) • 소년 심찬(구림초 4) • 각 줄마다 15명씩, 총 30명 풍물단원 9명 총 39명	140초
3부 - 동	• 두 줄에 비녀꽂이를 한 다음 줄다리기 시연 • 줄다리기 시연 후 대동놀이 한마당 - 풍물과 신명나는 춤 한판	39명	60초
퇴장	신나고 활기차게 모정찬가 노래 부르고 어깨춤 추면서 줄을 메고 퇴장. 응원객들도 모두 함께 일어나 큰 소리로 합창	모두 다 함께	20초
총계	* 유의사항 - 시간 엄수할 것. 시간 초과하면 감점.		360초 (6분)

■ 2020 전라남도 마을이야기 박람회 유튜브 시청 특별상

김영록 전남도지사로부터 상장을 받고 있는 김창오 추진위원장

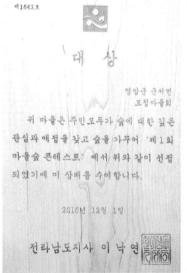

2016년 제1회 전남 마을숲 콘테스트 대상

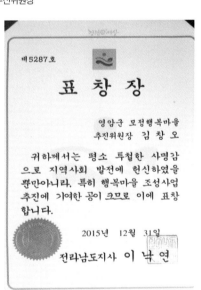

2015 전라남도지사 표창장

문화유적

1. 세현문(삼효자문)

가. 삼세(三世)에 걸쳐 효자가 나온 효(孝)의 마을

-세 명의 효자를 배출하여 임금이 직접 효자문을 하사한 마을

송죽 김익충(1580~1660)은 1608년에 경기도 화성에서 영암 모정마을로 입촌하여 모정 광산 김씨의 낙남조가 되었다. 그가 모정마을에 정착한 지 4대째에 이르러 효자가 배출되기 시작했다. 그의 4대손인 김예성과 6대손인 김기양, 그리고 7대손인 김재민이 지극정성으로 부모에게 효를 행하니 그 아름다운 이야기가 많은 사람들을 감동시켜 널리 알려졌고, 호남 각지의 유림뿐만 아니라 조선 8도의 유림 대표들이 임금께 상소를 올려 효자문을 내려주기를 주청했다. 이에 순종임금은 교지를 내려 세 분 효자들에게 벼슬을 추증하고 또한 효자문을 세워 그 효행을 길이 빛내도록 했다.

섬세한 조각이 일품인 세현문. 현판은 고종황제의 다섯째 아드님인 의친왕 춘암 이강이 썼다. 그는 덕혜옹주의 오라버니로 조선 말기 최고의 명필 중 하나였다. 세현문을 열면 바로 사권당으로 통한다.

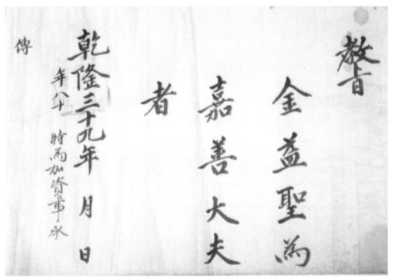

김예성을 효자로 봉하는 임금의 교지. 익성은 예성의 초명이다.

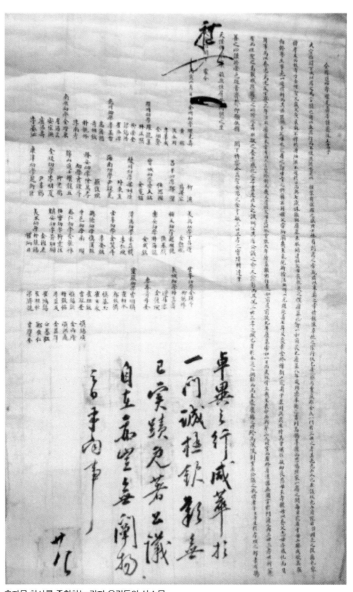

효자문 하사를 주청하는 각지 유림들의 상소문

모정마을 이야기

나. 세현문에 모신 세 분 효자

효자(孝子)
贈 가선대부(嘉善大夫) 동지중추부사(同知中樞府事)
김공휘 예성(金公諱 禮成)

효자(孝子)
贈 통정대부(通政大夫) 兼 경연 참찬관(經筵 參贊官))
김공휘 기양(金公諱 箕陽)

효자(孝子)
贈 조봉대부(朝奉大夫) 동몽교관(童蒙敎官)
김공휘 재민(金公諱 在敏)

이 효자문의 명칭은 세현문(世顯門)이며 3칸으로 이루어져 있다. 교
지 내용대로 붉은 정문이며 홍살문 전체가 단청되어 있다. 조각이 정교
하고 전체적으로 단아하고 정숙한 분위기가 느껴진다. 내부에는 〈효
자정백〉 교지와 규장각 학사 민경호가 쓴 〈광산 김씨삼효자유적후〉,
그리고 이승욱이 쓴 〈세현문기〉가 편액으로 걸려 있다. 세현문기에는
당시 세 분의 효자가 행한 효의 행적이 자세히 기술되어 있다. '효자정
백'이라는 제목이 붙은 교지 전문은 서각되어 효자문 내부 상단에 걸
려 있다. 현판 글씨 또한 고종황제의 다섯째 아드님이자 덕혜옹주의

오라버니인 의친왕 춘암 이강이 썼다. 의친왕은 조선 말기 최고 명필 중 한 명이었다.

다. 효자정백
-그가 살아왔던 곳에 붉은 정문(正門)을 받들어 세우나니

세현문 상단에 걸려 있는 효자정백

다음은 임금이 내린 교지 전문이다. '효자정백'이라는 제목이 붙은 교지 전문은 서각되어 효자문 내부 상단에 걸려 있다.

1) 효자정백(孝子旌帛) 교지해석(敎旨解釋)

"천지 자연의 도리를 적용하고, 토지로부터 생기는 이익으로 인하여 잘 맡아서 쓰기에 알맞게 하되 법도를 삼가고, 어버이 살아 계실 때는 섬기기를 다하고, 장사지내어 보낼 때는 어버이를 떠나보내는 예의를 다 하였다면, 거짓이나 꾸밈없이 한 마음으로 순수한 효도라 할 수 있다.

타고난 용모가 어질고 착한 데다가 효도로 잘 섬겨서, 어버이의 마음을 즐겁게 해드리고, 어버이의 병환에는 정성을 다하였으며, 상중(喪中)에 있을 때에는 어버이를 여읜 슬픔을 다하고, 공공연하게 자기 이름을 빛내는 것을 마다하니, 유림들이 그 공덕을 일컬어 기리고 있다.

효행에 관한 내용을 읽어 보니 깊고 아름다운 내용에 탄성하며, 한 점의 욕심이 없고 깨끗한 마음에 더욱 정이 간다. 조각하여 장식한 뒤 향을 불에 피우면서, 그가 살아왔던 곳에 붉은 정문을 받들어 세우나니, 오래오래 그 이름이 빛나리라.

성상 533年 갑자(1924) 2月 조선 창덕궁에 사는 이왕전하인 정헌 두드러진 일을 특별히 쓰다. 임금께 신하 민영기가 아뢰어 칙명을 받들어 시행하다.

원문 번역: 청광 양광식(강진 문헌연구회 회장/문화재연구소소장)

2) 효자정백(孝子旌帛) 원문

用天之道(용천지도) 因地之利(인지지리)

制節謹度(제절근도) 生死以禮(생사이례)

葬貴以禮(장귀이례) 純一其孝矣(순일기효의)

天姿仁善(천자인선) 克諧以孝(극해이효)

親濟盡誠(친제진성) 居喪致哀(거상치애)

播譽公黨(파예공당) 騰頌士林(등송사림)

讀此來章(독차래장) 深庸欽歎(심용흠탄)

一尺澹帛(일척담백) 彫官龍香(조관용향)

奉旌其門(봉정기문) 壽名萬年(수명만년)

聖上(성상) 五百三十三年, 甲子(갑자), 二月 日, 朝鮮(조선) 昌德宮(창덕궁)

李王展下(이왕전하) 卽(즉) 正軒(정헌) 特書(특서) 旌(정)

奏臣(주신) 閔泳琦(민영기) 奉臣(봉신)

라. 세현문기

-대를 이어 문중을 빛낸 내용

시경에 이르기를 「주(周)나라 선비는 대를 이어 크게 빛나도다」 하
니, 바로 광산 김씨 집안에 그러한 일이 있을 줄 알고 읊은 것 같다.
광산 김씨는 고려 때에 큰 공로로 연이어서 8세(世)가 평장사(平章事)
를 지냈고, 조선조에는 심성과 이기에 관한 도학으로 황강 김계휘
(1526~1582), 사계 김장생(1548~1631), 신독재 김집(1574~1656) 등 3세(世)
가 연이어서 빛냈고, 그 후로는 효행으로 또 3세 동안 사림들의 추중
을 받았으니 같은 종류의 것을 갈래를 따라 모으고 떼를 가져 나누
며, 마음과 뜻이 맞는 사람끼리 서로 구하고 쫓는 것 같다.

오호라! 김씨 문중의 대(代)를 이어 현달함은 존경할 만한 일이다.
3세(世) 동안 효도한 행적을 살펴보면,

첫째; 예성이다. 호는 송암이며, 9세 때 아버지를 여의고 죽을 먹으면서 여막에서 지냈다. 아직 삼년상을 마치지 못하였는데 조부모의 죽음을 맞으니, 상복을 입고 시묘살이한 지 8년이나 되었다. 그럴 때에 새들이 모여들고 호랑이가 지켜주는 기이한 일들이 있었으니, 이때가 영조 임금 때다.

둘째; 기양이며, 호는 백헌이다. 아버지가 이질에 걸려 목숨이 위험할 때에 자기의 손가락을 깨물어 피를 입에 흘려 넣어, 7년 동안이나 더 살 수 있게 해드렸으며, 세상을 떠난 뒤에는 아침저녁으로 묘소를 찾아가서 살아계실 때처럼 안부 여쭙기를 열심히 하니, 이때는 정조 임금 때다.

셋째; 재민이며, 호는 죽곡이다. 계모를 잘 섬겨서 아버지의 마음을 기쁘게 해드렸으며, 아버지가 세상을 떠나자 3년 동안 피눈물로 지냈으며, 조부모가 세상을 떠났을 때도 묘 곁에서 시묘살이를 하니 그 기간이 9년이나 되었다. 3세 동안 사정(事情)은 삼강록에 자세히 기록되었다.

오호라! 큰 공로와 도학으로 온 세상에 이름을 드날린 것은 윗자리에 있는 일이되, 그 일은 어려운 것 같지만 할 수가 있는 일이고, 효행으로 대를 이어 이름을 드날린 것은 그 일이 쉬우면서도 해내기가 어려운 것인데도, 이처럼 3세(世) 동안을 효도로써 문중을 현달시켰으니, 윗자리에 있으면서도 어진 스승과 벗을 얻어, 학문을 강구하고 연마한다면, 훈업이나 도학을 이루어내기 어렵지 않을 것이다.

이제 김씨의 문중에서는 선대의 가르침을 이어받아, 세현문(世顯門)을 세우나니, 어찌 훈업과 도학이 그 문중에서 다시 나오지 않으리라고 할 수 있겠는가? 그래서 더욱더 존경스럽다. 시경에 이르기를, '훌륭한 스승이시여! 빛나고 아름다움에 모든 백성들이 바라보고 있다'라고 하였으며, 또 이르기를, '효자가 끊이지 않으니, 그 자손은 두고 두고 복을 받으리라'라고 하였다.

나는 김씨의 문중을 찾아뵙고, 꼭 그렇게 이루어질 것이란 확신을 가졌다.

무진년(戊辰年)(1928) 9月 완산이씨(完山李氏) 승욱(承旭)이 짓다.

원문 번역: 청광 양광식(강진 문헌연구회장/문화재연구소장)

완산 이씨 승욱이 쓴 〈세현문기〉

모정마을 이야기

세현문기(世顯門記)

時云 凡周之士丕顯亦世 正爲光山金氏準備語也 金氏在麗朝以勳業年八世爲平章事 入本朝以道學顯 黃岡 沙溪 愼齋 年三世爲淵源之祖挽近 以孝行 又連三世爲士林推重 方以類聚物以群分 雲從龍風從虎 嗚呼可敬也己金氏之世顯也 三世孝行 可得난欺

一日 禮聖 號 松巖 九世丁憂 粥居廬 服未 而遭王父母喪前後廬墓爲八年 有鳥集虎衛之異此則英廟朝也

二日 箕陽 號 栢軒 父病痢將危 指注血 以延七年之壽 親歿 朝夕定省于墓所 無異平昔 此則正墓朝也

三日 在敏 號 竹谷 事繼母以悅父志 及丁憂 泣血三年 王父母喪亦居廬 前後凡九年 三世事行竝載三綱錄

嗚呼

勳業道學顯世達而 在上之事也 以孝行顯也 其事雖難而易 以此三世之孝若達而 在上得賢師友 講磨德義則 其在勳業道學 亦河難之有 今此金氏門中 括僩背之毛 立世顯之門 安知不勳業道學 復出於此門耶 尤可敬販

詩云

赫赫師尹 民具爾膽 又云 孝子不遺 永錫祚胤

吾將過金氏之門而 誦之以卜來許 歲箸雍執徐

菊秋不死臣

完山(완산) 李承旭(이승욱) 記.

마. 광산 김씨 삼효자유적후(광산 김씨 삼효자 유적에 대하여 쓰다)

이곳은 광산 김씨 삼효자 유적지다. 대체로 하늘에는 음 양 풍 우회(구름) 명 6기(氣)가 있고, 땅에는 금 목 수 화 토의 5행이 있다. 김씨의 맨 처음 조상인 시조는, 낳을 적에 하늘과 땅의 신령을 받아, 손에는 상서로운 부명을 잡고, 여섯 마리의 용을 타고 나왔으니 지덕이 뛰어나서 통달하지 못한 것이 없고, 영묘하여 불가사의한 성신이 이어온 지, 천년이나 되었다. 그래서 그 후손들에게 별다른 일들이 많이 나오게 된 듯하다.

8세(世) 동안 평장정사(平章政事 正2品)의 벼슬이 이어졌고, 그로 인하여 마을의 명칭이 생겨났으며, 3世 동안 효행이 계속되어 효행문의 판액이 내 걸리게 되었다. 조물주라도 마음대로 못할진 데, 하물며 김씨 집안처럼 번성할 수가 있을까?

그러나 8世 동안 평장의 벼슬을 지낸 것은 사람으로부터 받은 지위이지만, 3世 동안 부모께 효도한 행실은 남에게서 존경을 받을 만한 선천적인 덕행이 있어야 되는 것이다. 하늘과 사람이 서로 도우니, 구득하지 않아도 저절로 이루어졌다.

오호라!

송암공의 정성은 하늘을 나는 새와 들을 거니는 짐승에게까지 미치고, 백간공은 부모의 병환에 손가락을 깨어 피를 흘려 넣어 더 오래 살게 하였으며, 죽곡공의 효성은 계모의 마음을 감동시켰으니 사람으로서 할 바를 다하고 천명을 기다려서 하늘을 감격시켰는지, 아니면 하늘이 감격하도록 속여서 사람이 할 바를 한 것처럼 하였는지 알 수가 없다. 다만 김씨 가문의 신명 난 일이 앞뒤로 빛나는 것을 알 뿐이다. 또 어찌 8世의 평장사와 3世의 효자가 후손 가운데서 다시 나오되 하늘의 6기(氣)와 땅의 5행(行)처럼, 끝없이 돌고 돌 것이라고 하지 않을 수가 있겠는가?

무진년(戊辰年)(1928) 양복(陽復)지전(之前) 7日
전 장례원경(掌禮院卿) 원임(原任) 규장각학사(奎章閣學士)
여흥민씨(驪興閔氏) 경호(景鎬) 삼가 짓다.

원문 번역: 청광 양광식(강진 문헌연구회장/문화재연구소장)

규장각 학사 민경호가 쓴 〈광산 김씨삼효자유적후〉

光山金氏 三孝子遺蹟後(광산 김씨 삼효자유적후)

此 光山金氏 三孝遺蹟也

盖天有六氣 地有五行 氣形相感 化生萬物 金氏始祖 首出神明 握赤符 乘六龍 聖神相繼者 一天年矣 其後孫 固多異事 八世出平章事 因作洞名 三世出 孝行錄 因揭門名 化翁之厚 金氏何其盛載 然八世平章 八爵也 三世孝行 天爵作也 天人有祐 不求自至 嗚呼 松巖公之 誠格禽獸 栢軒公之 親濟斫指 竹谷公之 孝感繼母 未知修人而格天 欺天格而人修耶 足可爲金氏家 神明之事而 光前光後也 安知不八平章三孝子 後生於後孫 女天之六氣 如地之五行 循環無端也耶 惟是之卜歲 著雍執徐 陽復之前七日

前掌禮院卿原任(전장례원경원임) 奎章閣學士(규장각학사) 驪興(여흥) 閔京鎬(민경호) 謹題(근제)

바. 표창완문

- 효행과 덕행에 탄복… 조정과 유림이 나서 표창

공부자탄강

영암군 군서면 모정리 옛날 효자 김예성(1698 ~ 1777)은 어려서부터 타고난 성품이 순진하고 정직하였다. 아버지가 세상을 떠나자 상복을 벗지 않고, 기름지고 맛있는 음식을 먹지 않았으며 미음을 마시며 묘 곁에서 살았다. 조부와 조모가 세상을 떠나자 장례를 치르고 제사를 지내며 묘 곁에서 지내기를 부모가 세상을 떠났을 때와 같게 하였다. 밤이 되면 호랑이가 와서 지켜주고 낮이면 까마귀와 까치들이 집에 모여 왔다. 묘소와 집과는 산 고개를 하나 넘어야 하는데 날마다 어머니를 찾아가 밤에는 이부자리를 깔아드리고 아침에는 옷을 먼저 입었다가 드렸다. 그가 무릎을 꿇고 절을 하던 산의 중턱은 구덩이가 파였다.

손자인 기양(1756~1826)은 효성으로 부모를 섬기되 도리를 다하였다. 아버지가 이질(설사)에 걸려 숨을 거두려 하자 손가락을 베어 피를 입에 흘려 넣어 7년을 더 살게 하였다. 그 뒤 아버지가 세상을 떠나자 아침과 저녁으로 묘소를 돌보았다.

증손자 재민(1769~1846)도 타고난 성품으로 정성을 다하여 부모를 섬기고 아버지께 (재민의 부친은 김기원이다. 김기양은 숙부다.) 학문과 덕행의 가르침을 받았다. 어머니가 일찍 세상을 떠나자 계모를 받들어 섬기되 얼굴색은 온화하게 하고 목소리는 부드럽게 하며, 몸과 마음에 잘 맞추니 계모가 감동하여 변화하였다. 아버지가 세상을 떠난 후 삼 년간 묘소 곁에서 살았으며 조부와 조모가 세상을 떠나자 6년을 묘소 곁에서 살았다.

3형제인 재민·재수·재륭이 한집에서 같이 살았으며, 죽을 때까지 편안히 즐기고 한 번도 이간질하는 말이 없었다.

원문 번역: 청광 양광식(강진 문헌연구회장/문화재연구소장)

表彰完文(표창완문) 원문

孔夫子誕降

靈巖郡 君西面 茅亭里

故孝子金禮聖

自幼 天性純直 早丁外艱 衰麻不脫 油滋不食 歡粥廬墓 荐遭祖父母
喪 葬祭廬墓 一如前喪 夜則虎自來衛 晝則烏鵲巢集 距家一嶺之間 每日
定省于母 山腰成坎 其孫箕陽 孝事父母 克盡其道 父以痢症 漸至嚼 斫
指注血 延壽七年 其後丁艱 朝夕省墓 又曾孫在敏 亦天賦之成孝 薰陶
庭訓 早丁慈奉事 繼母和顏 怡聲克養 志體母亦 感化 丁憂廬墓三年 未
幾又遭 祖父母喪 育年廬墓 與第三人 同室而居 終身湛樂 一無間言

표창완문 표지

조선팔도를 대표하는 도유사들의 서명

모정마을 이야기

2. 사권당

사권당

　광산 김씨 문각인 사권당(思勸堂)은 모정마을 한복판에 자리하고
있다. 입구에 삼효자문인 세현문과 그 쪽문인 서현문(瑞顯門)이 있고,

동편에는 삼효자를 모시는 사당인 모효사(慕孝祠)로 통하는 송효문 (頌孝門)이 있다. 세현문을 통과하면 웅장하면서도 단아한 건축미를 자랑하는 사권당이 반갑게 맞이한다. 이 집은 광산 김씨 낙남조 12 대 종손 김용채가 그의 부친인 성촌 김현수의 뜻을 받들어 제족과 힘을 합해 건립한 것이다. 건립 연대는 상량문에 '盤古五化元始十一萬 八千六百八十九年庚午(반고오화원시십일만팔천육백팔십구년경오)'라고 적 혀 있다. 서기 1930년의 일이다.

사권당은 "조상님을 사모하고 학문을 권하는 집"이라는 뜻이다. 건물 내부에는 '사권당상량문'을 비롯하여 '사권당기', '사권당원운', '운차' 등의 편액이 걸려 있다. 건축 형태는 정면 4칸, 측면 2칸의 골기와 팔 작지붕이다. 중앙 2칸은 대청이고, 양 측면 2칸은 재실로 되어 있다. 건물에 있는 모든 세살창호문은 비틀어 위로 걸 수 있게 되어 있으 며, 문을 들어 올리면 집 전체의 내부가 텅 빈 정자와 같이 된다. 사 권당 현판 글씨 또한 고종황제의 다섯째 아드님이자 덕혜옹주의 오라 버니인 의친왕 춘암 이강이 썼다.

가. 사권당 건축 내력

마을 주민들은 사권당의 건축 내력에 대해서 잘 기억하고 있다.

"용산리 뒤편 주지봉 기슭에 광산 김씨 선산이 있는데, 그곳에서 소 나무를 베어 목재를 마련했다. 모정마을에서 용산리 뒷산까지는 약

6km의 거리다. 이 먼 거리를 온 동네 청년들이 목도로 나무를 운반했지. 서까래뿐만 아니라 기둥과 대들보까지 일일이 목도로 운반한 것이제. 그 광경을 목격한 구림마을 주민들은 '모정 광산 김씨들은 호랑이도 때려잡을 사람들이다.'라고 혀를 내둘렀지. 아무리 젊은 장정들이라고는 하나 주먹밥 하나씩 먹고 그 무거운 목재를 목도로 들어 나르는 일이 어디 쉬운 일이었겠나? 어떤 청년은 배고프다고 밭두렁에 털썩 주저앉아서 울기도 했었제.

그렇게 해서 운반해온 소나무를 마을 사람들은 왕겨를 태운 연기로 찐을 뺐지. 이른바 훈증을 한 것이제. 그래서 그런지, 사권당은 지은 지 100년이 다 되도록 좀 하나 먹은 것이 없고 목재 하나 틀어진 것이 없어. 전국에서 이름난 대목을 모서와 치목을 하는 동안, 월출산 도갑사에 가서 돌을 캐어 마을까지 실어왔제. 다행히 구림마을에 말 구르마(수레)가 한 대 있어서 그 수레에 실어올 수 있었제. 석수들이 돌을 다듬는 한편, 지금 초등학교 폐교 터 아래에 기와를 굽는 공장을 차려 직접 기와를 구웠지. 집에 쓰일 장석들은 대장간을 만들어 유명한 대장장이를 모서다가 생산했고, 일꾼들 식사는 당번을 정하여 집집마다 돌아가면서 담당했제. 사권당을 짓는 공사는 무려 3년이나 걸렸어. 큰 공사였제. 보통 공력이 들어간 집이 아니여, 자세히 살펴보면 알겠지만."

나. 사방이 툇마루로 둘러싸인 독특한 한옥

사권당은 사방으로 툇마루가 나 있다. 앞 툇마루, 옆 툇마루뿐만 아니라 뒤 툇마루까지 나 있다. 툇마루를 통하여 집 한 바퀴를 돌 수 있다. 이렇게 사방 툇마루를 갖추고 있는 한옥을 요즘에는 거의 찾아보기 힘들다.

사실 한옥의 생명은 툇마루에 있다. 툇마루가 없는 집은 엄밀히 말해서 '한옥'이라고 말하기 어렵다. 툇마루는 단순한 통로 역할만 하는 것이 아니다. 툇마루는 집 안과 집 밖을 연결해주는 중간지대의 공간일 뿐만 아니라 기둥과 기둥 사이를 잡아주어 집이 틀어지는 것을 방지해준다. 툇마루는 또한 '여유'다. 툇마루에 서서 마당을 바라보고, 먼 산을 바라보고, 하늘에 흘러가는 구름을 바라보고, 밤하늘의 달과 별을 바라보는 일은 그 자체로 여유로움이다. 커다란 유리창을 통해서 바라보는 것과는 아주 다른 느낌을 가져다준다. 방안에서 유리창을 통해 세상을 보는 것이 정적이라면 툇마루에서 기둥 사이로 세상을 보는 것은 동적이다. 대기의 흐름을 온몸으로 느낄 수 있으며, 따라서 그만큼 생동감을 느낄 수 있다. 무더운 여름날 한 손에 부채를 든 채 목침을 베고 마루에 누워있노라면 저절로 더위가 가신다.

마룻바닥에서 풍기는 넉넉함 또한 툇마루가 주는 빼놓을 수 없는 장점이다. 열린 공간이자 넉넉한 인심이 오가는 곳이었다. 집을 방문하는 사람이 누구든지 간에 툇마루는 그 사람을 끌어들인다. 주인이

모정마을 이야기

없어도 툇마루는 지나가는 길손에게 정겨운 말을 건넨다. "이리 와서 잠시 쉬었다 가시오"라고. 사실 거지나 동냥치들도 이 툇마루에 앉아서 밥을 얻어먹고 가곤 했다. 또한 툇마루는 아버지가 동네 아저씨들과 함께 척 걸터앉아 물천회 안주에 막걸리를 마시면서 담소를 나누던 바깥 거실이기도 했다. 특히 추운 겨울날에 남향의 툇마루에 앉아 따사로운 햇살을 받으며 찐 고구마를 먹던 경험을 어찌 잊을 수 있겠는가?

다. 광주 이남지역에서는 찾아보기 힘든 최고의 한옥

2006년 5월, 모정마을 월인당을 지은 이용채 도편수는 세현문과 사권당을 둘러보고 이렇게 말했다. "내가 목수 생활을 한 지 50년이 지났지만, 광주 이남 지역에서 이렇게 잘 지어진 한옥을 본 적이 없다. 관청도 아닌 일개 문중에서 어떻게 이렇게 멋지고 훌륭한 집을 지을 수 있는지 상상이 잘 안 된다. 천재 목수가 지은 집이다. 특히 세현문은 공법이 독특하다. 문화재급에서도 최상급의 문화재다. 이런 집은 빨리 문화재로 등록하여 잘 보존해야 한다." 이용채 도편수는 지금의 강진 다산초당을 지었던 분이다.

한편 2008년도에 사권당에 도둑이 들어 고서를 58권이나 훔쳐 간 사건이 발생했다. 도둑맞은 고서 중에는 율곡 이이 선생과 사계 김장생 선생의 문집이 수십 권 포함되어 있다. 이번에 잃어버린 고서들은 필사본이긴 하지만, 연대가 수백 년 된 것들이다. 어떻게 남의 문중에 침입하여 소중하게 보관하고 있는 고서까지 훔쳐갈 수 있는지 참으로 통탄스러운 일이다.

3. 돈의재(敦義齋)

한골목 사권당 바로 길 맞은편에 평산 신씨 문각인 돈의재가 있다. 마을 사람들이 "신문각"이라고 부르는 이 고택은 솟을대문인 돈의문과 4칸 한옥인 돈의재, 그리고 관리사 한 동으로 이루어져 있다. 평산 신씨들이 모여 담론하고 학문을 논하는 장소로 사용되고 있다.

돈의재를 방문하려면 먼저 입구에 있는 솟을대문을 통과해야 한다. 이 솟을대문 상단에 돈의문(敦義門)이라는 현판이 걸려 있다. 원래 돈의문은 조선 시대 한양의 서쪽 대문으로 '의(義)'를 북돋는 문이라는 뜻이다. 유교 오행사상의 서쪽 방위를 뜻하는 '의'를 넣어 이름을 붙인 것이다. 한양의 서대문은 조선 시대 한성에서 평안도 의주까지 이르는 제1간선도로의 시발점이었으며, 외교사절이 오면 국왕이 직접 마중을 나가는, 나라의 중요한 문이었다. 신문각인 돈의재도 한골목에서 서쪽 방향에 있다.

모정마을 평산 신씨는 고려 왕건의 충신 신숭겸 장군의 후예들이다. 신사임당의 부친인 신명화와도 그 뿌리가 닿는다. 17세기에 입촌한 것으로 알려져 있다. 광산 김씨들과 함께 모정마을의 양대 문중을 형성하고 있으며, 마을 사람들과 서로 상부상조하면서 잘 어울려지내고 있다.

4. 선명재

　선명재는 모정마을 서당골에 위치해 있다. 서당골은 말 그대로 마을의 서당이 자리하고 있는 지역을 일컫는다. 선명재(先明齋)라는 당호를 가지고 있는 이 서당은 1850년에 지어진 건물로 광산 김씨 문중의 제각이지만, 마을 청년들의 교육을 담당하는 공간으로도 활용되었다. 이 서당골에서는 늘 아이들이 책 읽는 소리가 낭랑하게 울려 퍼졌다. 일제 강점기 때는 사무실로 사용되기도 했다고 한다.

원래는 죽정마을 월대암 아래의 문산재와 똑같은 구조의 ㄷ자형 구조였다. 한쪽 누정마루에는 향양루(向陽樓)라는 편액이 걸려 있었다. 하지만 세월이 흐르면서 건물이 낡아서 양쪽 날개를 뜯어내었고 지금은 일자형 구조로만 남아 있다. 건물은 5칸 한옥으로 팔작지붕이며 앞뒤 툇마루와 3칸 대청마루, 그리고 양쪽 방으로 이루어져 있다. 대청에는 선명재기와 중수기가 편액으로 걸려 있다. 선명재는 원래 광산 김씨 제각으로 지어졌지만, 서당으로도 활용되었던 것이다. 모정마을에서 가장 오래된 건물이다.

2000년까지만 해도 아름드리 팽나무와 동백나무가 정원에 가득했고 뒷동산에는 수백 년 된 소나무들이 울창했었다. 이 소나무 동산을 서당까끔이라고 불렀는데 이것은 선명재가 서당으로 활용되었기 때문이었다.

5. 원풍정
-풍년을 기원하는 아름다운 정자

　모정마을 동쪽 호수가 언덕에 자리 잡은 원풍정(願豐亭)은 1934년 마을 주민들에 의해 건립되었다. 건물구조는 정·측면 각각 3칸, 골기와 팔작지붕이며 12개의 기둥이 받치고 있다. 12개의 기둥마다 주변 풍광을 읊은 주련이 걸려 있는데, 이를 일컬어 '원풍정 12경'이라고 한다. 내부에는 '원풍정기'(1934년)를 비롯하여 '원풍정축'(願豐亭祝, 1934년), '중수기'(1996년), '운차'(韻次) 등의 편액이 걸려 있다.

　왼쪽에는 씩씩한 기상을 자랑하는 곰솔 두 그루가 우뚝 서 있고, 오른쪽에는 우람한 팽나무 고목이 시원한 그늘을 드리우고 있다. 동남쪽으로 너른 호수와 들녘이, 서쪽으로는 마을이, 북쪽으로는 탁 트인 들녘이 자리하고 있다. 사계절 모두 뛰어난 풍광을 자랑하기 때문에 적지 않은 사람들이 찾아와 둘러보고 가는 잘 알려지지 않은 명소다. 호수에 비친 월출산 달오름과 해오름은 원풍정에서 바라볼 수 있는 최고의 승경 중 하나다. 월출산에서 떠오르는 보름달을 보려면 바로 이 원풍정에 와야 한다. 예부터 모정마을 주민들은 원풍정에는 달이 4개가 뜬다고 말해왔다. 월출산 위로 뜬 달, 호수 수면 위로 뜬 달, 바라보고 있는 그대 눈에 뜬 달, 거기다가 술을 한잔 기울이고 있을라치면 술잔 속에 빠진 달까지 합하여 원풍정에는 4개의 달이 뜬다.

우리 마을 사람들의 원풍정에 대한 애정과 자부심은 대단하다. 마을 주민 고 김학수 씨 말에 따르면 원풍정을 지은 내력은 이렇다. "원풍정은 한 사람이 지은 것이 아니라 마을 주민들이 울력해서 지은 집이여. 그 팍팍하고 힘든 일제 치하에서 정자를 짓기 위해 한푼 두푼 돈을 모았제. 동네 청년들이 농사일을 하고 받은 품삯뿐만 아니라 멀리 덕진 방죽 만드는 데 참가하고 받은 돈까지 적립을 했어. 그때 동네 주민들이 내놓은 희사금 내역이 동계 책에 다 올라가 있었는데, 아깝게도 6·25사변을 거치면서 소실되어 버렸구먼. 그런데 이 원풍정은 알춤 주민들이 주축이 되어서 지었어. 울춤은 따로 유선각이 있었으니까 처음 이 집을 지을 때는 참여를 안 했지."

사권당을 지은 도편수가 이 원풍정도 지었다고 한다. "원래는 조그맣게 지으려고 했는데 목수가 목재를 더 실한 것으로 준비한 바람에 집이 더 커졌지. 그리고 원래는 나무 기둥이었는데 비바람에 노출되어 아랫부분이 썩는 바람에 밑동을 잘라내고 돌기둥을 받쳤지. 마루도 원래는 나무 판재였는데 자꾸 썩으니까 도끼다시를 해버렸제. 관리하기 좋게 한다고 그리 한 것이제."

 2011년 여름에 나는 영암군청 문화관광과에 비지정향토문화자원
보수사업을 신청하여 도끼다시 콘크리트를 깨부수고 그 자리에 소나
무 판재로 우물마루를 깔았다. 그랬더니 콘크리트가 덮고 있던 석주
아래 주춧돌이 드러났다. 어린 시절부터 가지고 있었던 의문이 풀리
던 순간이었다. 도대체 왜 정자 마루가 콘크리트로 되어 있는지, 기둥
의 주춧돌은 왜 보이지 않는지, 늘 궁금했었는데 이 공사로 말미암아
모든 것이 제 자리를 찾게 되었다.

콘크리트를 깨부수고 그 자리에 소나무 판재로 우물마루를 깔았다. 그랬더니 콘크리트가 덮고 있던 석주 아래
주춧돌이 드러났다.

가. 원풍정기 1
-당성 홍진유의 글

호남의 땅이 경치가 빼어나고 아름다운 것은 예부터 습관적으로 말해져 온 일이다. 영암의 서쪽과 모정의 동쪽에, 한 정자가 있으니 이름하여 원풍이라. 취미를 즐기기에 또한 족하리라. 청상고결을 스스로 지키려는 자 김권수, 신성순, 신홍균, 김용호, 김용장, 김원중, 김용효, 김용관, 김대중 등 여러 사람들이 정자를 처음 창건하여 스스로 이름 붙일 것을 생각하고, 우러러 모든 산의 모습을 바라보니, 구름과 안개는 고리처럼 서로 이어져 있고, 넓은 들판은 남쪽으로 트여 있는데, 초목들은 많고 샘과 돌(자연)이 매우 아름다워 보이는 것에 눈이 아름답고, 들리는 것에 귀가 아름다우니, 그 원하는 뜻을 따라 풍이라 하였다. 마침내 달이 떠올랐다가 끝내 돌아갈 줄 모르니, 고로 그러한 바에 나아가 호를 취하려 한다.

구양수의 취옹정기에 이르기를 "해가 떠 숲의 안개가 걷히고 구름이 돌아와 바위 동굴이 어둑해지니, 어두웠다 밝아졌다 하며 변화하는 것이 산속의 아침과 저녁이다. 들꽃이 피어 향기 그윽하고 좋은 나무 수려하게 자라 그늘이 무성하고, 바람은 높고 서리는 깨끗하며, 물이 떨어져서 돌이 드러나는 것이 산속의 사계절이다."라고 하였으니 이 정자는 월출산의 동쪽에 있고, 흰 구름 떠 있는 도갑사의 종소리는 때를 알리고, 영산강은 그 서쪽에 있는데 순풍고도에 어부들의 노랫소리 서로 화답하고, 경치가 대체로 빼어나니 그 즐거움을 어디서 구하리오. 한 산의 모퉁이와 한 샘의 곁에 정자의 문미는 높이 하늘 위로 솟아 있고 계단에 올라서 보니 아래로는 땅이 없으니, 이러한 아름다운 경치를 다시 보기 어려울 것이라, 어찌 특별히 이 사람들만의 원풍이겠는가?

이 땅은 어느 곳인가? 풍속이 순박하고 사람들은 순하며, 들은 넓고 땅은 비옥하여 생계가 스스로 족하여, 즐겨서 옛사람들이 그러한 꾀를 계획하여 취하지 않았겠는가? 모시와 삼은 성하고, 곡식은 무성하며, 또한 사람들의 원함에 따라 그해의 풍년이 이루어지니, 다만 해마다 대풍이 이루어지는 것이 아니겠는가? 이로 인하여 그 산천을 근본으로 삼고, 그 풍속의 아름다움을 말하니, 이로 하여금 풍년을 원하는 것은 태평성대가 편안하다는 것을 알기 때문이다. 그러니 지금함께 살고 있는 노소는 이 사람들이 함께 원하는 것을 알지 못하겠는가? 게다가 또한 문장이 아름다운 선비들이 이곳에서 함께 노니니좋고 다행한 것이 아니겠는가?

친구 박제준이 본래 물을 베는 것과 같은 의의로, 이 정자를 세운 것을 말하고 나에게 기를 써 달라 부탁하여 내가 잊을 수 없어 망령되이 그것을 기록하며, 이어서 시로써 말하니, 이 지역은 산이 깊고 물 또한 맑으니, 풍이란 명의 정자 백 년의 소리를 얻었네. 봄에는 마땅히 시와 술이 있고, 가을에는 경치를 감상하니, 꽃 위에 피는 달빛 빼어나 세상의 풍경이 아니네.

갑술년(1934) 유월 통정대부 전이조참의 규장각 원임직각 당성 홍진유 쓰다.

원문 해석: 백산 김기준

나. 원풍정기 2
-해관 김용채의 글
월출산은 즉 영암의 명산이다. 가파른 기상과 울퉁불퉁한 기세는 땅의 신령함이 새어 나와 쌓이고, 모여 멈추어 만난 것이다. 가까운

곳에 숨은 군자가 있고, 산의 서쪽에는 호수가 있으며, 호수는 낭주(영암)에 아주 가까이 있다. 호수의 좌측에는 산이 있고 우측의 사이에는 하나의 동산이 있으니 이는 모정리의 뒷산이다. 그 아래 기슭에 축대를 쌓아 그 위에 마을이 있다. 사람들이 한마음으로 힘을 합하여 하나의 작은 정자를 짓고 이름을 원풍이라 부르니, 여기에서 특별히 취함이 있다는 말이다. 선비가 시골에 삶에 산업이라는 두 글자와 더불어 농사이니, 담을 대하는 것처럼 모른 것을 쓴 것이 아니고, 배가 고파서 농사를 말한 것도 아니다. 농사의 근본인 충과 효를 쓴 것이다. 효가 임금을 섬김으로 옮겨가면 충이 되고 충은 세상을 근심하는 것이며 세상을 근심하는 것은 진실로 풍년을 원하는 데에 있으니 이 정자에 오른 사람들이라면, 어찌 보고 느끼며 흥기함이 없겠는가?

그 봄철에는 춘신이 와서 머무니 동서로 화창한 기운이 유행하고, 장차 들판에서 일을 하려 하면 아침에는 지평선 위에 있고 저물면 지평선 아래에 있네. 동쪽 밭두둑에서 노래하고 서쪽 밭두둑에서는 북을 치고(배를 두드리고) 꽃 사이에서 들밥을 먹으며, 구름 사이에서 밭을 갈며, 초목과 여러 생물들이 다 스스로 즐거워함이 있다. 버드나무 언덕의 실버들에는 안개가 노래하는 꾀꼬리의 장막을 봉쇄하고, 도원의 꽃에는 이슬이 나는 나비의 날개를 적시네. 아른거리는 아지랑이는 뭉게뭉게 피어오르고, 먼 봉우리는 첩첩이 쌓여 있다. 향기로운 비는 어점에 뿌리고 비단 물결은 모래톱에 일렁이누나. 이에 거문고를 뜯고 옷을 벗으면, 기수에서 목욕하겠다던 증점의 즐거움을 본 받고 싶고, 바람에 임해 술잔을 들면, 온 세상의 근심을 남 먼저 근심한 범희문의 심정을 일으키게 되네.

　여름철에는 염신이 권세를 맡아 만물을 길러낸다. 갖가지 초목들은 제대로 발육되고, 혹심한 무더위는 극도로 치열해라. 찌는 듯한 불볕더위는 춘추시대 진나라 조맹의 위엄에 견줄 만하고 첩첩이 솟은 기이한 봉우리의 구름은 도연명의 시구에 들어갈 만하다. 장맛비가 막 개고 뭇 냇물이 앞을 다투어 흐르도다. 산에는 모락모락 안개가 일고, 물은 도도히 흘러 호수가 넓어졌네. 이에 난대에서 시를 읊으니 초 양왕의 바람이 상쾌하고, 전각에 서늘함이 생기니 당 문종의 긴 여름날이 사랑스럽네.

　가을철에는 금신이 위세를 부려 대지가 서늘해지고 백곡이 익는다. 기러기는 엉성한 전자처럼 줄지어 날고, 맑은 서리는 나뭇잎을 붉게 물들이노라. 벼꽃이 핀 언덕 가에는 백로가 출몰하는 물고기를 노리고, 아름다운 꽃 핀 물가에는 갈매기가 오가는 낚싯배에 놀란다. 창문에는 어적 소리 들려오고 바람은 뿌연 먼지를 쓸어 없애노라. 드높은 하늘은 더욱 아득하고 흰 달은 더욱 휘영청 밝네. 이에 장한의 오주를 답습하여, 옥회와 은순의 맛에 배부르고 소동파의 적벽부를 추모하며, 명월가와 요조시를 외운다.

　겨울철에는 만물이 깊이 숨고, 온갖 풀들은 이미 떨어져 버리고, 외로운 소나무는 여러 길 우뚝 빼어나도다. 서릿바람은 땅을 울려 만

필의 말에서 나는 쇳소리를 내고 눈발은 허공에 나부껴 천 겹의 옥가루를 흩뿌린다. 우주는 아득하고 산천은 소슬하다. 먼 포구에는 오가는 배 끊어지고, 겹친 산봉우리에는 앙상한 돌이 드러난다. 이에 달빛 띠고 벗을 찾아가니 왕자유의 흥이 산음에서 다하지 않았고, 쇠잔한 매화나무에 다시 꽃이 피니 임처사의 뼈가 호상에서 마르지 않았다.

여기에 강산을 좋아하는 성벽을 지니고 조정과 저자를 싫어하는 마음을 가진 한 나그네가 있도다. 빈 누각에서 오만한 웃음으로 웃고 이끼 낀 물가에서 맑은 여울을 구경한다. 황학루 앞에는 아름다운 풀이 맑은 냇물과 함께 멀리 아른거리고 등왕각 위에는 지는 노을이 외로운 따오기와 나란히 날도다. 이에 안목은 천하에 높고 정신은 우주에 노닐도다. 속된 마음은 물가의 난간에서 고요해지고 속세의 정은 바람 통하는 의자에서 흩어지도다. 금계가 울어 새벽을 알리면 부상 만경의 붉은 물결이 일고, 옥토끼가 어둠 속에 솟아오르면 계수나무 궁의 밝은 달을 얻는다. 상쾌하구나! 사방을 바라보니 마치 신선이 된 것 같이 황홀하도다. 정자에 올라 주위를 두루 돌아보고 나서 한숨을 내쉬며 다음과 같이 말했다. '옛 현인들 떠나 버리니 지난 일들 까마득하구나. 그러니 어찌 옛날로써 현재를 보며 현재로써 옛날을 보겠는가? 오직 제군들이 대대로 이러한 뜻을 바꾸지 말기를 바라며, 그런즉 모든 집들이 복을 얻고, 자손들의 이름이 세상에 드날림이 잇고 이어지고, 충효가 면면히 이어질 것이다.'

갑술년 〈1934〉 3월 해관 김용채 기를 쓰고, 동룡 김용식 글을 쓰다.

원문 해석: 백산 김기준

* 이 글을 쓴 해관 김용채는 모정 광산 김씨 낙남조 12대 종손으로 문장이 뛰어나고 시문(詩文)에 밝은 선비였다. 모정마을 서당인 "선명재"에서 수학했으며 글 내용에 나오는 것과 같이 벼슬에 뜻을 두지 않고 고향마을에 은거하면서 학문을 닦고 여러 선비들과 교류하였다. 원풍정에는 기(記)가 두 개 걸려 있다. 당성 홍진유 선생이 쓴 원풍정기와 해관 김용채가 쓴 원풍정기가 그것들이다. 두 글 모두 옛 선인들의 사상과 풍류를 엿볼 수 있는 문장들이기에 여기에 기록해 놓았다.

원풍정에 걸려 있는 모정마을 선비 해관 김용채의 원풍정기

다. 원풍정 12경

모정마을 호숫가에 자리 잡은 원풍정에는 마을 주변의 12가지 멋진 풍경을 묘사한 시구가 있다.

마을 앞 지남들녘에 내리는 밤비, 덕진포를 왕래하는 범선, 서호에 박혀 있는 도선국사 전설이 서린 백의암, 아천(아시내개)의 맑은 모래, 구림마을에서 피어오르는 아침밥 짓는 연기, 도갑사에서 들려오는 저녁 종소리, 선인

동(도갑리의 한 마을) 풀밭에서 들려오는 목동의 피리소리, 월출산에 비치는
저녁노을, 모정 연꽃방죽 위로 빛나는 가을 달, 학고개(지금의 밤재) 위에서
오락가락하는 구름, 용강(영산강)에서 밤에 고기잡이하는 배들의 불빛(어화),
은적산에서 피어오르는 맑은 기운(아지랑이) 이것이 바로 원풍정 12경이다.

이 원풍정 12경 시구는 열두 개의 기둥 안쪽에 각각 주련으로 걸려
있다. 하지만 이 중에서 덕진귀범, 아천명사, 용강어화는 영산강 간척
사업으로 말미암아 그 풍경을 잃었다. 마을에서는 12폭의 대형 벽화
를 그려 원풍정 12경을 그림으로 감상할 수 있게 하였고, 또한 노래
로 작곡을 하여 마을 주민들이 모정찬가로 부를 수 있게 하였다.

指南夜雨(지남야우). 지남들녘에 내리는 밤비,
德津歸帆(덕진귀범). 덕진포로 돌아오는 범선,
西湖白石(서호백석). 서호강의 흰 돌(도선국사 백의암 전설),
雅川明沙(아천명사). 아천포의 맑은 모래,
鳩林朝烟(구림조연). 구림마을의 아침밥 짓는 연기,
岬寺暮鍾(갑사모종). 도갑사의 늦은 종소리,
仙掌牧笛(선장목적). 선장리(평리) 목동이 부는 피리소리,
月山返照(월산반조). 월출산에 비치는 저녁노을,
蓮塘秋月(연당추월). 연당의 가을 달,
鶴嶺歸雲(학령귀운). 학고개(밤재)의 오락가락하는 구름,
龍江漁火(용강어화). 용강(영산강) 어선의 불빛,
隱跡晴嵐(은적청람). 은적산의 맑은 기운(아지랑이)

라. 원풍정 근차-원풍정에 걸린 시(해석-백산 김기준)

謹次 願豐亭韻 歲 甲戌 春三月   東龍 金容湜

근차 원풍정운 세 갑술 춘삼월   동용 김용식

月岳東高又水淸 월악동고우수청

此亭豐滿特傳聲 차정풍만특전성

登臨秋色黃金積 등림추색황금적

飽腹多千歌世情 포복다천가세정

월출산 동쪽은 높고 또한 물이 맑은데

이 정자 풍만하여 특별한 소리를 전하는구나

올라서 임해보니 가을빛이 황금이 쌓인 듯하고

배불리 먹음이 수년임에 세상의 정을 노래하네

謹次 農隱 金模洙

근차 농은 김모수

山高水碧一亭淸 산고수벽일정청

含哺老人擊壤聲 함포노인격양성

時景所睹多勝趣 시경소도다승취

登臨忽覺近仙情 등림홀각근선정

산은 높고 물 푸른데 한 정자 맑으니

배부른 노인의 땅을 치는 소리 있네

때로 보여주는 경치는 빼어남이 많아

정자에 올라 임하니 홀연 선정에 가까이 있음을 느끼네

謹次 申文永

근차 신문영

茅亭臨水淸 모정림수청

楣宇百年聲 미우백년성

岬寺暮鍾遠 갑사모종원

蓮塘秋月明 연당추월명

風烟欲盡地 풍연욕진지

詩酒尤多情 시주우다정

南野登豐饒 남야등풍요

農夫歌太平 농부가태평

모정은 물이 맑은 곳에 있고

문미에는 백년의 명성이 있도다

도갑사의 저문 종소리 멀리서 들려오고

연당의 가을 달빛이 밝도다

바람과 안개는 온 땅에 다 하려 하니

시와 술은 더욱 다정하구나

남쪽 들판은 풍요롭게 익어가고
농부는 태평을 노래하네

謹次 海襄 崔永淳

근차 해양 최영순

特秀高亭近水淸 특수고정근수청
野翁相話有年聲 야옹상화유년성
君有新詩我有酒 군유신시아유주
時來明月最多情 시래명월최다정

유달리 빼어난 높은 정자 근처의 물은 맑은데
촌 늙은이들 서로 풍년을 말하네
그대에게는 새로운 시가 있고 나에게는 술이 있으니
때맞춰 오는 밝은 달이 매우 다정하구나

6. 망월정(望月亭)
-보름달을 보며 소원을 빌던 달맞이 정자

망월정은 마을에서 제일 높은 위치에 있는 정자다. 저수지 절벽 위에 있어서 월출산에서 떠오르는 달이 잘 보일 뿐만 아니라 절벽 아래의 호수를 포함한 주변 풍광이 한눈에 내려다보인다. 원풍정과 쌍취정에서 바라보는 월출이 정적이고 시적이라면, 망월정에서 바라보는 월출은 동적이고 호방하다. 동네 어른들 말에 따르면 보름달이 뜨는 날 마을 사람들이 이 망월정에 모여 달을 보면서 소원을 비는 풍습이 전해져 온다.

망월정 전경

7. 벼락 맞은 이팝나무

가. 모정리 서재 월인당 이팝나무

마을에서 흔히 볼 수 있는 당산나무의 종류는 느티나무, 팽나무, 은행나무, 소나무 등이다. 이 중에서도 느티나무가 가장 많다. 모정마을에도 수백 년 된 느티나무와 팽나무가 여러 그루 있고 그중에서 알춤사장의 느티나무와 원풍정 팽나무는 보호수로 지정되어 있다. 그런데 다른 마을과는 달리 모정마을에는 당산나무로 이팝나무가 심어져 있다. 울춤사장과 서재(서쪽 언덕)에 각각 한 그루씩 있는데 그중에서 서재 이팝나무가 훨씬 수령이 많고 오랫동안 당산나무로서 동네 사람들의 추앙을 받아왔다. 1930년대 여름에 벼락을 맞아 반파되기 전까지만 해도 당산제를 모시던 터였다.

조선 시대에는 이 이팝나무를 아무나 심을 수가 없었다. 일설에 의하면 당시에는 평민이 함부로 이팝나무를 심으면 역모를 꾀할 마음이 있는 것으로 의심받아 관가에 끌려가 곤욕을 치렀다고 한다. 일정한 벼슬을 하거나 덕망 있는 선비만이 심을 수가 있었다. 그래서 이 팝나무가 있는 곳은 선비가 살았던 터라고 알려져 있다. 이팝나무는 또 효(孝)와 관련된 전설을 갖고 있는 나무다. 임금으로부터 효자문(세현문)을 하사받은 마을답게 당산나무로 효를 상징하는 이팝나무가 심어져 있는 것이 당연한 일로 여겨진다. 모정마을 주민들은 이팝나무를 '외암나무'라고 부른다.

한편 영암군에서는 이 벼락 맞은 이팝나무를 "스토리 텔링" 자원으로 선정하여 나무 주변을 보수하고 안내판을 세웠다.

"모정마을 서재 월인당에 위치한 수백 년 된 이팝나무는 원래 바다를 굽어보고 있었다. 조선 시대 중기까지만 해도 현재의 마을 앞 들녘은 바닷물이 오가는 갯벌이었다. 그 당시에 이 이팝나무는 배 줄을 묶어놓는 지줏대 역할을 했다. 여름에는 시원한 그늘을 드리워 동네 사람들의 쉼터 역할을 했다. 나중에 나무가 커지자 마을 사람들은 이 이팝나무를 동네를 지키는 수호신으로 받들어 모셨다. 원래 이 팝나무는 효(孝)와 관련된 전설을 갖고 있지만, 하얀 꽃의 모양이 먹음직스러운 쌀밥과 닮은 까닭에 쌀농사의 풍년을 기원하는 풍습과도 연관을 맺게 되었다. 농부들은 이팝나무꽃이 풍성하게 피면 그해 풍년이 든다고 믿었다. 입하 무렵에 꽃이 피기 시작하여 5월 중순에 꽃이 만개하는데 쌀밥처럼 하얀 꽃이 점차 시들어가면 때맞춰 보리가 익기 시작한다.

당산나무로서 마을 사람들의 추앙을 받던 이 이팝나무는 1930년 대 여름에 갑작스러운 벼락을 맞아 반파되고 말았다. 당시 〈해전 하네〉라고 불리는 동네 할아버지(하네)는 나무 아래에서 낮잠을 자고 있다가 벼락이 치는 바람에 귀를 먹고 말았다. 또한 나무가지에 매달려 목청껏 소리를 뽐내던 수십 마리의 매미들도 벼락을 맞아 우박 쏟아지듯 우수수 땅바닥에 떨어졌다고 한다. 비록 80년 전에 벼락을 맞아 웅장한 형태를 많이 잃긴 했지만, 아직도 5월이 되면 밥그릇에 수북하게 담긴 쌀밥처럼 하얀 꽃이 풍성하게 피어 마을의 풍년을 예언해주고 있다. 특히 월출산에서 떠오른 보름달의 환한 달빛이 만개한 이팝나무꽃과 어우러지는 날이면 소나무 가지 위에 쌓인 함박눈을 떠올리게 한다. 월인당에서는 이 시기에 맞춰 '이팝나무꽃 달빛차회'나 '작은 음악회'와 같은 문화행사를 개최하고 있다."

많은 시인 묵객들이 이 신령스러운 이팝나무를 보러 왔다가 감탄을 금치 못하고 시를 남기고 돌아간다. 여기에 그들이 남긴 몇 편 시를 소개한다.

월인당에 위치한 벼락 맞은 이팝나무

나. 흰 꽃 타오르는 그림자

조 정

벼락이 사랑해서 만지고 간 이팝나무가 있네
나이테가 재 되어 사라진 이팝나무가 있네
나이테 사라진 뱃속은 가볍네
사유는 빈 뱃속이라는 뜻일지도 몰라

옛날에 바다였다는 내 친구 집 뜰에
걷지 않고 천 리 가는 이팝나무가 있네
왜*로 떠나는 배가 안개를 헤치고 닻 올리던 해안에서
산둥 닭 우는 소리 펄럭이며 조선에 오는 배 닿던 선창에서

태어나 배 매는 청년 나무로 자랐던 이팝나무가 있네

이즈막 오월에는 흰 꽃 피워 나 사는 일산까지 가져오는 이팝나무
가 있네

수백 년 아름다웠으므로 벼락이 애끓게 사랑했으나
내 몸의 절반을 가져가게
나는 땅을 버리지 못하겠네
나무나루**로 가는 물결소리 움켜쥐고 타오르던 이팝나무가 있네
장엄하고 해맑아 아기 같고 큰 산 같은 이팝나무가 있네

* 왜로 떠나는: 일본으로 떠나는 / 여기서 왜(倭)는 일본을 말한다.
** 나무나루: 목포(木浦) 항구를 말한다.

조정 시인. 영암읍 회문리 출생.
대표 시집 〈이발소 그림처럼〉(2007)과 동화책 〈너랑 나랑 평화랑〉(2017)이 있다.
2011년 제8회 거창평화인권문학상을 수상하였다.

모정마을 이야기

다. 밥 짓는 나무

홍산희

쇠기둥에 의지하고
월인당 이팝나무 할머니 새벽을 여신다
벼락을 이겨낸 한 조각 몸피로

이끼치마 입으시고
사백오십 살 젖샘에 출렁 두레박 내려
아득한 기슭으로 물 길어 올려
쌀 안치는 소리

영암 모정마을
정월 대보름 풍물소리 받아
아직 태어나지 않은 아기들까지 깨우는
징소리로 불씨 당겨

고봉 고봉 이밥꽃 지으신다
없는 육신의 아궁이에
월출산 일출 지펴

* 밥 짓는 나무: 이팝나무를 지칭하는 표현이다.
  홍산희 시인. 청주 출생.
  시집으로 〈바구니 속의 아침〉, 〈야난의 저녁식탁〉이 있으며, 기행 에세이집 〈기억 속의 담
  채화〉가 있다.

라. 이팝나무 내력

-모정 김창오 월인당에 부쳐

전석홍

바윗돌 괴어 올린 언덕바지에
이팝나무 한 그루
바람서리 이기고 서 있다

옷깃 여미고 다가서니
반 천 년 파도 소리, 빗소리
벼락 소리 귓불을 스쳐 간다

나무의 내력을 지키는 이 누구인가
전통 기와집에서
연꽃 사발에 연꽃을 우려낸 차가
향기로, 향기로 번져가고

노랫가락 풍물놀이가
가을 하늘을 울리며 퍼져간다

이 자리에 지핀 문화의 불꽃
온 누리 고을고을 번져 가리라

월인당 이팝나무 음악회에서

전석홍 시인. 영암 서호면 장천리 출생.

시집으로 〈자운영 논둑길을 걸으며〉, 〈내 이름과 수작을 걸다〉, 〈담쟁이 넝쿨의 노래〉,
〈시간 고속열차를 타고〉, 〈괜찮다 괜찮아〉, 〈원점에 서서〉, 〈상수리나무 교실〉이 있다.

8. 김병교 관찰사 영세불망비

가. 영암에서 하나밖에 없는 유일한 철비

-김병교 관찰사 영세불망비

우리 모정마을 원풍정 앞 호숫가에는 그렇게 크지는 않지만 꽤 오래됨직해 보이는 철비(鐵碑)가 한 기 서 있다. 생긴 모양도 특이해서 보는 사람들의 호기심을 유발시킨다. 녹이 좀 슬기는 했지만 비교적 보관상태가 양호하다. 이 철비는 1857년 당시 전라도 관찰사였던 김병교의 명판결을 기리어 모정마을 주민들이 세운 영세불망비다. 영암군에서는 현재 유일하게 남아있는 철비다. 비문을 자세히 들여다보면 다음과 같은 글귀가 새겨져 있다.

<철비 앞면>

觀察使 金公炳喬 永世不忘碑

(관찰사 김공병교 영세불망비)

沓櫃灌水 堰實屬衆 明於訟結 久而盆頌

(답궤관수 언실속중 명어송결 구이익송)

모정마을 철비 앞면

앞면의 비문에는 김병교 관찰사의 판결문이 8자(沓櫃灌水 堰實屬衆)로 적혀 있는데 '논은 물을 대는 곳과 이어져야 하니 연못은 실제 모정 주민들에게 속한다'라는 뜻이다. 이어서 논에 물 대는 것과 관련하여 방죽(모정 저수지)이 모정마을 주민들에게 속한다는 명 판결을 내린 것에 대해서 주민들이 두고두고 칭송하겠노라는 내용이 적혀 있다. (명어송결 구이익송)

뒷면에는 이 철비를 세운 주체와 연도가 적혀있다. 丁巳五月日茅亭民人立(정사오월일모정민인립)-정사년(1857년) 5월에 모정마을 주민들이 세웠다는 내용이다. 그 당시에 도대체 무슨 일이 있었기에 전라도 관찰사가 개입을 하고 또 마을 주민들은 그의 공덕을 기리는 철비를 세웠을까?

모정마을 철비 뒷면

나. 선산 임씨들과의 연못 소유권 분쟁

모정 저수지 바로 곁에 거주하셨던 고 김학수 어르신은 그 점에 대해서 이렇게 말씀하셨다.

"원래부터 이 저수지가 이렇게 수심이 깊은 것이 아니었어. 내가 어렸을 때까지만 해도 저수지 양쪽 끝을 걸어서 다닐 정도의 깊이였지. 일제시대 말에 저수지 둑을 돌로 쌓아 높이는 과정에서 수심이 깊어졌제. 원풍정을 지을 당시만 해도 이 방죽의 원형이 그대로 살아 있었지. 빙 둘러서 아름드리 버드나무가 줄지어 서 있었고, 언덕 아래에는 커다란 너럭바위들이 물속으로 몸을 담그고 있었어. 그 당시는 바위 위로 걸어서 방죽 끝을 왕래했었제. 쌍취정 터 앞에는 기역자 모양으로 생긴 기묘한 바위 하나가 입석처럼 서 있었지. 그런데 언둑에

석축을 한다고 일본사람들이 그 바위들을 모두 폭파해버렸지. 그래서 지금 저수지 한쪽 언덕이 깎아지른 절벽처럼 되어 버린 것이여. 그대로 놔두었으면 아주 멋진 풍광을 자랑하고 있을 텐데 말이여.

　임목사는 바로 이 방죽 위에 엿섬지기 논을 가지고 있었지. 엿섬지기 논을 요즘 말로 하자면 약 120마지기의 논에 해당하는 땅이제. 1800년대 초반에 그 후손인 선산 임씨들이 농지를 팔고 이주하였지. 그런데 나중에 임씨들이 이 저수지는 팔지 않았다고 우기면서 다툼이 생겼던 것이제. 선산 임씨 후손들의 욕심으로 시작된 이 저수지 소유권 분쟁은 결국 행정소송으로 번졌고, 그 과정에서 김병교 전라도 관찰사가 개입하게 된 것이제. 김병교 관찰사는 양쪽의 주장을 경청한 후에 '논이란 물과 밀접한 관련이 있는 땅이며, 논을 판 것은 논농사에 없어서는 안 될 수리시설을 함께 묶어서 판 것으로 봐야한다.'라는 판결을 내려 모정마을 주민들의 손을 들어주었고 저수지는 승소한 모정마을의 소유가 되었지. 이때가 1857년(丁巳年)이었지. 모정마을 주민들은 이 판결에 감복하여 철로 만든 김병교 송덕비를 세웠는데 그 철이 귀하던 시절에 멀리 전북 김제까지 가서 제작해왔어. 참 대단한 정성이제. 얼마나 감사했으면 그랬었겠나. 그런데 일정(日政)때 수세(水稅)가 많이 나오자 이 저수지를 국가에 기부해버렸던 것이제."

9. 모정마을의 소지명(小地名)

어느 마을에 가나 마을 이름 외에 소지명을 접할 수 있다. 큰 마을일수록 구역별로 나름대로의 특징을 나타내는 재미있는 소지명들이 많다. 모정마을 역시 큰 마을답게 많은 소지명을 갖고 있다.

알춤사장, 울춤사장, 오리샘, 방죽가, 서재, 한골목, 재너머, 서당골, 서당까끔, 똥까끔, 솔짓개, 돌래미, 개노미테, 장사골, 중몰, 외양골, 초장골, 방축리, 두데미, 소재, 뒤끄테, 쌍취정, 원풍정, 망월정, 네거리, 비죽 등이 그것이다.

이 중에서 외양골·초장골·방축리·두데미·소재·뒤끄테는 모정마을의 지형인 와우형국을 나타내는 이름이며, 쌍취정·원풍정·망월정은 정자가 있었거나 있는 터를 이르는 이름이다. 돌래미는 현재 한옥단지가 조성되어 20여 동의 한옥이 신축되었다.

비죽은 바위 위에 버려진 도선국사를 감싸기 위해 비둘기가 날아간

지역을 뜻하며, 한골목은 마을을 동서로 나누며 한복판을 관통하는 큰 골목을 일컫는다. 솔짓개는 소나무가 많은 고개를, 서재는 마을 서쪽의 언덕을 뜻하는 이름이다. 소재와 서재는 같은 장소를 뜻하기도 한다. 개노미테는 '갯논 아래'라는 뜻인데, 여기가 옛날 갯가였다는 사실을 알 수 있다. 간척지가 되기 전에는 바닷물이 여기까지 들어왔다는 이야기다. 개노미테는 필자가 살고 있는 월인당 바로 아래 지역이다. 장사골은 장사가 잘되는 지역을 가리킨다. 그래서 이 장사골에는 예부터 주막이나 가게가 있었다. 현재도 구멍가게와 떡 방앗간이 있다.

10. 줄다리기와 콩쿨대회가 열리던 신명의 터, 울춤사장

울춤사장은 마을 위 공터를 지칭하는 이름이다. 팽나무, 이팝나무, 소나무가 함께 어우러져 운치를 더해준다. 이 울춤사장에서 정월 대보름에는 온 마을 사람들이 줄다리기를 하며 마을의 화합과 안녕을 소원했고, 팔월 한가위 때는 객지에서 돌아온 자녀들과 더불어서 노래자랑대회를 개최했다. 동네 꼬마들부터 노인들에 이르기까지 참여한 이 줄다리기와 콩쿨대회는 농촌 공동체마을의 자랑이자 힘의 원천이었다. 콩쿨대회가 열리는 날이면 이웃한 구림, 양장, 동호마을 청년들까지 참가하여 한바탕 신명 나는 축제를 벌이곤 했었다. 하지만 산업화와 도시화의 거센 물결에 밀려 젊은이들을 모두 빼앗겨버려서 한동안 콩쿨대회가 열리지 못했다. 그러나 2015년 추석부터 다시 콩쿨대회를 부활시켜 오늘에 이르고 있다.

울춤사장 전경

11. 500년 역사의 홍련지와 수변 산책로

모정 홍련지는 월당 임구령 목사가 1540년에 조성한 연못으로 쌍취정이 자리했던 곳이다. 연못 주변에는 버드나무가 울창하게 서 있으며 조그마한 둑이 있었다. 그 둑 아래에는 엿섬지기의 논이 있었는데 일제강점기이던 1943년 현재의 둑을 쌓음으로써 논은 수몰되고 호수는 커지게 되었다.

지금은 호수둘레길이 산책로로 조성되어 있으며, 해마다 8월이면 풍류연꽃축제가 열린다. 호숫가에 모정마을의 자랑인 원풍정이 자리하고 있으며 달맞이, 해맞이 명소로도 잘 알려져 있다.

2017년 4월 이낙연 전남도지사가 모정마을을 방문하여 수양버들나무와 배롱나무, 이팝나무, 동백나무 등 1,000그루의 묘목을 식재하였다. 지금은 아래 사진에서 보는 것과 같이 버드나무가 무성하게 자랐다. 이것은 만주의 버드나무가 있던 쌍취정과 500년 홍련지를 스토리텔링하기 위한 것이다.

2017년 4월, 수변산책로 걷기(우측부터 전동평 영암군수, 이낙연 전남도지사, 필자)

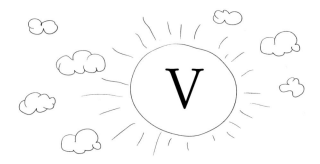

V

마을 가꾸기 사업

모정마을 그림지도

1. 모정행복마을 가꾸기

　모정마을 주민 스스로가 행복마을의 번영과 발전을 위하여 서로 돕고 협동하는 마을, 무엇보다 먼저 주민의 삶이 쾌적하고 여유로운 마을, 전통문화와 자연생태 환경 등 농촌다운 어메니티가 보존된 마을, 경제적으로 풍요로운 마을, 먼 훗날까지 후손들이 고향을 지키며 살 수 있는 환경을 갖춘 지속 가능한 마을, 지역 활성화의 중심이 되는 자립형 농촌 마을을 조성함을 그 목적으로 한다.

<목적 달성을 위한 주요 핵심사업>
- 상·하수도 정비, 하천 관리, 산책로 정비, 마을공동체 정원 조성, 체육공원 조성 등 정주 여건 개선 사업
- 주민역량 강화, 마을책자 발행, 행복마을 홍보 마케팅
- 영농조합법인 결성, 마을기업 운영 등을 통한 공동 소득 사업
- 한옥 단지 조성 사업, 역사문화유적 보존 및 자원화

모정마을 이야기

- 사계절 축제 개최, 문화동아리 구성 등 마을공동체 문화 활성화 사업
- 쾌적한 생활을 영위하기 위한 자연생태환경과 주거환경 개선 사업

가. 추진배경

모정마을은 주변 농토가 넓고 물산이 풍족하여 산업화 이전에는 가구 수가 200여 호에 이를 정도로 큰 마을이었고, 대보름 줄다리기와 지신밟기, 봄철 화전놀이, 여름 동계, 울력 등 농경문화가 발달한 마을이었다. '옴천 면장할래, 모정 이장할래?'라는 말이 널리 퍼질 정도로 영암고을의 자연마을 중에서는 큰 마을에 속했다. 현재에도 100호가 넘는 큰 마을이고 대보름 행사나 동계와 같은 전통문화가 이어져 오고 있지만 다른 농촌지역과 마찬가지로 주민들의 고령화가 가속화되고 있으며 젊은이들이 부족한 관계로 점차 활력을 잃고 쇠락해가고 있는 실정이다. 2000년대로 들어오면서 빈집도 여러 채 늘어나 마을 이미지와 전체 분위기마저 흐리고 있는 지경에 이르렀다. 마을 입구에 빈집이 생긴 데다가 곳곳에 폐가가 늘어나자 이런 상태로 가다가는 얼마 안 있어 고향마을이 없어지는 것이 아니냐는 우려와 두려움이 전에 없이 커졌다. 이러한 위기의식은 곧 무슨 일이 있어도 고향마을을 존속시켜야 한다는 주민들의 각성을 불러왔고 마을 가꾸기 사업에 대한 필요성을 절실히 느끼게 해주었다.

나. 모정행복마을 추진위원회 결성

2010년 1월 1일 마을총회에서 쇠락해가는 고향마을을 더 이상 방치해서는 안 된다는 데 의견을 같이했다. 주민들은 행복하고 지속 가능한 마을을 가꾸기 위해 '모정행복마을 추진위원회'를 결성하고 1998년 가족을 데리고 서울에서 귀향한 김창오를 마을 이장 겸 추진위원장으로 선출하였다.

우선 전남도에서 추진하고 있는 '한옥형 행복마을 사업' 대상자로 선정되는 것을 목표로 삼고 모든 역량을 집중시켰다. '한옥형 행복마을 사업'은 모정마을의 전통과 문화를 잘 반영해주는 사업일 뿐만 아니라 3억 원의 사업비가 들어오는 일이어서 마을 가꾸기 사업의 마중물 역할을 해줄 것으로 기대되었다. 마을 가꾸기 사업에 대한 관심과 참여도를 높이기 위하여 마을 주민들뿐만 아니라 서울에서 거주하고 있는 향우들에게까지 행복마을사업 내용을 적극 홍보했다. 마을 가꾸기 방향은 크게 두 가지였다. 하나는 쾌적한 생활을 영위하기 위한 마을 주변의 자연생태환경과 주거환경을 개선하는 것이고 또 하나는 마을 주민들의 실질적인 삶의 질 향상을 위한 교육·생활문화·복지 환경을 개선하는 일이었다. 문화자립도와 경제자립도가 함께 이루어져야 하는 것을 잘 알고 있지만 문화자립도 향상을 우선 목표로 설정하였다.

다. 향우들에게 보낸 편지

존경하는 향우님들께 올립니다.

안녕하십니까? 저는 올해 묘정마을 이장 겸 추진위원장으로 선출된 김창오입니다. 현재 고향 묘정마을에서는 전라남도에서 시행하는 '행복마을' 공모사업에 선정되기 위해서 열심히 노력하고 있습니다. 행복마을로 선정되기 위해서는 12동 이상의 한옥을 신축해야 합니다. 현재 2~3동이 더 필요한 상태입니다. 향우님들께서 관심을 가지고 도와주신다면 사업이 보다 원활하고 성공적으로 진행될 것 같습니다. 다음 내용을 살펴보시고 좋은 의견이 있으신 분은 연락주시기 바랍니다. 제 휴대폰 번호는 010-6648-79**입니다.

행복마을이란?

- 낙후되어 있는 농어촌 마을을 사람이 살고 싶은 지역으로 만들어 현 주민들과 후손들이 정착하고, 청년들이 돌아오는 마을로 만드는 것임.
- 현재 대도시에서 살고 있는 마을 자손들이 명퇴를 하거나 정년을 할 경우 고향마을로 돌아와서 살고 싶은 마을로 만드는 것임.

행복마을 추진방향

- 주거환경 정비로 정주 여건을 개선하고, 주민소득증대에 역점을 두고 추진

- 주거환경 정비는 한옥으로 주택을 개량하고, 마을 상·하수도 및 회관, 진입로, 안길, 주차장 등을 확충
- 주민소득증대는 마을의 특화작물(쌀, 약초, 녹차, 연꽃, 딸기, 야생화 등)을 소득화하고, 도시민을 유치하여 민박과 체험을 실시하면서 지역특산품을 판매하는 전략(1사 1촌/ 1도시 1농촌 자매결연 등)
- 5월 중에 공모를 받아 그 가운데에서 기본 여건을 충족한 마을을 예비 행복마을로 선정함.

행복마을 공모 신청을 위한 기본 조건

- 26평 이상의 한옥을 12동 이상 신축해야 함.
- 사업을 이끌어갈 열정적인 마을 리더(지도자)가 있어야 함.
- 5개년, 10개년 마을 프로젝트를 마련해야 함.
- 마을 사람들의 단합심과 의지가 투철해야 함.

행복마을로 선정되면 어떤 지원이 있는가?

- 26평 이상의 한옥을 지을 경우 각 개인에게 4천만 원 보조금 지급, 3천만 원 융자(연리 2%, 3년 거치 7년 상환) 지원함.
- 보조금 지원은 지원신청서 접수일 이전에 전라남도 내 1년 이상 계속 주민등록을 두면서 실재 거주하는 사람으로 제한함.
- 도 지원 대상자 확정 후 3개월 이내 한옥 착공신고를 해야 함. 불가피한 사유가 있을 시 1회(3개월)에 한해 연장허가를 받아 추진하여야 하고, 미착공 시 지원 대상자 취소됨.

모정마을 이야기

- 선정된 마을에게는 3억 원의 공공기반시설비와 조경비 지원.
- 농어촌 마을 가꾸기 사업을 패키지화하여 행복마을로 우선 선정토록 함.
- 15동 이상 신축할 경우에는 마을 사업비로 5억 원을 지원함.

우리 고향 모정마을을 행복마을로 만들고자 애쓰는 이유는?

향우님들께서도 아시다시피 지금 농촌마을은 고령화되어 활력을 잃어가고 있습니다. 고향마을을 이렇게 방치했다가는 빈집만 늘어나다가 머지않아 아예 사라지고 말 것입니다. 수백 년 동안 조상 대대로 살아왔고 또 우리가 태어나서 유소년 시절을 보냈던 고향마을이 점점 쇠락해가고 있는 모습을 그냥 바라보고만 있기에는 너무나 가슴이 아픈 일입니다. 그러나 위기는 곧 기회라고 했습니다. 저는 지금이야말로 우리 고향마을이 그동안의 침체기를 벗어나 다시 한번 도약할 수 있는 절호의 기회라고 생각합니다. 모정마을을 행복마을로 일단 만들기만 하면 다음 일은 순풍에 돛을 단 듯이 원활하게 추진될 전망입니다. 주변 환경을 획기적으로 바꾸어 주민들의 생활 여건을 향상시키고 누구라도 모정마을로 이사 와서 살고 싶은 마음이 들도록 하고 싶습니다. 객지에 나간 자손들이 다시 고향마을로 돌아와 여생을 옛 친구들과 보내고, 인지 사람들 또한 이사 와서 살고 싶은 마을이 된다면 우리 모정마을은 활기가 되살아나고 지속 가능한 마을이 되어 다른 마을의 모범이 될 것입니다.

서두에서 말씀드렸다시피 한옥 신축할 분이 몇 분 더 필요합니다. 행복마을 건설에 참여할 의향이 있으신 분들, 기타 의문 사항이나 궁금한 사항이 있으신 분들께서는 언제든지 전화 주시기 바랍니다. 유년 시절의 추억이 담뿍 담겨있는 고향마을의 발전에 대해서 많은 관심과 참여 부탁드립니다. 그럼 향우 여러분들의 건강과 행복을 기원하면서 이만 줄입니다. 감사합니다.

2010년 5월 2일

모정행복마을 추진위원장 김창오 올림

라. 주요내용

2010년 전라남도가 의욕적으로 시행하고 있던 한옥형 행복마을 가꾸기 사업에 주민들의 만장일치 의견으로 공모 신청하여 우리 모정마을이 예비 행복마을로 선정되었다. 2010년부터 시작된 '모정 행복마을 가꾸기 사업'은 2014년에 18동의 한옥을 신축하여 1단계 완료했으나, 그 이후로도 마을공동체 가꾸기 사업은 현재 계속 진행 중이다. 이 과정에서 수시로 마을회의를 개최하여 한옥단지 조성, 마을안길 조성, 상하수도 개설, 골목길 벽화 조성, 두레 체험관 건립, 수변산책로 개설, 마을 숲 복원, 풍물단 결성, 마을 축제 등 현안 사업내용을 설명하고 주민들의 의견을 취합 반영하였다. 도청과 군청의 담당 실무자들도 마을을 직접 방문하여 주민들과 사랑방 대화를 개최하면서 주민들과 호흡을 같이했다. 마을 주민들과 리더들의 역량강화를 위한 교육도 여러 차례 실시했으며, 선진지 견학을 통하여 여러 마을들의 잘 하고 있는 점도 벤치마킹했다.

마을 가꾸기를 시작하면서 먼저 큰 그림을 그려야 했다. 우선 마을의 부분별 특성을 살려 정·중·동 3구간으로 디자인했다. 그 과정에서 본래 마을이 가지고 있는 분위기나 자연 생태적인 환경을 훼손하지 않도록 세심한 계획을 세워야 했다. 마을 안에 살림집을 신축할 때는 기본적으로 전통 한옥을 짓는 것을 원칙으로 했다. 또한 마을의 고즈넉한 분위기를 해칠 수 있는 지나치게 큰 규모의 시설물이 세워지는 것을 금하기로 했다.

녹색농촌체험마을 사업에 선정된 2011년에는 보다 구체적인 계획과 목표를 세웠다. 마을 발전 계획을 수립할 때 1~5년 단위의 단기 사업, 5년이나 10년 단위의 중기 사업, 10~20년 이상의 장기 사업뿐만 아니라 더 나아가 100년 후의 고향마을 모습을 그리는 장기 계획, 이렇게 3단계로 나누었다. 나중에 후손들이 고향마을을 가꾸고 보존할 때도 이 계획서가 참고자료가 될 수 있기를 희망한다. 마을의 원형은 큰 틀에서 잘 보존되어야 한다.

또한 마을 비전과 4대 목표를 설정했다. 경제자립도와 문화자립도 향상, 생활환경 개선이 주요한 관심사였다. '남도의 멋과 향으로 세계와 교류하는 지구촌 모정마을'을 마을 비전으로 삼고, '나눔이 있는 풍요로운 마을, 미래를 가꾸어가는 역사문화마을, 자연과 사람이 공생하는 조화로운 마을, 남도의 멋과 풍류가 넘치는 마을'을 가꾸는 것을 4대 목표로 삼았다.

1. 모정마을 비전과 4대 목표 설정 및 실천 계획
1) 나눔이 있는 풍요로운 마을 만들기
- 마을기업을 통한 농업 외 소득 확충→경제자립도 향상
  ㄴ 청년 및 노인 일자리 창출을 위한 마을기업 필요
- 방문체험객을 통한 마을반찬사업 연계
- 마을축제를 활용한 도농 직거래장터 개설
- 마을이미지 구축을 통한 특산품 개발

2) 미래를 가꾸어 가는 역사·문화마을 만들기

- 폐교 활용을 위한 국제교류센터 조성사업 유치

- 모정용줄다리기의 전통계승 방안 수립

- 원풍정 달맞이 축제 기획

  └, 모정저수지의 수변산책로 및 마을공동체 정원 조성

  └, 도시민, 외국인과 함께하는 풍류연꽃축제 기획

- 친환경 녹색산업을 통한 미래 농촌 마을 기획

3) 자연과 사람이 공생하는 조화로운 마을 만들기

- 자연을 훼손하지 않는 마을개발 규약 제정

- 다양한 사업을 진행하면서 현 마을의 경관을 훼손하지 않도록 경계

- 저탄소 녹색마을 조성사업

- 모정들녘 친환경농업단지 조성사업

- 마을 숲 조성, 소공원 조성, 쌍취정 원림 복원

4) 남도의 멋이 있는 지구촌마을 만들기

- 폐교 활용을 위한 국제교류센터 운영

  └, 남도다움의 교육 운영: 풍물, 다도, 농사체험, 마을학교

  └, 친환경 농업교육을 통한 농업국가 간 정보 문화교류

  └, 지역 다문화가족을 통한 문화예술교류

- 모정저수지 수변산책로 조성사업

- 국내뿐만 아니라 세계 여러 나라의 유서 깊은 마을들과 문화교류

2. 정·중·동 세 개 영역으로 나눈 마을 디자인

수백 년 동안 농경문화를 바탕으로 조성된 농촌 마을공동체는 20세기 후반 들어 급격한 기계산업의 발달로 말미암아 기존의 영농환경과 생활환경이 크게 바뀌게 되었다. 경지정리로 농경지를 바둑판 모양으로 반듯하게 만들었고, 농로와 배수로 또한 직선화했다. 이와 함께 농기계와 자동차의 진입로를 확보해야 했다. 마을 골목길을 넓히고 지붕개량도 했지만, 그때마다 필요에 따라 마을사업을 하다 보니 불편하고 미진한 구석이 많았다.

생활환경 또한 개선할 사항이 많았다. 마을 정자가 2개 있긴 하지만 마을 크기와 주민들 수에 비해 턱없이 부족했다. 소공원이나 쉼터, 체육공원, 마을 숲, 수변산책로 등 주민들의 쾌적한 여가생활을 위한 공간이 절실히 필요했다. 마을회관, 복지회관, 경로당, 보건진료소 등 복지시설 또한 낙후되어 리모델링이나 신축이 필요한 지경이었다.

이러한 제반 사항을 고려하여 마을가꾸기 사업을 하되 가장 자연스럽고 친환경적인 방법을 강구해야 했다. 모정마을의 특성을 잘 살리기 위해 마을의 풍수와 인문지리, 역사·문화·생태자원 등을 다시 한번 면밀하게 살피면서 계획을 세웠다. 논의 끝에 **마을을 크게 정·중·동 세 개의 구역과 한옥단지로 구분하여 디자인했다.**

정(靜) 구역은 500년 홍련지를 중심으로 한 명상 힐링 공간이고, 중(中) 구역은 사권당과 선명제 고택과 한골목 벽화의 거리를 중심으로 조성되어 있는 주거 생활공간이며, 동(動) 구역은 옛 군서남초등학교 폐교 터를 중심으로 한 주민들의 운동 공간이다.

<정중동 마을 디자인 조감도>

- 모정마을은 자연경관이 수려하고 풍요롭지만 호사스럽지 않고, 타 농촌 마을에 비해 가구 수와 주민 수가 많지만 요란스럽거나 호들갑스럽지 않다.
- 모정마을은 역사가 깊고 문화와 전통이 살아있는 마을이지만 배타적이거나 보수적이지 않고 포용적이다.
- 모정마을은 다행히도 본 마을의 원형이 크게 훼손되지 않고 잘 보존되어 있는 편이다.

마을가꾸기 사업은 단기(1~5년), 중기(6~10년), 장기(10~20년 이상) 3단계 계획을 세워 체계적으로 진행되어야 하며 이 마을디자인 틀 안에서 이루어져야 한다. 이 경우에도 마을의 경관과 원형을 훼손하는 난개발은 용납될 수 없다. 지나치게 큰 규모의 시설물이 들어서는 것도 금한다. 100년 후의 고향마을 모습을 그려보면서 사업을 진행해야 한다.

이러한 기본 원칙 아래에서 **정**(5만 평 모정저수지 일원의 휴식 공간), **중**(고택과 벽화의 거리 중심의 주거 공간), **동**(초등학교 폐교 터를 중심으로 한 체육공원), **한옥단지**(한옥마을 조성사업)로 나누어 구역별 특성에 맞게 가꾸어갈 계획을 세웠다.

1) 靜 구역 디자인

기본계획

- 정(靜)구역은 모정저수지 수변산책로 구역이다. 역사문화자원의
보고인 한골목과 연결되어 마을 주민의 삶과 역사, 문화와 전통
을 이어 방문객에게 사색과 함께하는 자연경관을 선물해 줄 수
있는 공간
- 산책로: 총길이 약 2km. 도보 시간 약 35분
- 연계사업: 일반농산어촌개발 경관개선사업
- 토지이용 계획: 산책로, 수상 공연장, 전망대, 쉼터 및 놀이 휴게시
설, 연꽃방죽 생태탐방로 등으로 공간별 기능이 연계되도록 계획
하며, 자연환경과 조화를 이룰 수 있는 구역디자인 계획을 세움
  ㄴ 산책로: 원풍정~마을회관 앞 언덕-바람길

     원풍정~둑방길 끝-들꽃향길

     둑방길 끝~농로길 끝-풀잎길

     농로길 끝~마을회관 앞 언덕-연꽃길

  ㄴ 수상공연장: 원풍정 앞 소무대 공연장

  ㄴ 전망대: 바람길 언덕 끝 지점

  ㄴ 쉼터 및 놀이 휴게시설: 풀잎길 중간지점

  ㄴ 쉼터 및 놀이 휴게시설: 풀잎길 중간지점

  ㄴ 생태 탐방로: 연꽃 방죽 위
- 동선계획: 마을 주차장에서 산책로와 한골목 벽화의 거리가 연결될
수 있도록 하고, 보행자의 편의 및 안전을 위하여 보행자와 차량통행
을 분리하며 주 보행 동선은 산책로를 고려한 순환형으로 배치함.

- 시설배치 계획: 수상공연장을 출발점으로 삼아 언덕길 위에 두 개의 전망대를 설치하여 원풍정 터 앞 전망대는 공연장과의 연계를 염두에 두고 배치하며, 언덕 끝 지점 전망대는 경관이 수려한 지점이면서 연꽃방죽 생태탐방로와의 연계를 염두에 두고 배치하여야 함. 휴게시설 및 체험시설은 출발점에서 가장 반대가 되는 지점으로 하여 산책 중에 잠시 쉴 수 있고 마을을 한눈에 들여다 볼 수 있는 조망지점에 설치
- 조경계획: 전체적으로 현존 자연환경을 보존하고 산책로에 가로수를 식재한다. 옛 문헌에 보면 연못가에 쌍취정이란 정자가 있었고 그 주변에 만 주의 버드나무가 자라고 있다고 나온다. 지금도 연못가에 수양버들나무가 수십 그루 서 있다. 수변산책로에 수양버들을 심어 쌍취정 원림을 복원하도록 한다.

달맞이·해맞이 언덕 아래에 마을공동체 정원을 만들고 그 안에 야생화동산, 힐링 쉼터, 생태학습장을 조성한다.

정구역 개발 기본계획도

연꽃방죽 생태탐방로 조성 방안

연꽃방죽 생태탐방로 계획안

2) 中 구역 디자인

기본계획

- 중(中)구역은 주민 생활의 중심이 되는 구역이며, 모정마을 디자인 의 중심이 되는 구역이다.
- 농촌관광 개발을 할 때 유의해야 할 점이 있다. 자칫하면 난개발 이 되기 쉽고 농촌문화의 뿌리가 흔들릴 위험이 있다.
- 中구역은 우리 모정마을 주민들이 조상 대대로 물려받은 생활공 간이자 동시에 다음 세대에게 물려 주어야 할 농촌다움의 뿌리 다. 마을사업 시행 시 가장 중점을 두어야 할 핵심 공간구역이다.
- 中구역은 크게 세 부분으로 나눌 수 있다. 첫째 주민들의 생활공

간, 둘째 마을 내에 퍼져있는 역사문화자원, 셋째 이 둘을 연결시켜 주는 골목길이다.

① 생활공간: 주거공간, 정보교류공간, 생활문화공간

┗ 한옥단지: 행복마을사업을 통하여 한옥 20동 건축

┗ 마을회관: 마을총회 및 대소사를 결정

┗ 울춤, 알춤 할머니 쉼터: 함께 점심을 드시면서 겨울을 나시기도 하는 교류의 공간

┗ 모정행복마을 반찬사업장: 2012년 마을단위 반찬사업 육성에 선정되어 마을 농산물 자원으로 가공 포장하는 시설을 갖추어 안전식품에 대한 도시소비자들의 만족도를 높일 수 있는 시설 완비

┗ 소득사업장 건립-마을기업 운영, 협동조합 설립

┗ 떡방앗간: 전 이장이신 신평균 씨 부부가 운영하는 개인기업이고 주변 6개 마을 유일의 방앗간

┗ 군남교회: 마을 내 교회로서 푸른꿈지역아동센터가 군남교회 내에 있어 복음과 지역아동에 대한 복지를 실천하고 있는 공간임.

┗ 모정녹색농촌 체험관: 2011년 녹색농촌체험사업으로 건축하여 현재 완공됨. 약 25평의 건물로 교육장 및 체험장 등 다용도로 쓸 수 있는 공간과 부엌살림을 할 수 있는 주방, 사무공간, 화장실로 구성되어 있음.

② 역사문화자원: 전통적인 농촌 마을로서 상부상조의 공동체 정신이 잘 보존되어 있어서 협동심과 단결심이 좋다.

┗ 한성기 생가터 복원: 악성 김창조 선생의 제자이자 죽파의 스승

인 가야금 명인 한성기 선생 생가 복원. 생가를 복원 후 운영할 수 있는 콘텐츠를 갖추어 나가는 부분이 먼저 고민되어야 함.

ㄴ, 효공원 조성사업: 세현문 곁에 작은 규모의 효(孝) 공원을 조성하여 한골목 벽화를 보러 온 방문객들이 잠깐 쉬어가면서 부모에 대한 효와 자식에 대한 사랑을 느낄 수 있는 공간을 마련하고자 함.

ㄴ, 추후 마을안내판이 마을 곳곳에 비치되어 아기자기한 디자인요소를 만들 수 있음.

ㄴ, 사권당, 돈의재, 선명제 등 고택 활용한 전통문화체험 프로그램 구축

③ 골목길 벽화의 거리 확대 조성.

ㄴ, 농경사회의 생활모습과 세시풍속을 다양하게 묘사

ㄴ, 시화의 거리 조성

3) 動 구역 디자인

기본계획

- 동(動)구역은 옛 모정초등학교 부지로 현재는 모정보건진료소가
  준공되어 인근 8개 마을 900여 명의 주민들이 의료복지를 받을
  수 있는 공간이며, 게이트볼장과 노인당이 자리하고 있어 어르신
  들의 여가활동과 정보교류를 위한 공간으로 활용되고 있음.
- 폐교 활용을 위한 국제교류센터 운영
  └, 남도다움의 교육 운영: 다도, 풍물프로그램 운영
  └, 마을학교, 체류형 농촌유학시설 등 설립 운영
  └, 친환경 농업교육을 통한 농업국가 간 정보 문화교류

ㄴ, 지역 다문화가족을 통한 국제문화예술교류

ㄴ, 실내 체육시설(게이트볼장), 풋살경기장, 수영장

- 폐교 운동장 복원

ㄴ, 천연잔디 식재

ㄴ, 축구 골대 설치-미니 축구장 활용

ㄴ, 야외 공연무대 설치

마. 추진성과

2011년부터 2012년까지 행복마을 사업비 3억 원을 들여 마을안길 조성, 상수도 개설, 위험지역 석축, 한골목 벽화 조성사업 등을 완료하였다. 또한 마을 언저리에 6,000평에 이르는 한옥단지를 조성하여 2020년까지 20동의 한옥을 신축했으며, 2013년에는 녹색농촌체험마을 조성사업비 2억 원으로 25평 한옥 두레체험관을 완공하였다. 2011년에는 모정초등학교 터에 한옥 형태의 보건진료소를 신축하여 인근 6개 마을 주민들의 건강 증진을 도모하였고, 바로 곁에 실내게이트볼장을 지어 전천후 운동을 할 수 있도록 했다. 쾌적한 생활환경을 위하여 2015년 봄에 호숫가에 수변산책로를 조성하였고 2016년 봄에는 두레 체험관 곁에 마을 숲을 복원하였다.

잔치가 사라진 시대에 보다 즐겁고 행복한 문화생활을 위하여 풍물단과 차회를 결성하고 사계절 마을축제를 개최하였다. 마을 주민들의 자긍심을 높이기 위하여 원풍정 12경 마을찬가를 제작하여 보급하였고, 문해교실과 민요교실을 열어 문자교육과 노래교육을 실시하였다. 2016년에는 두레체험관에 '모정마을 작은도서관'을 조성하여 3,000여 권의 도서를 비치하고 도서 열람 및 대출을 시행하고 있다. 이 도서관에서는 주민들의 문화자립도 향상을 위해 '원풍망월 주민예술학교'를 운영하고 있으며, 또한 2020년부터 지역 학생들을 대상으로 '모정마을 학교'를 운영하면서 지역교육공동체 활성화를 꾀하고 있다.

현재 완공된 돌레미 한옥단지 전경

바. 지역공동체 활성화를 위한 노력

마을공동체가 활력을 되찾고 지속가능성을 확보하기 위해서는 출향인들의 귀향 귀촌 및 외지 젊은이들의 유입과 마을 주민들의 자긍심 고취가 필요했다.

① 한옥단지 조성 시 다른 지역에 비해 택지 분양가를 최소한도로 낮춤으로써 신축부지 매입비용 부담을 줄였다.

② 한옥을 짓고 마을로 이사 온 주민들과 마을 원주민들과의 괴리감을 없애주기 위해 전래놀이인 풍물놀이를 접목시켰다. 모정풍물단을 조성하여 회원으로 가입시켜 함께 연습을 하고 마을행사에 참여하게 했다.

③ 주민들의 자존감을 회복시키고 자긍심을 높이기 위하여 4계절 마을 축제를 개최하였다. 특히 추석맞이 콩쿨대회를 부활시켜 향우들에게 고향마을에 대한 관심을 배가시켰다.

④ 모정차회를 결성하여 전통차, 한복, 접빈다례와 같은 우리 전통문화를 배우고 익혀 품격 있는 문화생활을 영위하도록 하였다. 또한 들차회를 열어 이웃들과 손님들에게 차와 다식을 제공하는 봉사의 시간을 갖게 하였다.

⑤ 쾌적한 마을 환경을 가꾸기 위하여 수시로 울력을 했다. 울력을 통하여 주인의식을 갖게 하고 자율성과 협동심을 배양했다.

사. 지역공동체 활성화 주요성과

① 본 마을에 4동의 한옥이 신축되었고, 한옥단지 내에도 18동의 한옥이 신축되었다. 서울 향우들 3가족, 광주 향우 1가족, 외지에서 7가족 등 25명의 인구가 유입되었다. 이 중에서 6명은 유소년들이다.

② 마을에 젊은 부부들이 들어와 정착했다. 아이들도 덩달아 뛰어 노는 소리가 들린다.

③ 마을공동체 가꾸기 사업을 시작하여 어느 정도 궤도에 오르자 그동안 관심 있게 지켜보고 있던 대도시 향우들이 마을 일에 적극 참여하면서 은퇴 후에 고향으로 돌아올 계획을 구상하는 모습을 보이고 있다. 벌써 은퇴한 향우들 5명이 전입신고를 했다. 쇠락해가는 마을을 일으켜 세우는 데 은퇴한 향우들이 도시생활을 접고 고향으로 돌아오는 일이 최고의 해결 방안이 될 것이라 믿는다. 이제는 대대적인 귀향바람이 불어야 한다. 연고가 없는 도시민들의 귀농, 귀촌은 자칫 농촌 생활의 생리를 잘 이해하지 못하여 실패로 돌아가는 경우가 적지 않다. 하지만 어린 시절에 시골 마을공동체를 경험한 사람들은 다르다. 일단 그들에게는 고향이라는 뿌리가 있다. 은퇴 후 귀향은 인생이모작 삶을 시작하는 것으로 손색이 없을 것이다. 귀향은 무너져가는 농촌을 살릴 수 있는 가장 현실적이고 실현 가능한 방안이다. 그러기 위해서는 농촌 마을의 주거환경, 생활환경, 생태자연환경을 개선하고 문화 인프라를 새롭게 정비하는 일이 반드시 필요하다.

④ 풍물단 활동과 울력, 마을 축제 참여 등을 통하여 새로 유입된 이주민들과 마을 원주민들 간 이해도와 친밀도가 높아져서 서로 교류하고 소통하는 문화가 자리를 잡아가고 있다.

⑤ 문해학교, 건강교실, 민요교실, 풍물놀이, 차회활동, 마을축제, 원풍망월 주민예술학교 등을 통하여 주민들의 문화자립도가 많이

향상되었고 마을공동체에 대한 자긍심도 눈에 띄게 높아졌다.

⑥ 마을 주민들의 자발적인 노력과 향우들의 적극적인 후원으로 마을 숲 가꾸기, 사계절 마을 축제 개최 등을 성공리에 수행해 냄으로써 보건진료소 신축, 실내 게이트볼장 건립, 모정행복마을 반찬사업장 건립, 모정마을 작은도서관 조성, 원풍정 보수, 월출산 달맞이 전망대 조성, 연꽃 탐방로 개설, 벽화의 거리 조성, 한옥 신축 시 보조금 지급, 창조적 마을가꾸기 종합개발사업 (사업비 10억) 선정 등 지자체의 관심과 지원을 이끌어 내었다.

⑦ 2008년 순천 남도문화제 모정줄다리기 우수상, 2015년 전남도 행복마을 콘테스트 우수상, 2016년 전남도 마을숲 콘테스트 대상, 2018 제5회 전국 행복마을 콘테스트 은상(장관상), 2020년 전라남도 마을이야기 박람회 특별상 등을 수상하면서 지속가능한 마을공동체 가꾸기 사업에 대한 기대감과 자신감도 크게 향상되었다.

⑧ 모정마을 주민들이 보여준 자발성과 능동적이고 창의적인 공동체 정신은 다른 이웃 마을들에게 많은 영향을 끼쳤다. 모정마을 주민들의 자체 역량으로 주최한 연꽃축제와 콩쿨대회는 주민 주도형 소규모 마을축제를 촉진시키는 기폭제 역할을 했다. 영암의 여러 마을들이 모정마을 사계절 축제를 벤치마킹하여 각 마을의 사정에 맞게 활용하고 있다. 이를 바탕으로 마을과 마을이 서로 연대하고 협력하여 새로운 형태의 자립형 소규모 축제 패러다임을 만들어 갈 계획이다.

모정마을 이야기

2. 녹색농촌체험마을 가꾸기
-도시와 농촌의 공존과 교류를 꿈꾸며

    2010년 8월 하반기 전남도 행복마을공모사업에 선정되었고, 더 나아가 이듬해인 2011년 마을총회에서 녹색농촌체험마을사업 도전 계획을 밝히고 주민들의 동의를 얻어 2011년도 추진할 핵심 마을사업으로 결의했다. 세상은 도시로만 이루어질 수도 없고 농촌으로만 이루어질 수도 없다. 도시와 농촌이 서로 교류하고 협력하며 공존할 수밖에 없는 구조다. 녹색농촌체험마을 도전은 바로 이런 점에 착안한 결과였다. 마을 지도자를 중심으로 온 동네 주민들이 일심단결하여 만반의 준비를 갖춘 결과 총 5개 마을을 뽑는 녹색농촌체험마을 공모사업에서 전남도 내 23개 신청마을 가운데 좋은 평가를 받고 사업 대상자로 당당히 선정되었다. 이 사업으로 알찬사장 주차장 바로 옆 터에 '모정두레체험관'을 건립했다. 이때부터 우리 모정마을 가꾸기 사업은 본격적인 궤도에 오르게 되었다.

    이런 결과를 얻기 위해 1년 동안 많은 노력을 기울였다. 사업계획서 작성, 마을 울력, 선진지 견학, 체험프로그램 개발, 주민 교육 및 리더 교육, 현지 심사, PPT 프리젠테이션 발표 등 준비할 것들이 참 많았다. 사업계획서를 제대로 작성하려면 우리 마을뿐만 아니라 영암 지역 전반에 걸쳐 다양한 분야를 연구하고 공부해야만 했다. 그 당시 준비했던 내용들을 기록으로 남기고자 한다. 어떤 과정을 거쳐서 마을가꾸기 활동을 해왔는지 이해하는 데 참고자료가 되리라 믿는다.

가. 연령별 인구 현황

계	19세 이하		20~39세		40~49세		50~59세		60~69세		70세 이상		총계		
	남	여	남	여	남	여	남	여	남	여	남	여	남	여	계
주민등록 인구 수	16명	13명	9명	10명	11명	14명	15명	18명	24명	24명	22명	33명	97명	112명	209명
실거주 인구 수	16명	13명	9명	10명	11명	14명	15명	18명	24명	24명	22명	33명	97명	112명	209명

나. 2011년 2월 모정마을 인적자원 현황(지도자 및 장인)

마을명	구분	성명	연령(세)	지도자 역할/장인 연혁	주요 활동 실적
모정마을	국악인	월봉 김용축	87	국악 지도/판소리·시조 명창	전국시조명창대회 최우수상/모정 줄다리기 민요 앞소리 지도
	화가	하정우	26	한국 화가	마을 봉사활동
	농민	김배원	71	유기농법 지도	유기농산품, 김치, 된장 생산 판매
	지도자	김창오	44	마을 대소사 결정, 마을가꾸기 사업 총괄 마을 이장, 추진위원장	각종 언론에 마을 홍보, 영암신문에 모정마을 역사와 유래 연재, 마을 행사 및 축제 기획
	농민	신채옥	61	새끼 꼬기, 용줄 만들기	모정 줄다리기 용줄제작
	지도자	김상순	48	마을 대소사 관여 /새마을지도자	마을 대소사 참여 집행
	주부	김인순	44	풍물 지도/풍물패	대보름 축제 때 부녀회 풍물 지도
	지도자	강영순	46	마을 대소사 관여/ 부녀회장	마을 축제 기획 집행, 마을 대소사 참여 집행
	지도자	신평균	65	마을 대소사 결정, 자문/개발위원장	마을 대소사 결정, 자문
	조합장	김상재	60	군서농협조합장/전 이장	마을 대소사 자문
	총무	김용원	56	모정행복마을추진위원회 총무	행복마을 조성사업 실무담당
	회장	김용길	54	재경모정향우회 회장/ 모정행복마을추진위원회 감사	행복마을 조성 사업 참여 및 자문 마을 행사 및 대소사 참여

다. 사회 문화적 여건

- 월출산 국립공원 도갑사와 국민관광지 왕인박사유적지, 구림마을

과 도기박물관, 장천리 선사유적지, 기찬랜드, 은적산 산책로, 영산강 하구 등 영암의 대표적인 관광지와 인접해 있어서 관광문화 인프라가 풍부한 편이다.

- 전통적인 농촌 마을로서 상부상조의 공동체 정신이 잘 보존되어 있어서 협동심과 단결심이 좋다. 2008년 10월 순천 남도문화제에서 우수상을 받은 모정 배 줄다리기가 대표적인 예다.

라. 경제적 여건

마을 주변의 너른 평야에서 재배되고 있는 벼농사가 가장 대표적인 작목이며, 그 외 고추, 참깨, 콩, 감, 배 등이 소규모로 재배되고 있다. 앞으로 영농조합법인이나 협동조합을 결성하여 마을소득사업을 진행할 계획이다.

마. 친환경 농업 현황

품명		인증면적 (㎡)	농가 수	생산량 (ton)	유통경로	인증현황 (인증번호)
모정 친환경 작목반	인증	114,183	24	22t	• 농협판매 및 일반 상인	( )
	인증신청 중				•	( )
	소계	114,183	24		•	
계					무농약 1개	

모정마을 이야기

* 2011년 현재 친환경 경지면적을 점차 확대하고 있는 중이며, 모정 저수지 주변에 우리밀 재배 단지를 조성하여 올 봄부터 수확할 예정이다. 내년부터는 마을 앞 전체 농경지를 무농약 단지로 조성하고 우리밀 재배 단지도 대폭적으로 확대할 예정이다.

바. 마을의 공동체 활동(2011년 현재)

순번	조직명	인원	회장	주요활동내역
1	부녀회	93	강영순	• 부녀회 봉사활동 • 생필품 공동 구매
2	청년회	26	김상재	• 마을 및 지역 봉사 • 효도잔치 및 마을 공동 작업
3	동계	160	김창오 (이장)	• 마을 대소사 결정
4	노인회	28	김채중	• 마을 미풍양속 권장 • 마을 대소사 자문
5	영농회	95	김창오	• 친환경 농산물 및 판매활동 • 영농 제반 활동 • 마을 공동 작업

사. 녹색농촌체험사업 참여 계획

1) 기존의 관광농업 등 관광 실태

참여자: 친환경농업 선구자인 김배원 씨는 감, 매실, 배추, 고구마 농장을 운영하며 절임배추, 메주, 된장 등을 인터넷 상거래를 이용하여 전국에 판매하고 있다.

김인순 씨는 남도한옥민박 1호로 지정된 전통한옥민박 월인당을 운영하고 있는데, 신문과 방송을 통해 전국적으로 널리 알려져서 많은 관광객들이 다녀가고 있다.

감농장과 석류농장을 운영하고 있는 안정례 씨는 가을에 마을을 방문하는 손님들께 생산품을 판매하고 있다.

신평균 씨는 떡방앗간과 기름집을 운영하면서 가래떡 뽑기, 참기름 및 들기름 짜기 등의 볼거리를 제공하고 있다.

2) 주요 프로그램 내용

감 따기 체험, 배 수확하기 체험, 전통한옥체험(황토구들방 체험, 아궁이 불 지피기 체험, 아궁이에 고구마 구워 먹기 체험 등), 가래떡 시루떡 뽑기, 참기름 짜기

3) 신규 녹색농촌사업 참여 계획 및 주요 체험 프로그램 내용

민박, 달맞이 문화공연, 체험농장, 농가식당, 주말농장, 농산물 판매장, 식품가공공장, 떡공장 등을 연계한 주민 소득원 개발에 중점을 둔 프로그램 운영

4) 민박 프로그램 참여

참여 민박 농가별 개별 프로그램 운영

5) 참여 가구 수

구분	전체 농가 수	참여 농가 수	비율	비고
농가	95호	60	63.16%	

아. TV·신문 등 언론 홍보 실적

방영 일자	방송사 및 신문사	내 용
2007. 4. 22 2007. 8. 5 2007 8. 12 2008. 3. 2	광주MBC (4회 방영)	• 〈얼씨구 학당〉 국악 프로그램 "모정마을 주민들의 소리 자랑", 김수례 씨의 해방가/ 조송자 씨의 옛노래/ 마을대결-진도 오산리 대 영암 모정리/ 김용축 씨와 김애중 씨의 부전자전 이야기.
2007. 8. 5	KBC	• 〈TV 현장리포트 사람세상〉-이색 여름 휴가지로 모정마을과 월인당 추천
2007. 12. 26	문화일보 (박경일 기자)	• 색다른 남도여행지로 모정마을과 전통한옥민박 월인당 소개
2008. 4. 21	KBS1	• 〈카네이션 기행〉-모정리 효부 김인순 씨 효행 방영/ 2007년 어버이날 효행상 수상(영암군수)
2010. 3. 15	경향신문	• 봄 여행지로 모정마을 호수 추천
2010. 3. 29	아시아경제신문 (조용준 기자)	• 월출산 최고의 조망지로 모정마을 원풍정 추천
2010. 3. 30	국민일보 (박강섭 기자)	• 월출산의 반영을 가장 아름답게 담아내는 호수로 모정마을 저수지 추천
2010. 4. 1	서울신문 (손원천 기자)	• 영암 월출산 3色 기행 중 하나로 모정마을 저수지에서 바라본 일출 풍경과 원풍정 12경 소개
2010. 4. 13	월간 여성동아 (한은희 작가)	• 전남 영암으로 떠나는 이야기가 있는 여행 중 모정마을의 원풍정, 쌍취정, 삼효자문, 사권당, 모정저수지 해맞이, 달맞이 풍경, 전통한옥민박 월인당을 여행지로 추천
2009. 5~11월	주간 영암신문	• 모정마을의 유래, 역사, 문화 전반에 걸쳐 소개
2010. 8. 12	머니투데이	• 한가로운 여름 휴가지로 모정마을과 월인당 소개
2010. 10. 18	스포츠한국	• 모정마을 원풍정에서 바라본 월출산 풍경
2010. 10. 20	조선일보	• 모정마을 원풍정, 사권당, 돈의재, 월인당 소개
2010. 6. 10	KBS 남도지오그래피	• 〈모정마을 울력하는 날〉 방영
2010. 10. 16	MBC 〈늘 푸른 인생〉	• 뽀빠이 이상용이 진행하는 〈늘 푸른 인생〉에 모정마을 특집 방영. 세현문(삼효자문), 사권당, 원풍정 달 뜨는 풍경, 달마지쌀 등 소개
2010. 12. 15	아시아경제신문 (조용준 기자)	• 전면 특집 모정마을과 전통한옥민박 월인당 소개

모정 용줄다리기

중모리장단

2

차. 창작민요-원풍정 12경 마을 찬가(악보)

원풍정 12경

후렴)

모 정 마 을 달 떠 온 다 모 정 마 을 달 떠 온 다

아 름 답 고 살 기 좋 은 우 리 마 을 으 뜸 일 세

호 숫 가 원 풍 정 열 두 가 지 풍 경 들 은

신 선 들 의 놀 이 터 우 리 마 을 자 랑 일 세

1절)

지 남 의 밤 비 너 른 들 넉 한 들 한 들

농 부 들 의 흘 린 땀 을 씻 으 며 한 들 한 들

턱 진 의 갈 매 기 들 오 고 가 는 고 깃 배 들

에 헤 야 데 헤 에 야 얼 싸 안 고 좋 을 씨 구

2절)
구 림 의 아 침 연 기 정 겹 게 피 어 나 고

선＿ 인＿ 동 목＿ 동 들 피 리 소 리 요 란 할 제

누 구 의 부 름 인 가 도 갑 사 의 종＿ 소 리

에 헤 야 대 헤＿ 에 야 얼 싸 안 고 조 을 씨 구

3절)
은 적 산 맑＿ 은 날 아 지 랑 이 아 른 아 른

연＿ 당＿ 의 가＿ 을 달 님 의 얼 굴 그 리 워 라

님 실 은 밤＿ 배 용 강 에 서 손 짓 하 네

에 헤 야 대 헤＿ 에 야 얼 싸 안 고 좋 을 씨 구

카. 자진모리 장단

모정마을 이야기

3. 참 살기 좋은 마을 가꾸기

2016년 8월 12~13일 마을만들기 전국 네트워크 제53회 대화모임 개최(모정마을 두레체험관에서)

가. 원풍정 마루공사

어렸을 때부터 늘 한 가지 의문을 품고 지냈다. 왜 원풍정 마루가 나무가 아닌 콘크리트인지 이해가 안 갔다. 어느 마을 정자를 가도 마루가 콘크리트인 정자는 없었다. 어른들은 비가 들쳐서 나무가 썩는 바람에 관리하기 쉬운 콘크리트로 '도끼다시'를 했다고 말했다. 그런데 정자 품격이 영 아니었다. 주춧돌도 보이지 않고 뭔가 균형이 맞지 않았다. 언젠가 기회가 오면 꼭 나무 판재로 다시 마루를 깔아야겠다고 결심했다. 그러던 중 마침 기회가 왔다. 팽나무가 자라면서 뿌리가 커져 콘크리트 마루에 금이 가고 위로 돌출하는 사태가 발생했다. 문화관광과에 찾아가서 정자를 보수할 방법을 물었더니 '참 살기 좋은 마을 가꾸기' 공모사업에 대한 정보를 주었다. 바로 사업계획서를 제출하였고 심사결과 공모사업 대상자로 선정되어 마루공사를 할 수 있었다.

2010년도 모습. 콘크리트 마루의 원풍정, 돌기둥 아래 주춧돌이 보이지 않는다. 콘크리트로 덮어버렸기 때문이다.

모정마을 이야기

2011년 소나무 판재로 우물마루 시공. 돌기둥 아래 주춧돌이 드러나 보인다. 처음부터 돌기둥이었던 것은 아니다. 원풍정을 지을 때 원래는 모두 나무 기둥이었다. 그런데 세월이 가면서 기둥 하단이 비바람과 습기를 견디지 못하고 썩게 되었다. 동네 사람들은 월출산 기슭에서 화강암을 채석하여 가져와 나무기둥 아래를 잘라내고 돌기둥으로 교체했다. 이 기둥 교체와 관련하여 재미있는 엿장수 설화가 전해온다. 이 엿장수 이야기는 뒤편 모정마을의 설화와 민담편에 소개되어 있다.

<000년대 원풍정 중수 연혁>

1) 2001년 원풍정 기와 교체

2) 2009년 원풍정 주련 교체

3) 2011년 콘크리트 마루를 나무 마루로 교체

4) 2012년 썩은 기둥 다섯 개 교체

5) 2016년 마당 확장 공사 및 석축공사

6) 2019년 옻칠 공사

나. 원풍정 기둥공사

콘크리트 마루를 철거하고 소나무 마루를 시공하고 나니 이제는 원풍정 썩은 기둥이 눈에 들어왔다. 다섯 개나 되었다. 문화관광과를 찾아가 썩은 기둥 사진을 보여주면서 지원을 요청했다. 붕괴 위험이 있으니 시급하게 보수할 필요가 있다는 의견에 동의했다. 비지정 향토문화재 명목으로 보수할 수 있으니 사업계획서를 올리라고 했다. 기둥 일부는 금정아제(고 김학수 씨)가 창고에 보관해두고 있었던 가죽나무를 활용했다. 썩은 기둥을 교체하면서 마루판도 보수했다. 이때가 2012년도 여름이었다.

모정마을 이야기

다. 벽화의 거리 연장

2014년도에 세 번째로 '참 살기 좋은 마을 가꾸기 사업'에 도전하여 치열한 경쟁을 뚫고 선정되었다. 2010년도에 이어 2차 벽화 그리기 사업을 진행하였다. 이번에는 서당골과 뒤끄테, 서재 등을 중심으로 진행하였다. 이 사업을 통하여 모정마을은 벽화마을로 변신하였다.

라. 전망대 설치

2015년 봄에 네 번째 '참 살기 좋은 마을 가꾸기 사업'에 사업계획서를 제출하여 선정되었고, 그해 8월 뒤끄테 저수지 언덕에 전망대를 설치하였다. 마을을 산책하다가 잠시 쉬었다 가는 쉼터 겸 호수와 월출산을 바라보며 호연지기를 받을 수 있는 역할을 하는 곳이다.

완공된 전망대 모습

마. 모정저수지 수변산책로 개설

예부터 모정저수지를 걸어서 한 바퀴 돌 수 있는 수변산책로를 개설하는 것이 꿈이었다. 2011년부터 군청 주무부서와 농어촌공사 영암지사를 수차례 방문하여 수변산책로 개설을 요청했으나 쉽게 이루어지지 않았다. 군수님과의 면담, 군의회 방문 등 3년간의 노력 끝에 마침내 모정저수지 수변개발사업을 추진할 수 있게 되었다. 이때 영암군청 안전건설과 조영율 과장의 적극적인 지지가 큰 힘이 되었다. 하지만 농어촌공사와 협의가 늦어지는 바람에 2014년도에 완공해야 할 사업을 2015년도에 간신히 마무리하게 되었다. 무려 2년 가까이 농어촌공사 영암지사와 협상을 했다. 협상이 쉽지가 않았다. 영암군에서 제출한 사업계획서를 영암지사에서 수차례 반려했기 때문이다. 군청 실무자와 함께 수차례 영암지사를 방문하여 사업의 타당성을 주장하면서 승인을 요청했는데도 쉽게 승인이 나지 않았다. 그러던 중 당시 박종대 군서면장이 적극 나서서 중재하여 타결이 되었다.

둑방길과 논두렁길을 생긴 모습 그대로 살려서 정비하고 호수 쪽에는 안전 펜스를 설치했다. 중간에 목교를 설치하여 운치를 더했다. 총 길이는 980m였다.

완공된 모습. 구불구불한 모습 그대로 시공하여 자연미를 살렸다.

바. 모정행복마을 숲 조성

2015년 영암군 친환경농업과에서 '마을숲' 조성 공모사업을 공고하였고, 마을 초입 부분을 정비하여 쉼터 공간을 마련하기 위하여 신청서를 제출하였다. 엄격한 심사를 거쳐 최종 사업대상자로 선정되어 주민들의 도움을 받아 사업을 진행하였다. 사업부지를 마을에 저가에 매도한 고 김학수 씨 유가족들과 육묘장까지 이전한 김용건 씨의 도움이 컸다.

2016년 6월 모정두레체험관에서 원풍정 사이에 있는 토지를 매입하였고, 전남도와 영암군의 도움을 받아 마을 숲을 조성하였다.

모정행복마을 숲 조성 현장

사. 모정마을 작은도서관 개관

동서고금을 막론하고 인문학적인 소양을 갖춘 인물이 나온 곳에는 항상 양서를 비치한 서가나 도서관이 있었다. 시골 마을이지만 작은 도서관 하나 마련하는 것이 꿈이었다. 마침 영암군에서 작은 도서관 육성 사업을 시행하고 있다는 정보를 입수했다. 그래서 2016년 당시 군의회 의장이었던 조정기 의장을 찾아가 모정마을에도 마을 주민들과 학생들을 위해 작은 도서관을 개관하고 싶으니 도와달라고 요청하였다. 조정기 의장과 전동평 군수의 전폭적인 지원으로 2017년 1월 마침내 작은 도서관을 개관하였다. 두레체험관 내부에 서가를 설치하고 도서를 구입하여 비치하였다. 『녹색평론』과 같은 정기 간행물도 구독하였다. 작은 도서관은 문화사랑방으로서의 역할을 톡톡히 하고 있을 뿐만 아니라 주민예술학교와 마을학교 프로그램도 운영한다.

모정마을 작은 도서관 개관

아. 원풍정 마당 확장 공사

　모정마을의 자랑이자 랜드마크인 원풍정은 다 좋은데 마당이 좁은 것이 흠이었다. 마을 동계, 원풍정 음악회, 풍류연꽃축제 등 크고 작은 행사가 열릴 때 공간이 좁아 많은 사람들이 함께 하기가 불편했다. 공간을 넓힐 필요성을 잘 알고 있었지만 예산이 많이 들어가는 큰 공사여서 쉽게 엄두를 내지 못하고 있었다. 그러던 중 김용길 재경모정향우회 회장과 박종대 군서면장의 도움으로 2016년 5월, 원풍정 언덕에 자연석 석축을 하고 마당을 넓혔다. 원풍정이 생긴 이래 최대의 토목공사였다.

원풍정 앞마당 확장 공사 현장

원풍정 마당 확장 석축공사

자연석 석축 완공
돌틈에 철쭉을 심었다.

완공된 모습
원풍정 앞마당이 100여 평 정도 넓어졌다.

자. 모정행복마을 반찬사업장 신축

2012년도에 강영순 부녀회장 주도로 반찬사업장을 신축하였다. 당시 전남도에서 정책적으로 시행하고 있는 행복마을 가꾸기 사업과 연계하여 완공된 행복마을만을 대상으로 주민소득 창출을 목적으로 지원하는 사업이었다. 마을회의를 거쳐 반찬사업의 특성상 모정마을 부녀회가 운영하는 것이 좋겠다는 결론에 이르렀고 강영순 부녀회장이 모든 것을 맡아서 사업을 진행하기로 했다.

총사업비 가운데 자부담이 30%였다. 건축 부지는 별도로 확보해야 했다. 한옥으로 짓다 보니 건축비가 곱절로 들었다고 한다. 강영순 부녀회장의 헌신적이고 열정적인 노력으로 마침내 한옥형 반찬사업장이 완공되었다. 현대적이며 위생적인 식품 가공시설도 갖추고 저온창고도 설치하였다. 장아찌와 장류 식품제조허가도 받았다. 명품 반찬을 생산하기 위해 여러 가지 종류의 재료를 가지고 연구와 실습을 거듭하고 있는 중이다.

2012년도에 완공된 모정행복마을 반찬사업장 모습

4. 모정마을 종합개발사업

2019년 7월 배움 여행(부여 궁남지)

- 모정마을 발전목표 : 신명과 활기가 넘치는 '더불어 행복한' 모정 마을

- 모정마을 비전
  - 세월이 흘러도 사라지지 않는 지속 가능한 마을
  - 아이들의 웃음소리가 널리 퍼지는 명품 행복마을
  - 이웃과 더불어 행복한 농촌 문화공동체

- 마을만들기 기본계획 수립회의

일자	참여 인원	추진내용
2018. 3. 7	30	기본계획 착수 보고회
2018. 3. 29	11	마을만들기 추진위원회 개최
2018. 4. 12	10	마을만들기 추진위원회 개최
2018. 6. 28	12	마을만들기 추진위원회 개최

- 구체적 추진방안

1) 사계절 축제 활성화

- 주민 화합과 전통문화 계승발전 목적으로 사계절을 주제로 개최 하고 있는 모정마을 축제를 활성화하여 주민 모두가 행복한 모정 마을 만들기
- 마을 소득사업추진을 통한 이익금을 투자하여 축제의 내실을 기함
- 축제를 통한 줄다리기, 지신밟기 등의 전통문화를 미래세대에 계승
- 홍보를 통한 외부인 참여를 유도하여 축제의 활성화 제고

2) 공동체 활동 강화

- 오랜 전통을 지닌 마을 동계를 활성화하여 주민의 소속감 증대
- 모정풍물단, 모정차회 등 마을 자생적 문화동아리 활동 적극 지원
- 2016년부터 이어오고 있는 공동급식을 지속적으로 추진하여 농
  번기 주민들의 바쁜 일손을 덜어주고 주민의 복지 향상에 기여
- 마을 대소사를 주민총회를 통해 결정하여 주민들의 참여도 증대
- 신년 해맞이 행사를 통해 주민 화합과 유대감 증대

3) 마을만들기 사업: 2018~2021년간 기초 생활기반 확충, 소득증
  대, 경관개선, 역량강화사업을 통하여 행복마을 만들기 기반 및
  여건 조성

가. 군서남초등학교 폐교 운동장에 체육공원 조성
-천연잔디 운동장과 야외무대 설치

학교가 폐교된 이후로 방치되어 있던 운동장을 정리하여 잔디를 식
재하고 야외무대를 설치하였다. 축구 골대도 설치하여 마을 아이들
이 신나게 뛰어놀 수 있도록 했다. 운동장 둘레에 트랙을 만들어 마
을 주민들이 쉽고 안전하게 운동을 즐길 수 있도록 했다.

모정마을 이야기

2000년, 군서남초등학교가 철거되기 이전의 모습

2021년, 폐교 터에 천연잔디 운동장과 야외무대 설치

나. 원풍정에서 쌍취정터까지 언덕 아래 석축 공사

-모정저수지 절벽 위험구간 석축 공사(약 150미터)

원풍정에서 전망대를 지나 쌍취정터까지 산책로를 조성했다. 이 중 50미터는 농어촌공사가 시공했다. 아마도 모정마을 생긴 이후 가장 큰 규모의 공사인 것 같다. 붕괴 위험이 있던 절벽을 수십 년이 넘는 시도 끝에 보수할 수 있게 되었다. 이로써 주민들의 안전이 보장되고 이와 함께 주변 생태환경과 생활환경이 크게 향상되었다.

돌망테 공법으로 5단 쌓기

절벽 중간으로 넓은 산책로가 생겼다. 원풍정에서 출발하여 전망대를 지나 쌍취정터까지 연결하였다. 쌍취정터에는 마을공동체 정원을 조성하여 여러 수종의 나무를 식재할 예정이다.

5. 마을공동체정원 가꾸기

<2021년도 모정행복마을 공동체정원 조성사업>

영암 최고의 월출산 달맞이·해맞이 명소인 500년 홍련지를 중심으로 공동체 정원을 조성하여 주민들의 쉼터와 마을 탐방객들의 생태 학습장으로 활용한다. 원풍정 둑방길과 수상 연꽃탐방데크를 잇는 수변산책로를 개설하고 주변에 여러 가지 수목을 심어 쌍취정 원림을 복원한다.

1. 사업 대상지: 모정리 383-3번지 외 3필지

영암 모정행복마을 383-3번지 일원은 500년 된 홍련지 수변 산책로와 인접해 있고, 주변에는 쌍취정 원림이 자리하고 있으며, 월출산 달오름과 해오름을 가장 아름답게 조망해볼 수 있는 달맞이·해맞이 언덕이 있어서 향후 주민들의 휴식공간과 체험공간으로 활용 기대

2. 사업목적

현재 모정마을은 111세대 209명이 거주하고 있는 전통과 문화가 살아 숨쉬는 한옥형 행복마을로서 기 운영하고 있는 녹색농촌체험마을 모정두레체험관과 고풍스러운 정자 원풍정을 2km 길이의 수변산책로와 연결시켜 주민들의 건강과 복지를 증진시키고자 함. 또한 500년 홍련지 곁에 버드나무 산책로를 조성하여 원래의 쌍취정 원림을 복원토록 하고, 영암 최고의 달맞이 언덕 주변에는 각종 조경수와 초화류, 덩굴 열매식물, 약용식물 등을 식재하고 진달래 동산, 야생화 동산, 생태학습장, 전망대 등을 조성하여 마을 주민들의 쉼터뿐만 아니라 마을 탐방객들에게 새로운 볼거리, 즐길거리를 제공함.

6. 마을기업 소득사업장 신축

2021년 5월에 완공된 모정마을 소득사업장 전경

모정마을 종합개발사업의 일환으로 마침내 조그마한 소득사업장을 신축했다. 신축부지를 구하지 못해 애를 많이 먹었다. 처음에는 오랫동안 마을 공터로 써온 땅이 있어서 쉽게 생각을 했었다. 소유자 이름이 '모정마을 협동조합'으로 나와 있어서 당연히 우리 마을 땅인 줄 알고 있었는데 막상 건축 허가를 받으려고 하니 실제 소유주는 군서농협이었다. 50년 전에 등기 이전을 누락해서 생긴 일이라고 한다. 마을회의를 통해 이 사실을 알리고 주민들의 의견을 구했다. 군서농협 (조합장 박현규)과 협상을 해서 그 땅을 매입하기로 했다. 처음에는 농협에서 그냥 기부해주었으면 하는 마음이 컸지만 현실적으로 그것은 불가능한 일이었다. 마을에서 그 땅이 꼭 필요하다는 소식을 듣고 군서농협 측에서는 이사회와 대의원 회의를 열어 공시지가로 매도하기로 결정했다. 마을과 농협 모두 서로의 입장을 배려하여 내린 합리적인 결정이었고 모두 만족하게 생각했다.

지역 농협과 긴밀한 협조와 연대

군서농협은 한때 인근 농협과 합병설이 나돌 정도로 어려움을 겪었는데 2020년 종합업적평가 전국 1위를 달성하는 쾌거를 이루어 조합원들의 신망이 높다. 군서농협은 농토가 많은 우리 모정마을 주민들과 평소에도 늘 협조적인 관계를 유지하고 있다. 연꽃축제나 정월대보름 잔치와 같은 마을 행사 때에도 여러 가지로 후원을 아끼지 않고 적극적으로 도와준다. 2020년 여름에 군서농협 이동준 전무님으로부터 한 통의 전화가 왔다. 농협중앙회에서 주최하는 '깨끗하고 아름다운 농촌마을 가꾸기' 경진대회에 우리 모정마을이 한번 나가면 좋겠다는 의견이었다. 이 자리에서 박현규 조합장님도 모정마을이 충분한 자격과 능력을 갖추었으니 꼭 한 번 출전해보라고 적극적으로 권유하면서 일사일촌 자매결연도 주선해주겠다는 약속을 하셨다. 대부분 조합원으로 가입해있는 마을주민들과 지역단위 농협이 함께 힘을 합하여 아름답고 살기 좋은 마을을 가꾸어 보자는 취지였다. 우리 모정마을을 추천해 줘서 반갑고 고마운 마음이 들었다. 경진대회 관련 공문을 받아들고 마을로 돌아와 이장님께 이 사실을 보고하고 다음 일정을 계획했다. 하지만 코로나19 감염병이 더욱 기승을 부리는 바람에 아직 본격적으로 준비를 못하고 있는 실정이다. 상황이 나아지면 군서농협과 협력하여 체계적으로 내실있게 준비해 볼 작정이다.

소득사업장을 운영할 때도 지역농협과 긴밀하게 협력하여 판매나 마케팅에 도움을 받을 계획이다. 마을에서 생산한 생산품을 농협에서 운영하는 하나로마트에 납품하는 것도 구상 중이다. 농협중앙회에서 지정하는 팜스테이 사업도 도전해볼 생각이다. 마을공동체 활성화를 위하여 지역단위 농협과 함께할 수 있는 일들이 생각보다 많다. 지금은 누구든지 만나 함께 의논하고 협력하고 연대할 시기이다.

🌱 맺음말

고향마을 가꾸기 사업의 시작

2009년 가을 어느 날이었다. 동네 주민 두 분이 마을 일에 대해서 의논할 게 있으니 학산면에 있는 가라뫼 식당에서 한번 만나자는 연락이 왔다. 무슨 일인가 싶어 나갔더니 쉽지 않은 일이 기다리고 있었다. 고향마을이 갈수록 쇠락해가고 있으니, 모정마을 이장을 맡아 마을 가꾸기 사업에 앞장 서달라는 것이었다. 마을 가꾸기 사업을 위해서는 앞에서 이끌어갈 리더가 있어야 하는데 내가 적임자라는 것이었다. 당시에 나는 대안학교 교사로 재직하고 있는 상황이어서 선뜻 결정을 내리기가 어려웠다. 그렇게 하기 위해서는 사표를 쓰고 마을로 돌아와야 가능한 일이기 때문이었다. 며칠 동안 생각할 시간을 달라고 한 후 집에 돌아와 아내와 함께 진지하게 의논을 했다. 당시에 나는 병석에 누워 계시는 어머니를 봉양하는 처지였고 초등학교와 중학교에 다니는 두 아들을 양육하고 있었다. 아내(풍물단장 김인

모정마을 이야기

순)는 경제적으로 힘들어질 것을 알면서도 고심 끝에 찬성해 주었다. 아이들이 태어나고 자란 고향마을이 쇠락해가는 모습을 더 이상 방치해서는 안 된다는 의견이었다. 아내의 넓고 깊은 마음 씀씀이에 크게 감동했고 용기를 얻었다. 아내의 적극적인 지지가 아니었으면 여기까지 오기는커녕 시작도 못 했을 것이다.

2010년 1월 1일 열린 마을 총회에서 마을 이장 겸 행복마을 가꾸기 추진위원장으로 선출되었고 그때부터 본격적으로 마을공동체 살리기 운동을 시작했다. 먼저 모정행복마을 추진위원회를 결성했고, 수시로 마을회의를 열어 주민들과 의견을 나누고 토론했다. 특히 10년, 20년, 50년 후 우리 마을의 모습이 어떠할지에 대해 많은 이야기를 나눴다. 마을 어른들은 자신들이 떠난 후에도 고향마을이 계속 존속하기를 희망했다. 객지에 나가 있는 자손들이 다시 돌아와 가업을 이어주고 마을을 지켜주기를 바라는 마음이 간절했다.

무너져 가는 우리들의 고향, 농산어촌 마을공동체

고향에 내려온 후 영암 고을 여러 마을을 답사하면서 무엇보다 안타깝고 슬펐던 것은 역시 늘어만 가는 빈집들과 아이들 뛰어노는 소리가 끊긴 마을 골목길 풍경이었다. 제법 융성했던 문중이 살았던 마을조차 고풍스러운 종택 기와지붕에 풀이 솟아 있고 초입부터 폐가가 흉물스럽게 뒹굴고 있을 정도였다. 골목길에서 마주치는 사람들은 거의 대부분 70·80대 노인들이었다. 고향을 떠나 대도시로 공부하고 돈 벌러 간 자손들은 되돌아올 기미가 보이지 않는다.

　귀농귀촌을 꿈꾸는 사람들의 말을 들어봐도 고향으로 가겠다는 사람들은 별로 없다. 고향마을로 돌아가는 것을 오히려 겁내는 경우가 대부분이었다. 왜 그런지 물어보면 일가친척들과 엮이기 싫다는 것이 첫 번째 이유다. 특히 여성분들의 반대가 더 심하다. 도시 생활의 여러 가지 장점 때문에 그러기도 하겠지만 시댁 고향으로 귀촌하여 시어른들을 모시며 살거나 손발에 흙을 묻혀가며 농사일을 하는 것이 덜컥 겁이 나서 반대하는 경우도 제법 있는 것 같다.

　이런 경우에는 대부분 은퇴한 남성들이 혼자서 귀향하는 경향이 있는 것으로 나타났다. 부인은 대도시에 자녀들과 함께 있고 남편만 홀로 귀향 귀촌하여 이산가족으로 지내게 된다. 가족이 함께 힘을 합해도 농촌생활에 적응하는 것이 힘든 일인데 남성 홀로 감행한 귀촌생활이 얼마나 오래갈 수 있을지 모르겠다.

　한편 여성들의 입장에서 생각해보면 전원생활을 남편의 고향이 아닌 자신들의 고향 마을에서 시작해볼 수도 있을 것이다. 시댁 마을이 아닌 친정 마을로 귀향하여 전원생활을 한다면 여러 가지 측면에서 여성들에게 훨씬 더 유리할 것이라는 생각이 든다. 이럴 경우에는 남성들이 더 적극적으로 따라나설 수도 있을 것이다. 사실 400여 년 전만 하더라도 시집만 간 게 아니라 장가도 갔었다. 남자들이 처가 동네에서 사는 것이 일반적인 풍습이었다. 그때는 여러 성씨들이 모여

　　　　　　　　　　　　　　　　　　　　모정마을 이야기

사는 마을이 일반적이었다. 그래서 오히려 포용력이 있었다.

유행처럼 번지는 마을공동체 복원 운동

한편 서울과 부산을 비롯한 대도시에서는 개발이 덜 된 지역을 중심으로 마을재생사업, 문화생태마을 만들기 등 공동체마을 가꾸기 운동이 무슨 유행처럼 활발하게 일어나고 있다. 도시화와 산업화의 부작용으로 개인의 이기주의와 이웃 간의 단절이 심화되면서 인정이 넘치는 따뜻한 마을공동체를 꿈꾸는 시대가 다시 오고 있는 것이다.

그러나 이 과정도 만만치 않다. 마을공동체 가꾸기를 통하여 뭔가 살만한 곳이 되고 특화된 지역으로 명성을 얻게 되면 주변의 땅값과 임대료가 덩달아 오르고 그렇게 형성된 자본의 강력한 힘이 원래 살고 있던 주민들을 마을 밖으로 몰아내는 결과가 자주 발생하기 때문이다.

이제는 고향으로 돌아올 때

그러나 희망이 없는 것은 아니다. 유일한 방법은 꿈을 꾸는 것이다. 상쾌한 공기와 깨끗한 물과 따뜻한 인정이 있는 고향으로 돌아가는 꿈, 다 함께 잘 사는 고향마을 공동체 구현의 꿈을 지속적으로 꾸는 일, 그것만이 해결책이라 감히 생각한다. 꿈이 간절해지면 그 꿈을 이루기 위해 구체적인 계획을 세우고 마침내 실천에 옮기기 마련이다. 21세기 대안과 희망은 자연친화적인 삶에 바탕을 둔 전원생활에 있으며, 그것을 가능하게 해주는 것은 바로 우리들의 고향인 농산어촌 마을이라고 생각한다.

마을 가꾸기 방향

중요한 것은 속도가 아니라 방향이다. 마을 가꾸기를 시작하면서 먼저 큰 그림을 그려야 했다. 그 과정에서 본래 마을이 가지고 있는 분위기나 자연 생태적인 환경을 훼손하지 않도록 세심한 계획을 세워야 했다. 괜한 욕심을 부려 지나치게 큰 규모의 공공건물을 짓는다거나 시설물을 설치할 경우 오히려 마을의 경관과 자연미를 해치기 때문이다. 마을 안에 살림집을 신축할 때는 기본적으로 전통한옥을 짓는 것을 원칙으로 했다.

마을 발전 계획을 수립할 때 1년 단위의 단기 사업, 5년이나 10년 단위의 중기 사업, 50년이나 100년 후의 모습을 그리는 장기 계획, 이렇게 3단계로 나누었다. 또한 주민회의를 거쳐 마을 비전과 4대 목표를 설정했다. 경제자립도와 문화자립도 향상, 생활환경 개선이 주요한 관심사였다. 무엇보다도 외지인들이나 관광객들 유치가 목표가 아닌 우리 마을 주민들이 먼저 쾌적하고 행복한 삶을 영위할 수 있는 마을을 조성하는 데 최우선적인 목적을 두었다.

그리고 마을을 크게 세 개의 구역과 한옥단지로 구분하여 디자인했다. 정(靜)(5만 평 규모의 모정저수지 일원), 중(中)(고택과 벽화의 거리 중심의 주거 공간), 동(動)(초등학교 폐교 터를 중심으로 한 체육 공원), 한옥단지

(한옥마을 조성 사업)로 나누어 구역별 특성에 맞게 가꾸어갈 계획을 세웠다. 마을 가꾸기 사업의 최종 목표는 마을 주민들의 행복한 삶이다. 그리고 지속 가능한 마을이다. 그 어느 것도 이 목표를 뛰어넘을 수는 없다.

한옥단지 조성

집단적으로 집을 짓기 위해서는 도로와 상하수도 시설 등 기본적인 인프라가 필요하다. 마을 자체 예산만으로 그러한 기반시설을 조성하기란 사실상 불가능하다. 다행히 도에서 한옥형 행복마을 사업이라는 게 있어서 행복마을로 선정되기만 하면 마을 사업비로 3억을 지원했다. 그런데 전라남도와 군에서 시행하는 한옥형 행복마을 공모 사업에 응하기 위해서는 열 동 이상의 한옥을 신축해야만 하는 조건이 있었다. 여러 차례의 마을회의와 홍보를 통해서 신청자를 모집했다. 하지만 서너 동도 아니고 열 동이 넘는 한옥을 동시에 신축한다는 것이 생각만큼 쉬운 일이 아니었다. 신청자 모집은 원마을과 새로 마련한 한옥단지, 투 트랙으로 진행했다.

추진위원장인 나부터 솔선수범으로 한 동을 짓기로 하고 마을 주민들을 설득했다. 그러던 가운데 당시 김용길 재경모정향우회 회장이 적극 참여하여 함께 의논하고 또 제반 사항을 조율하면서 마을가꾸기 사업이 활기를 띠기 시작했다. 그렇다고 해도 필요한 동 수를 채우는 기간이 6개월 넘게 걸렸다. 신축 대상자 모집은 한옥단지 조성에 필요한 땅을 확보하는 일과 동시에 추진되었다. 사람들은 월출산과 너른 들이 한눈에 내려다보이는 전망 좋은 곳을 원했다. 마침 저수지 위쪽에 5,000여 평 정도의 집짓기에 딱 좋은 땅이 있었다. 우리 마을 주민 이동열 씨 소유의 땅이었다. 처음에는 여러 해 전부터 광주나 목포에 거주하는 사람들이 그 땅을 욕심내어 고가에 사겠다고 했어도 팔지 않은 땅이라고 하면서 매매할 의사가 없다고 했다. 추진위원들은 간절한 마음을 담아 마을 일이니 협조해달라고 부탁하고 사정했다. 농촌 마을 사람들은 '마을 일'이라는 말을 들으면 한 번 더 생각한다. 함께 사는 세상이기 때문이다. 마을 일 때문에 필요하다고 계속 부탁을 하니 결국 허락해 주셨다. 그러면서 마을 일에 협조하는 차원으로 최종 협상 금액에서 평당 5,000원씩을 할인해 주셨다. 참으로 고마운 일이었다. 당시에 이동열 씨가 협조하지 않았다면 아마도 행복마을 가꾸기 사업은 큰 난관에 부닥쳤을 것이다. 덕분에 오늘날의 멋진 한옥단지가 조성될 수 있었다. 고향마을의 발전을 위해 협조와 후원을 아끼지 않은 고(故) 이동열(1955~2012) 선생과 장남 이대로를 비롯한 유가족들에게 깊은 감사를 드린다.

부지 내 공동묘지 이전

한옥 신축부지를 마련하고 나니 이제 부지 안에 자리한 공동묘지가 눈에 거슬렸다. 무덤이 14기나 있었다. 무연고 묘지도 몇 기 있었다. 사람들은 기가 질렸다. 무덤 한 기 옮기기도 힘이 드는데 14기나 되는 무덤을 어떻게 이전한단 말인가? 그냥 그대로 두고 한옥 사업을

모정마을 이야기

추진하자는 의견도 나왔다. 하지만 이미 시작된 일이었다. 나중을 위해서 힘들더라도 해결을 하기로 의견을 모았다. 묘지 관련 가족들과 직접 만나서 협상을 시작했다. 참으로 힘들고 버거운 일이었다. 연락처를 모르는 경우 몇 다리를 건너서 끝까지 추적하여 전화를 드렸다.

　추진위원장으로서 총대를 메고 하루가 멀다 않고 관계자들을 만나 사정하고 설득하고 협상했다. 6개월이 넘도록 그 일에 매달렸다. 처음에는 말도 못 꺼내게 하더니 '마을 일'이라는 반복되는 말에 결국 양보를 했다. 그런데 묘지를 이전하는 데 드는 비용이 문제였다. 김용원 총무와 긴밀히 협조하여 14기의 묘지를 완전히 이전하고 주거환경을 쾌적하게 만들었다. 그중 3기는 이장(移葬) 과정을 자손들이 보면 안 좋다는 이유로 마을 이장인 내가 직접 파묘하여 목포 화장터에 가서 유골을 수습해 달라는 부탁을 받기까지 했다. 처음에는 남의 조상 묘를 이장하고 유골을 수습한다는 일이 썩 내키지는 않았지만 일을 마무리하기 위해서는 어쩔 수 없었다. 그런데 막상 하고 보니 오히려 마음이 가볍고 뿌듯했다. 어차피 따지고 올라가면 다 같은 조상의 자손이었으니까.

전통의 멋을 반영한 한옥 설계

　전라남도에는 100개가 넘는 한옥형 행복마을이 산재해 있다. 그런데 신축한 한옥의 대부분은 현대식 취향을 반영한 개량형이다. 툇마루, 누마루, 아궁이, 굴뚝, 구들방 등과 같은 전통한옥의 핵심 구조물을 배제

하고 편리성 위주로 설계한 것들이 대다수다. 우리 모정마을은 가능한 전통의 멋을 최대로 반영한 한옥을 짓고 싶었다. 주민들을 모시고 앞서 조성된 한옥마을들을 탐방하였다. 다행스럽게도 주민들은 전통한옥의 멋과 운치를 잘 알고 있었고 설계에 반영하기로 의견을 모아주었다. 서울 북촌 한옥마을이나 전주 한옥마을은 대도시에 위치해 있어서 너른 정원을 갖출 수 없지만, 상대적으로 땅값이 저렴한 농촌 한옥마을은 집안에 너른 마당을 확보할 수가 있다. 한식 정원의 특징은 마당을 툭 비워놓는 데 있다. 집터를 분할할 때 이것을 감안하여 집집마다 정원을 넉넉하게 마련할 수 있도록 배려했다.

마을 자원 찾기

마을 가꾸기 사업을 제대로 하기 위해서는 그 마을이 가지고 있는 자연, 생태, 문화, 역사, 인물 자원 등을 잘 찾아서 정리하는 일이 필요하다. 이것을 바탕으로 큰 그림을 그릴 수 있기 때문이다. 고령의 주민들을 만나 옛이야기를 듣고 기록하는 일이 최우선으로 해야 할 일이다. 원로 한 분이 돌아가시면 그 마을의 박물관 하나가 없어지는 것과 똑같기 때문에 시급히 서둘러야 했다. 특히 구전으로 내려오는 전설이나 민요 같은 것은 마을 어른들이 돌아가시기 전에 채록해 놓아야 한다. 이런 작업들은 꽤 많은 시간을 필요로 했다. 우리 마을뿐만 아니라 수백 년 동안 동고동락을 함께 해온 양장리, 동호리 등 이웃 마을의 역사와 문화도 연구하여 기록하고자 했다. 이러한 마을의 문화와 역사를 바탕으로 골목길에 벽화를 100여 점 가까이 그려놓았다.

　　　　　　　　　　　　　　　　　　　　　　모정마을 이야기

오해와 갈등

기본계획이 수립되고 한옥이 들어설 부지 정리가 끝난 후 본격적인 마을 가꾸기 사업이 시작되었다. 추진위원회에서는 수시로 회의를 열어 진행 상황을 점검했다. 주민들의 이해도를 높이기 위해 마을 교육을 수차례 실시하고 배움 여행을 여러 번 다녀오기도 했다. 그러던 중 예상 밖의 일이 발생했다. 도와 군에서 지원하는 사업비 3억이 문제가 되었다. 처음 마을총회 때 주민들에게 설명했던 것과는 다른 용도로 쓰이게 된 것이었다. 그 돈이 마을 통장으로 입금되어 주민들 뜻대로 사용할 수 있는 줄 알았는데 그게 아니었다. 한옥단지가 들어설 부지는 진입로와 상하수도가 없어서 그 상태로는 집을 지을 수가 없었다. 폭 6m, 길이 200m에 달하는 도로를 개설하고 오수관과 우수관로를 매설해야 했다. 상수도 시설도 필요했다. 설계비만 1천 7백만 원이 들었다. 그렇게 저렇게 한옥 신축을 위한 기반조성비로 쓰다 보니 3억 중에서 2억 7천만 원이 도로와 땅속으로 들어가 버렸다. 돈을 쓴 흔적이 눈에 잘 보이지 않았다. 남은 3천만 원으로 겨우 마을 벽화를 조성했을 뿐이었다. 처음에 생각했던 것과는 전혀 딴판으로 일이 진행되었다.

상황이 이렇게 되자 3억 원 사업비 사용처에 대해 본 마을 주민들의 불만과 의심이 커졌다. 이런 사태를 우려해서 기반조성 사업비를 영암군에서 군비로 지원해주고 행복마을로 선정되어 나온 사업비 3억은 본 마을 주민들이 숙원사업을 하는 데 사용하도록 해달라고 군청과 수도사업소를 찾아가서 6개월이 넘도록 사정하고 설득했지만 허사였다. 결국 영암군은 규정대로 공개입찰을 시행했고 처음 보는 시공업체가 선정되어 사업을 시행하게 되었다. 그러자 마을 주민들의 불만과 오해는 더욱 커지게 되었다.

한옥단지 내에는 본 마을 주민들 말고도 외지에서 이사 온 분들이 절반이 넘었다. 외지에서 온 분들과 본 마을 주민들과의 관계 설정도 중요한 문제였다. 농촌 마을 정서상 자칫 잘못하면 서로 오해하고 반목하기 십상이다. 텃세도 있을 것이고 한옥을 신축하는 사람들과 그렇지 못한 사람들 사이에 위화감도 생길 수 있을 것이었다. 우리 마을이 좋다고 이사 온 사람들에게 환경적으로나 정서적으로 쾌적하고 안정된 생활환경을 마련해주고 싶은 마음이 굴뚝같았다. 어떻게 하면 연결고리를 만들 수 있을까 고민하고 또 고민했다. 그러다 전통문화를 매개로 하면 어떨까 하는 생각이 들었다. 주민들과 의논 끝에 풍물단과 차회를 결성하기로 했다.

모정 달맞이 풍물단과 모정차회 결성

우리 마을에는 대보름 때 지신밟기와 줄다리기를 하는 풍습이 있다. 수백 년 동안 내려오는 전통인데 일 년 중 제일 큰 행사다. 이때 마을 풍물패가 중요한 역할을 한다. 산업화 이전에는 마을마다 풍물패가 있어서 마을 행사 때마다 분위기를 돋우는 역할을 했었다. 풍물놀이를 하다 보면 저절로 신명이 나고 이웃 간에 있었던 갈등이나 서먹서먹한 감정이 해소된다. 여기에 착안하여 정식으로 마을 풍물단을 조직하기로 했다. 대보름 행사 때만 풍물을 하는 게 아니라 매주 날을 정해놓고 연습을 하기로 했다. 한옥단지에 새로 이주해온 사람들과 본 마을 사람들이 함께 모여 풍물연습을 하면서 자연스럽게 어울릴 수 있는 좋은 기회였다. 연습 도중에 막걸리 새참을 먹으면서 서로 대화하고 소통하는 시간을 가졌다. 일회성이 아닌 지속적인 활동이었으므로 서로를 알아가고 친목을 도모하는 데 큰 역할을 했다. 대보름 지신밟기와 연꽃 축제 때 함께 풍물을 치면서 더욱 친해졌다. 같은 마을에 살고 있다는 유대감을 확인해주는 시간이었다.

풍물단 회원들 중에서 우리 차(茶)에 관심이 있는 분들을 대상으로 차회를 하나 결성했다. 어렵고 딱딱하게 보이는 다도 중심이 아닌 접근이 쉬운 생활 차 중심으로 차회를 끌고 나갔다. 수시로 모여 차를 마시고 우리 차 문화에 대한 이론도 병행했다. 일상다반사, 다방, 차례 모시기 등 일상 속에 스며들어 있는 말들의 어원을 설명하는 것부터 시작했다. 다식 만들기도 연습했다. 시제를 모실 때 다식을 많이 만들어 보았던 터라 금방 터득했다. 주말에 도시에 사는 자녀들이 놀러 오면 찻상을 준비하고 며느리와 손주들에게 손수 차를 우려 대접했다. 할머니의 인기가 급등했다. 특히 손주들은 할머니와 함께 차를 마시며 이런저런 이야기 듣는 것을 좋아라 한다. 집에 도착하면 제일 먼저 할머니에게 차를 타 달라고 조른다.

마을행사 때에는 고운 한복을 입고 들차회를 열어 손님들께 우리 차를 대접했다. 반응은 기대했던 것보다 훨씬 뜨거웠다. 자존감이 높아지고 자긍심이 고취되었다. 풍물놀이를 하고 차를 마시면서 앞으로 해나가야 할 마을 일에 대해서 논의하는 일이 많아졌고 이에 따라 마을 분위기도 점점 좋아졌다.

사계절 마을 축제

지금은 마을에 잔치가 사라진 시대다. 돌잔치, 생일잔치, 혼례식, 회갑잔치 등 마을 안에서 행해졌던 그 많던 잔치들이 대부분 축소되거나 마을을 떠났다. 장례식도 마을에서 이루어지지 않는다. 동네 청년들의 어깨에 들려 꽃상여 타고 떠나는 호사를 더 이상 누릴 수 없는 세상이다. 제사도 잘 모시지 않는다. 큰집에 제사 모시러 가신 어머니가 멥쌀 떡 가지고 오시길 눈 빠지게 기다리던 일은 먼 옛날의 추억으로만 남았다. 사정이 이러다 보니 마을 주민들이 함께 모여 즐겁게 놀 수 있는 기회를 마련하기가 쉽지 않다. 그래서 주민들이 힘을 합하여 계절마다 한 번씩 마을 축제를 열기로 했다. 봄에는 이팝나무꽃 작은 음악회, 여름에는 연꽃 축제, 가을에는 추수대동제(추석맞이 가요 콩쿨), 겨울에는 대보름 지신밟기와 줄다리기 행사를 열기로 했다. 마을행사는 누구 혼자 힘으로만 이루어질 수가 없다. 주민 모두가 각자 크고 작은 역할을 맡아 헌신해야 한다. 이 과정에서 공동체 의식과 협동심이 저절로 자라게 된다. 사계절 마을 축제는 주민들을 단합하게 만들고 마을에 대한 자부심을 느끼게 해준다. 사계절 축제는 또한 지자체와 이웃 마을들의 관심을 끌어 모정마을의 존재감을 높여주고 있다. 이것은 마을공동체 가꾸기 사업을 할 때 큰 힘으로

작용한다.

모정두레체험관 건립

일부 오해와 갈등 속에서도 묵묵히 마을 가꾸기 사업을 진행하여 2011년에 모정녹색농촌체험마을로 선정되었다. 총사업비 2억 원으로 한옥체험관을 건립하기로 의견을 모았다. 그런데 집을 지을 마을 땅이 없었다. 마을 자금도 넉넉지 못했다. 마을회의에서 주민들은 모든 권한과 책임을 추진위원장에게 일임했다. 생각 끝에 당시 김용길 재경 모정향우회 회장을 찾아가 자초지종을 말하고 도움을 요청했다. 마을 일을 보다가 어려운 일이 생기면 늘 자문을 구하곤 했었다. 김 회장은 그때마다 적절한 조언과 해결책을 제시해주셨다. 체험관 짓기에 적합한 땅이 있긴 하지만 집터를 마련할 자금이 없어서 사업비를 반납할 지경에 이르렀다고 했더니 무슨 일이 있어도 사업을 완결해야 한다고 하시면서 다음날 230평 부지 매입비 전체를 통장에 바로 송금해주셨다. 그 덕분에 극적으로 체험관 부지를 마련하여 사업을 시작할 수 있었다.

시작은 했지만, 체험관 완공까지의 과정은 순탄하지 않았다. 군에서 선정한 업체가 일을 지연시키는 바람에 맘고생도 많이 했다. 이런저런 우여곡절 끝에 맞배지붕 형태의 25평 한옥을 짓고 모정두레체험관이라 이름 붙였다. 2013년 10월이었다. 이곳에서 풍물놀이 연습을 하고 차 모임을 갖는다. 2016년 9월에는 '모정마을 작은 도서관'으로 선정되어 도서 대출이나 인문학 강좌 등 다양한 프로그램을 운영하는 주민 복지 공간으로 활용되고 있다.

제5회 전국행복마을 콘테스트와 대동 한마당

2016년도에 전남도청의 '마을 숲 가꾸기' 공모사업에 도전하여 대상 자로 선정되었다. 사업부지로 원풍정과 두레체험관 사이의 논과 밭을 정하고 부지매입 협상에 나섰다. 고 김학수 씨(금정아제) 논과 김용건 씨의 육묘장을 매입하기로 했다. 당시 신상길 이장과 관련 주민들의 적 극적인 협조와 지지로 필요한 부지를 마을 땅으로 매입하여 '모정행복 마을 숲'을 조성할 수 있었다. 이 과정에서 마을 일에 적극 협조해주신 금정아제 유가족들과 김용건 형님께 깊은 감사의 말씀을 드린다.

2017년도부터는 김환영 씨가 이장을 맡아 마을 일을 보고 있다. 2018년도에 우리 모정마을에 엄청난 일이 생겼다. 제5회 전국 행복 마을 콘테스트 문화·복지 분야에 전라남도 대표로 본선 진출하는 쾌거를 이루었다. 전국 3,200개 마을 중에서 최종 본선에 진출하는 마을은 20개 마을에 불과했다. 전라남도 행복마을 콘테스트에서 최 우수상을 타고 내친김에 전국 대회 본선에 진출하여 2등을 수상했 다. 상금은 2천만 원이었다. 줄다리기 퍼포먼스를 준비하는 과정에서 주민들은 무더운 여름날 엄청 고생을 했다. 일이 끝나면 두레체험관 에 모여서 무거운 용줄을 메고 퍼포먼스 연습을 해야 했다. 모정마을 찬가도 매일 연습했다. 모정풍물단의 역할도 엄청 컸다. 저녁마다 체 험관에 모여 풍물연습을 했다. 영암고등학교 2학년에 재학 중이던 김 민호 학생은 래퍼가 되어 모정마을을 노래로 소개하는 연습을 매일

해야만 했고, 늦봄학교 고3에 재학 중이던 둘째 아들 경민이는 수학 능력시험을 준비하고 있는 시기임에도 불구하고 상쇠 역할을 담당하도록 했다. 대입시험은 재수할 수도 있지만, 고향마을의 이번 전국 대회 진출은 인생에 단 한 번 있는 기회라고 설득했다. 당시에 동네 꼬마들도 모두 나와 노래와 춤을 연습했다. 연습 때마다 수십 명의 새참을 마련해야 했는데 그 비용이 적지 않았다. 김환영 이장은 비용을 절감하기 위해 물품 값이 비교적 저렴한 시장에까지 트럭을 타고 가서 새참을 사 오곤 했다. 그러한 열정과 노력 덕택에 마을 주민들은 더욱 단합하여 연습에 박차를 가했다. 마침내 결전의 날이 다가왔다.

2018년 8월 31일 새벽 5시에 관광버스 3대를 나누어 타고 대전으로 출발했다. 새벽에 탑차를 끌고 내려온 광주 신동민 향우 덕분에 용줄을 운반할 수 있었다. 서울에서도 당시 재경모정향우회 김안중 회장, 신태훈 총무, 김용길 전 회장 등 30여 명의 향우들이 관광버스를 대절하여 대전으로 내려왔다. 큰아들 형돈이는 51사단에서 군 복무 중이었는데 고향마을의 단합된 모습과 일생에 한 번 있을까 말까 한 대축제를 보여주기 위해서 휴가를 이 날짜로 맞추어 대전으로 내려오도록 했다. 나는 징을, 아내는 장구를, 큰 아들은 북을, 작은 아들은 꽹과리를 쳤으니 이날 우리 가족은 사물놀이 한 팀을 꾸린 셈이었다.

행복마을 콘테스트 덕택에 이날은 모정마을이 생긴 후 가장 많은 주민들이 동원된 대역사였다. 우리는 모두 대동단결하여 그동안 갈고닦았던 기량을 유감없이 발휘했고 좋은 성과를 거두었다. 비록 금상은

못 탔지만, 고향마을 주민들과 향우들이 일심동체가 되어 대화합의 장을 마련했다는 사실 하나만으로도 평생 잊지 못할 소중한 추억이었다. 본선 대회가 끝나고 마을로 돌아온 후 두레체험관 앞마당에서 큰 잔치를 벌였다. 주민들은 서로의 노고를 치사하고 위로하며 친목과 화합을 다졌다. 모정마을의 명성은 영암 고을뿐만 아니라 전국 방방곡곡으로 퍼져 나갔다. 여러 지역에서 관광버스를 타고 우리 모정마을로 배움여행을 다녀갔고 주민들의 자긍심과 사기도 함께 올라갔다.

은적산방님과 봄들님 사는 모정리

조 정(시인)

오래된 일이다.

날아갈 듯 고운 한복을 차려입은 이들이 초여름의 너른 마당에 앉아 다회(茶會) 중인 사진이 이웃 블로그에 떴다. 4대강 반대 삼보일배 중인 도법스님 일행이 영암에 당도했고, 왕인다회에서 맞아 차를 대접 중이라는 사진 설명이 있었다. 피폐한 도회적 일상에 갇혀 살던 나는 다회가 맞는지 차회가 맞는지도 헷갈리는 인사였지만, 환하게 모시 두루마기를 차려입은 팽주가 차를 따르는 모습이 눈부시고 격이 있어 보였다.

어라? 팽주 앞자리에 낯익은 분이 보였다. 우리 아버지셨다. 반갑고 놀라서 "우리 아버지다!"라고 댓글을 달았다. 왕인차회 회원인 김창오 선생 블로그였다.

피차 닉네임인 은적산방님, 겨울수정님이라는 호칭이 익숙한 김창오 선생과는 그렇게 인사를 트게 되었고, 나는 고향을 사랑한다는 것이 무엇인지 온 삶을 통해 보여주는 한 부부를 친구로 얻었다.

은적산방님과 봄들(김인순)님은 시골에서, 그것도 아버지가 낳고 자란 고향의 이웃들 속에서 아이를 키우는 것이 보다 옳은 양육이라는 생각으로 귀향했다. 많은 사람들이 동의는 하지만 실천을 못 하는 행동이다. 정도의 차이가 있겠으나 대부분 사람들은 소유와 말끔한 생활에 대한 욕망을 가졌기 때문이다. 다가올 미래의 숙성된 열매를 기다리는 농경적 삶은 선택되지 않는다. 눈앞의 떫은 열매를 우선 따먹으며, 결핍과 갈증을 배가하는 도회지형 쳇바퀴 속에 삶을 유기하는 슬픔을 선택하고 산다.

나는 저 젊은 부부가 어린 두 아들을 모정 들녘에서 키우는 용기와 혜안이 신기했다. 드문 일이기 때문에. 수년간 자리보전하고 계신 노모를 막내며느리인 봄들님이 대소변 받아내며 기꺼이 모시는 자세에 존경심이 우러난 것은 자연스러웠다. 말하자면 천연기념물 같은 자세였다. 나도 몇 년 후, 시아버지 대소변을 아무렇지 않게 치우고 닦아드리고 할 수 있었던 것은 아마 봄들님이라는 모범을 보았던 영향도 있었을 것이다.

강진의 늦봄학교 교사로 일하면서 두 아들 양육, 어머니 간병, 농사, 마을 이장까지 해내는 내외가 마을 어르신들과 함께 전래 두레놀이를 복원해 전국대회에서 우수상을 받았다는 소식도 들었다. 좋은 자손을

모정마을 이야기

길러내고 그들에게 모심을 받는 모정리는 복이 많은 마을이다.

　요즘 도회지의 공동체는 생활신조나 자녀교육관이 같은 사람들, 정치적 입장과 경제 수준이 비슷한 사람들, 직업이나 활동 영역에 공감대가 큰 사람들 중심으로 이루어진다. 시골의 그것과는 좀 다른 공동체 인식 속에, 어느 순간 지향이 달라지면 깨진다는 살얼음 같은 결이 드러나기도 한다.

　시골의 공동체는 여전히 토박이 문화 속에서 일상을 피차 돌보는 '서로살림'의 원형에 더 가깝다. 각종 문제에 대한 지향이 달라도 이냥저냥 더불어 산다. 도시 공동체보다 삶의 근연성이 높다는 의미다.

　농촌 공동체 전래의 특성을 잃지 않으면서 새롭고 더욱 건강한 공동체로 발전시켜 나가는 주체는 그 아름다운 힘을 아는 사람들이다. 그들은 부서진 체를 되묶는 쇠끈 같은 사람들. 세월의 풍상에 삭고 닳았던 마을의 이야기를 기억하고 역사의 맥을 되살리는 놀라운 사람들이다.

　은적산방님에게 '모정마을 이야기' 가편집 원고를 받아 읽었다. 어느 곳 한 군데 허술하게 넘길 수 없는 내용이고 사진들이었다. 행간과 글자 너머에 어른거리는 풍광이며 이곳에 살다 가신 이들의 자취가 마음에 가득 담겨왔다.

　그중 원풍정을 수리한 대목이 생생한 것은 지난 가을 월인당 시회(詩會)날 은적산방님 안내로 원풍정에 들른 기억이 가까워서일 것이다.

2011년 여름에 나는 영암군청 도시개발과에 참살기 좋은마을 사업을 신청하여 도끼다시 콘크리트를 깨부수고 그 자리에 소나무 판재로 우물마루를 깔았다. 그랬더니 콘크리트가 덮고 있던 석주 아래 주춧돌이 드러났다. 어린 시절부터 가지고 있었던 의문이 풀리던 순간이었다. 도대체 왜 정자마루가 콘크리트로 되어 있는지, 기둥의 주춧돌은 왜 보이지 않는지 늘 궁금했었는데 이 공사로 말미암아 모든 것이 제 자리를 찾게 되었다.

콘크리트로 덮었던 석주 아래서 주춧돌을 발견했을 때 느꼈을 반가움과 감동과 스스로에 대한 대견스러움이 독자에게도 그대로 전달되었다. 어린아이인 은적산방님과 동네 아이들이 그 주춧돌을 밟고 마루로 오르내리는 작은 발들이 보였다. 모정 들녘을 지나 월출산 구정봉의 골골에 닿았을 아이들의 함성도 들렸다. 향토 역사를 살린다는 말은, 그 모든 풍경과 사람들의 버석임이 되살아나고 그 자력을 좇아 사람들이 돌아오고 마을 고샅이 부활한다는 뜻이구나라는 생각에 가슴이 뻐근했다.

지금은 자동차 도로가 마을 한가운데를 갈라 옛 정취를 잃어버린 우리 마을 회문리는 어떻게 온기를 되찾을 수 있을까라는 생각도 들었다.

아랫동네인 우리 집에서 웃동네 외갓집 가는 길에 사립 열린 집들을 갸웃이 들여다보면 백일홍, 맨드라미가 웃던 따스함, "아가 으디 가냐? 오메 많이 커부렀네." 하고 아는 체해주시던 마을 어른들의 음

모정마을 이야기

성이 들리는 자취 되살리기가 무엇일까 잠깐이나마 고민도 하고 꿈도 꿔보았다. 천 리나 떨어진 도시에서.

더 많은 이들이 이 책을 읽고 감동하고 욕심을 내면 좋겠다. 나도 내 고향을 이렇게 가꾸고 기록하고 싶다는 욕심 말이다. 사랑도 실력이고 사랑을 발전시켜가는 것도 실력이라고 한다.

고향을 사랑하는 일도 같은 맥락임에 틀림없다. 외지고 구석지고 못나 보이는 고향을 남모르게, 지치지 않는 꿈으로 닦아내고 돌보아 온 이들에게서는 고향을 넘어 온 세상에 대한 사랑이 보인다.

그 웅숭깊은 사랑이 세상의 '서로살림' 마당을 연다. 그 마당 가운데서 샘물 퍼 올리는 마중물이 되고, 묵은 솥에 불 지피는 불쏘시개가 된다.

나는 자주 객지 친구들에게 자랑한다. 유정함과 대쪽 같음을 동시에 가진 '서로살림 일꾼' 은적산방님을 말한다. 드물게 보배로운 자손을 둔 아름다운 마을 모정리가 전라도 영암에 있다고 알려준다.

4차 산업혁명 시대, AI 시대가 도래했다고 요란하다. 그 소식을 암행어사 마패처럼 추켜들고 빅 브라더의 하수인들이 사람들을 초조의 미로 속으로 몰아넣는다. 그러나 '모정마을 이야기'는 이렇게 가르쳐 준다.

"헛소리 말고 여기 앉아서 사람살이부터 다시 생각해봐. 조상들 살아온 자취 속에서 사람다움을 배우고 꺼내 먹어야 배가 부르지.

사람다움이 없는데 로봇만 쳐다보면 자본의 종, 로봇의 종이 되는 거야."

　모정리 홍련지의 석계에 앉아, 월출산 허리에 안개 한 자락 날아가는 풍광을 보며 내 역사의 원형을 회복하고 싶다.

　　　　　　　　　　　　　　　　　　모정마을 이야기

'모정마을 이야기'를 권하며

이선아(단국대학교 아시아·중동학부 교수)

내 고향 영암, 모정마을을 떠올릴 때면 으레 큰집 마당 안쪽에 터줏대감처럼 자리 잡고 서 있는 오래된 감나무 형상이 꿈결처럼 그려진다. 유독 옛날이야기를 많이 알고 계셨던 할머니의 홍시 냄새나는 품 안에서 매일 밤 어린 나는 미지의 세상으로 여행을 떠나곤 했다. 그러한 연유 때문인가? 그 시절 호기심 많던 꼬마 아이는 어느새, 광활한 북방의 초원과 산맥을 누비며 고대 영웅들의 서사시와 유목민들의 전설을 찾아 헤매는 탐험가가 되었다.

세상의 한가운데서 모든 것을 다 알게 되었다고 자만하던 탐험가는 어느 순간 그동안의 여행들이 정처 없는 모험이었으며, 그 출발점과 도착점이 예기치 못했던 한 곳으로 귀결된다는 사실을 깨달았다. 어린 시절 떠나왔던 자그마한 고향마을, 모정. 파랑새는 애초에 그곳에 있었다는 것을.

나 아홉 살 때 홀연히 떠나신 할머니는 비록 고향을 찾아가도 만나 뵐 수 없지만 어린 시절 큰집 감나무는 아직도 작은 아버님 마당 귀퉁이에서 어린 손녀를 맞아주곤 한다. 예전의 모습보다 초라하고 외로운 그 모습이 매번 가슴을 애잔하게 울려주지만. 그래도 답은 그곳에 있다는 것을 알기에 변해가는 고향을 찾는 것을 게을리하지 않았다.

어느 날부터인가, 고향 마을이 점점 활기를 띠기 시작하였다. 기와 한옥이 들어서더니 마을 저수지에 연꽃이 가득해지고 골목 골목에는 마을 이야기가 담긴 벽화들로 아기자기해졌다. 울춤사장에서 콩쿨대회가 다시 열리고 알춤사장의 당산나무에는 풍물소리가 울리기 시작했다. 마을 어르신들은 한마음으로 마을을 일구고 알리는 일에 열정을 다하셨다.

나날이 적적해져만 가던 시골 마을 하나가 다시 생명을 얻어 부활하는 모습을 보는 것 같았다. 어떻게 이런 기적과 같은 일이 일어날 수 있는지?

이런 거대한 기적은 본디 미약한 누구 한 사람의 사명감과 희생에서 비롯된다. 모정마을도 전국에서 부러워하는 행복마을로 성장하기까지 어느 한 사람의 절실한 고향 사랑이 있었기에 가능하였다. 모정마을을 아끼고 사랑하지 않는 마을 사람은 누구 하나 없다. 심지어 고향을 떠나 외지에서 살아가는 이들조차도 그 마음은 한결같이 애틋하다. 그러나 그 마음을 실천에 옮기는 것은 정말 쉽지 않다. 그 오색구슬 같은 마음을 엮어줄 누군가가 필요한 법인데 우리 모정마을은 다행히도 그런 분이 계서주었던 것이다. '큰놈은 큰놈대로 끼고, 작은놈은 작은대로 끼고. 큰 구슬은 목걸이 하고, 작은 구슬은 끼어서 까락지 했어요. 구슬도 치고.'(영암 아기장수 설화 중) 모정 월인당 주인장 김창오 선생님의 손길로 그렇게 모정마을의 오색 구슬들이 보물로 하나하나 다듬어지기 시작하였다.

어느 순간부터 고향을 찾을 때마다 큰집 할머니의 빈 자리를 대신해 이야기 보따리를 풀어주시던 김창오 선생님의 주옥같은 이야기들이 이 '모정마을 이야기'에 담겨 있다. 원풍정 달빛 아래에서 손수 덖으신 차를 마시며 듣는 맛도 좋지만 이렇게 멀리서 한 페이지 한 페이지 꼼꼼하게 수집하고 고증하신 마을 이야기를 살펴보며 읽는 재미도 상당하다.

어린 시절 할머니가 옛이야기를 통해 어린 손녀에게 세상으로 나아가는 꿈과 용기를 심어 주었듯이 이 책 역시 젊은 후배들에게 무한한 가능성을 꿈꾸게 하는 원동력이 될 것이다. 특히 코로나19 팬데믹 이후 급변하게 될 뉴노멀 시대를 살아가는 데에 있어 묻혀있던 소중한 고향 이야기를 통해 자신의 근원을 바로 알고 진정한 자아정체성을 정립하는 일은 아주 중요하다.

'모정마을 이야기'는 20년 동안 김창오 선생님이 발품을 팔고 문서들을 뒤지고 탁월한 필력까지 동원된, 이전의 그 어떤 문헌보다도 충실하게 엮어진 역작이다. 동시에 진정한 우리네 이야기로서, 모정마을 구성원 모두의 역사로 길이 남게 될 것이다.

'신명과 활기가 넘치는 더불어 행복한 마을'을 꿈꾸다

김인순(모정풍물단장·남도차문화교육원장)

우리 마을 돌레미 한옥단지에 하나둘 한옥이 들어서고, 어렵사리 마련한 체험관 부지에 드디어 터 닦기 공사가 시작되었다. 그 체험관에서 무엇을 해야 할까 고민하며 앞서가고 있는 마을도 둘러보고 교육도 받았다. 그 당시 컨설팅을 맡아 해주었던 〈자연이 함께하는 사람들〉 문현 대표의 안내로 전북 완주군과 충청도 홍동마을 등 전국의 선도 마을들을 둘러볼 수 있었다. 마을의 고유한 자원을 이용하여 소득사업을 어떻게 진행하고, 관광객들을 어떻게 오게 하여 마을을 알리고 있는지, 마을 사람들과 공동체를 어떻게 꾸려 가고 있는지 알 수 있었던 소중한 체험이었다. 또한 함평 나비축제를 성공적으로 이끈 이석형 군수님의 성공 사례를 읽으며 여러 가지 아이디어를 찾을 수 있었다. 마을로 돌아와서 곰곰이 생각에 잠겼다.

'모정두레체험관이라 이름을 짓고 그곳에서 무얼 체험하나? 우리 마을 사람들이 함께 모여서 할 수 있는 무언가가 필요하다. 외부 관광객들이 우루루 몰려드는 마을이 되기보다, 우리 마을 사람들이 먼저 행복한 마을이 되도록 해보자. 이곳에 살고 있는 우리들이 행복해야 누구라도 이사 오고 싶은 마음이 들 것이고, 객지에 나가 있는 향우들도 은퇴 후라도 귀향하고 싶은 마음이 들 것이다. 그리하여 이곳이 고향인 사람은 언제라도 돌아올 수 있고, 고향이 있어도 가지 못하는 사람, 또 고향이 물에 잠겨 돌아갈 수 없는 사람에게 내 고향 같은 마을이 되게 하자.'

내 마음속에 자리 잡은 어린 시절의 행복한 추억 하나가 있다. 시골 집 너른 마당에 동네잔치가 벌어졌는데, 사람들이 수대로 모여서 어깨춤을 덩실덩실 추면서 놀았다. 울 엄마도 한복을 입었는데 내내 기분 좋게 웃으며 함께 어울리셨다. 어린 꼬마들은 어른들 사이로 마음껏 뛰어다니며 춤추고 노래했다. 하루종일 이어지던 그 잔칫집 풍경은 아련한 꿈처럼 늘 마음속에 남아 있었다. 잔치가 사라진 요즘 세상에 다시 그런 떠들썩한 분위기를 조성해보면 어떨까?

'그래 그렇게 시작해보는 거야. 마을 사람들과 함께 모여서 북, 장구, 꽹과리, 징 치며 노는 거야. 한국인이라면 누구나 가진 신명을 깨우는 거야. 우리 장단과 몸짓으로 흥을 깨워 한판 대동놀이를 해보자. 대학 풍물패 시절 흥얼거렸던 〈땅도 땅도 내 땅이다 조선 땅도 내 땅이다〉 삼채가락으로 시작해 보자.'

신평균 전 이장님도 정월대보름과 지신밟기, 민요를 비롯한 마을의 전통문화를 계승발전 하고자 노고를 아끼지 않으셨고, 부족한 나에게 상쇠를 맡겨주셨기에 용기를 내어 2013년 2월 풍물단을 결성할 수 있었다. 우리는 매주 두세 번씩 두레체험관에 모여서 풍물을 연습했다. 풍물 가락 연습이 끝나고 막걸리 새참을 함께 먹으며 나온 이야기 중에서 너도나도 즐겁게 참여한 주제는 단연코 정월 대보름 줄다리기와 추석 콩쿨대회였다. 지신밟기, 골목길 돌며 짚 모으기, 동서로 나누어 기 싸움하기, 줄을 얼마나 만들었는지 염탐하기 등 정월 대보름은 마을 사람들에게 행복한 추억의 대명사였다. 풍물단 결성 이후 대보름 당산제와 지신밟기가 더욱더 활기를 띠고 풍성해진 것은 두말할 나위가 없었다. 본 마을 골목길뿐 아니라 새로 이사와 둥지를 튼 돌레미 한옥단지에 이르기까지 구석구석 터를 밟고 축원을 하였다.

"하나   둘   셋   넷
  봄   여름   가을   겨울

일 년 열두 달 돌고 돌아가는 시간과 시간들. 사물 악기로 대자연의 숨결을 불러오면 사람들의 마음이 합일되어 신명 난 굿판이 벌어진다. 세상사 다소 힘들고 지치더라도 장구가락 북 장단에 맞춰 덩실덩실 어깨춤 신명 나게 추고 나면, 새로운 힘과 용기가 솟아나리니 마음과 마음을 모아 공동체의 소망을 빌어보세.

다 함께 행복한 마을공동체를 꿈꾸는 모정풍물대동놀이!
세상의 안녕과 평화를 기원하는 모정풍물대동놀이!"

드디어 2014년 10월 8일 원풍정 달맞이 음악회를 시작으로 마을 축제가 시작되었다. '월출산 최고의 달맞이 명소 모정마을 원풍정'이라는 주장을 앞세워 겁 없이 시작한 축제는 대성황이었다. 두레체험관 앞마당에 문화장터를 열어 농가에서 직접 생산한 호박, 참기름, 배, 조청, 잡곡 등을 수북하게 진열 판매하고, 관람객들을 위해 음식도 풍성하게 준비하였다. 풍물단의 길놀이로 흥겨움이 시작되었는데, 오방색 깃발이 맨 앞에 앞장서서 걷고, 체험관 마당, 알춤사장과 한골목, 울춤사장, 뒤끄테, 달맞이 언덕으로 해서 원풍정에 이르기까지 함께 걷는 길놀이는 가슴 벅찬 감동이었다. 오방색 대나무 깃발을 멀리서 오신 향우들이 너도나도 들어 주었다. 이날 행사장에는 우리 마을 사람들은 물론이고 이웃 마을 사람들까지 오셔서 원풍정 마당이 발 디딜 틈이 없었다.

"마을이 있어야 내가 있다. 마을이 먼저다. 당신 없이 못 살아, 나 혼자선 못 살아! 다 함께 더불어 행복한 모정마을!"

모정마을 주민들의 자발적 의지와 자체 역량으로 주최한 원풍정 음악회는 수백 년 동안 내려오는 마을공동체 정신을 다시금 확인하는 계기가 되었고, 더 나아가 모정마을의 창조역량을 여실히 보여준 일대 사건이었다. 이것은 영암 고을 여러 마을들에게도 큰 영향을 미쳤다. 모정마을 원풍정 음악회는 관 주도에서 벗어나 주민주도형 소규모 마을 축제의 서막을 알리는 신호탄이었다.

그 여세를 몰아 2015년 8월 한여름에 호수 둘레길 완공기념 연꽃축제와 추석맞이 콩클대회를 비롯한 크고 작은 축제를 열어나갔다. 이듬해 월산 당산제, 구림 서호정 당산제, 왕인문화축제 길놀이, 전국 마을 만들기 네트워크 모임 등 행사 때마다 모정 풍물단의 대동풍물놀이는 신명을 돋우고 활기를 불러일으키는 기폭제 역할을 하였다. 어느 해 정월 대보름에 함박눈이 소복이 쌓여 지신밟기 하기 힘들겠구나 싶었는데, 풍물단 회원님들이 복장을 갖추고 모두 참여하셨다. 대보름 줄다리기는 비가 오나 눈이 오나 해온 오랜 전통이 있으니 지신밟기 또한 그러하다는 거였다. '마을공동체의 힘이란 바로 이런 것이구나.' 하는 생각이 들어 순간 마음이 뜨거워졌다. 2016년 모정차회를 결성하여 연꽃축제부터 찻자리를 펼치면서 한복 입고 차 내랴, 풍물복장으로 장구 치랴, 북 치랴 여러 가지로 번잡스러웠을 터인데도 마다하지 않고 함께 해주신 회원님들께 감사드린다. 가장 한국적인 것이 가장 세계적인 것이라고 생각해 왔는데, 바로 우리 마을에 그러한 것들이 여러 가지가 있었다. 그중 풍물놀이가 사람과 사람의 마음을 잇고, 나아가 마을과 마을을 잇는 징검다리, 즉 마을공동체를 다지는 디딤돌이라면, 차 한 잔의 여유로 행복을 여는 찻자리 또한 그러할 거라는 확신이 컸다.

2018년에 드디어 다시 한번 마을을 알릴 수 있는 절호의 기회가 왔다. 문화·복지 분야로 전국 행복마을 콘테스트 본선에 진출하게 된 것이다. 5월 중순 서류준비에서 8월 말 대회 날까지 약 100일 동안 대장정은 공동체 정신이 제대로 발현된 결정체였다. 전남대회 최우수상, 현장평가, 마을찬가 연습(어른과 어린이 따로), 원풍정에서 꼰나세줄 꼬기, 어린이 소리꾼 줄다리기 민요 연습, 8월 한 달 동안 줄다리기 퍼포먼스 연습 등등 그해 여름은 모정마을 축제의 연속이었다. 전국대회에서 우리 마을은 최종 은상을 수상하였다. 비록 시작은 다소 어려움이 있었지만, 마을 사람들과 향우들이 대동단결하여 이루어낸 빛나는 성과였다. 그날의 감동과 기쁨은 길이길이 남을 것이다.

원풍정 소나무는 더욱 당당하게 푸르름을 자랑하고, 마을 주변의 풍경도 눈이 부시게 아름다워지고 있다. 호수 둘레길을 산책하는 사람들도 하나둘 늘고, 운동장 트랙을 걸으면서 체력을 기르는 사람들도 많아지고 있다. 그리고 더욱더 반가운 소식은 귀향하고자 하는 향우들이 하나둘 늘고 있다는 것이다. 차차 젊은 사람들도 시골 마을에 내려와 아이들을 키우는 사람들도 하나둘 늘어날 것이다. 그리하여 전국 곳곳의 시골 마을이 다 함께 살아나 골목길에 아이들의 웃음소리가 울려 퍼지고, 신명과 활기가 넘치는 더불어 행복한 세상이 도래하는 날을 꿈꾸며 오늘도 풍물 악기를 가다듬는다.

2014년 10월, 제1회 원풍정 음악회 모정풍물단 대동풍물놀이 모습

    검정 고무신을 신고 학교에 다니고 일원 짜리 십리과자를 몇 시간씩 빨며 논두렁, 밭두렁 길을 뛰어다니던 사람들이 있었습니다. 바로 그러한 사람들의 끄트머리 세대, 그러한 경험을 겪은 마지막 세대가 우리 50대입니다. 아마도 그 아름다운 눈 덮인 초가지붕을 마지막으로 기억하는 세대도 우리 세대일 것입니다. 내가 사는 집은 모정마을 서쪽 언덕에 있습니다. 높은 곳에 있다 보니 마을을 굽어보면 초가집들이 바가지를 엎어놓은 것처럼 곡선을 그리며 옴팍하게 땅에 붙어 있는 것이 한눈에 보였습니다. 참 아늑하고도 정겨운 풍경이었습니다. 인류가 방랑 생활을 접고 한곳에 정착하여 살기 시작한 이후로 수많은 형태의 가옥과 건축물을 지었지만, 그중에서도 이 초가집만큼 자연스럽고 정감이 가는 건축물은 없을 것입니다.

    함박눈이 내리던 추운 겨울밤, 소여물을 쑤느라 뜨끈뜨끈하게 달아

오른 쇠죽 방에 앉아 할머니 처녀 적 얘기를 듣다 보면 어느덧 나도 모르게 잠이 들곤 했습니다. 그러다 월출산 천황봉 너머로 동이 터 올 무렵 창호지 문을 열고 툇마루에 나가 보면, 아! 세상은 별천지였습니다. 하얗게 빛나는 산과 들과 나무들이 수놓은 세상은 거룩함이었습니다. 눈 덮인 초가지붕은 어머니의 포근하고 넉넉한 품을 닮았습니다. 다시 그 풍경은 순결함이었고 순박함이었습니다. 조선소가 동녘 하늘을 향해 음모오오오오———— 긴 울음을 토해내면 그때서야 눈 속에 잠들어있던 동화 속의 마을은 잠을 깹니다. 아버지는 물지게를 지고 우물로 가시고 어머니는 아궁이에 불을 지펴 아침을 준비하십니다. 누이들은 부엌에서 어머니 일손을 돕느라 분주합니다. 형과 나는 땅에까지 닿아 있는 고드름을 꺾어 칼싸움을 벌이며 마당에 또골또골 내 뒹굴었습니다.

아침을 먹은 후 동네 아이들은 저수지에 가서 얼음을 깨고, 대나무를 휘어 만든 스키를 타고 놀았습니다. 어른들은 삽을 들고 논에 나가 미꾸라지를 잡아다 추어탕을 끓여 막걸리 추렴을 했습니다. 밤이 되면 사촌 형님들이 찾아와 쇠죽 방 아궁이에 고구마를 구워 먹고 새끼 꼬기 시합도 벌였습니다. 부모님은 등잔불 아래서 자식들 먹여 살릴 궁리를 하시는지 진지한 대화를 나누고 계셨습니다. 나는 할머니가 좋았습니다. 해남 호랑이 얘기를 들으며 할머니 품속에서 잠이 들곤 했습니다. 마을 사람들 또한 언제나 다정한 이웃이었습니다. 낮은 흙담 너머로 떡 한 조각, 푸성귀 한 주먹이라도 서로 나누어 가지며 항상 웃는 낯으로 사이좋게 살았습니다.

1972년, 나는 초등학교에 입학했습니다. "새벽종이 울렸네. 새 아침이 밝았네"로 시작되는 '새마을 노래'가 천지를 울린 것도 이때부터였습니다. 평온했던 마을이 갑자기 변하기 시작했습니다. 동네 사람들은 하루가 멀다시피 울력을 나갔습니다. 산에 가서 자갈을 리어카로 실어다가 길에 깔았습니다. 좁은 골목길을 넓힌다며 흙·돌담을 허물고 초가지붕 위에도 경계말뚝을 박았습니다. 아무 지원도 없이 초가지붕을 없애라고 재촉했습니다.

정부는 수출 산업 우선 시대를 천명했습니다. 농산어촌은 뒷전으로 밀려났습니다. 정부는 저곡가 정책을 써서 젊은이들이 농촌에서 경제적으로 자립할 수 없는 환경을 만들었습니다. 동네 형, 누나들은 고향을 떠나 모두 서울로 서울로 향했습니다. 공장 생활을 하다가 명절 때 내려온 형, 누나들의 모습은 이미 농부의 자식들이 아니었습니다. 그들은 하얀 얼굴의 저임금 도시 노동자들로 변신해 있었습니다. 특히 누나들은 고향의 언어도 잊어버린 듯했습니다.

상전벽해라고 했던가요? 하루아침에 모든 것이 변해 버렸습니다. 쓰러질 듯 기울어진 흙집 위에 값싼 슬레이트 지붕이 생겨났고, 뒤이어 시멘트로 만들어진 '새마을 기와'가 자리를 잡았습니다. 가슴높이도 채 안 되던 낮은 흙담은 철거되고 무식하고 칙칙한 시멘트 블록 담장이 들어섰습니다.

모정마을 이야기

'부인회'라는 모임도 생겼습니다. 술 한잔 먹을 줄 모르던 순진한 어머니들은 대부분 술을 입에 대기 시작했습니다. 부인회에서 주관한 관광여행에 다녀온 동네 아짐들은 '묻지마 춤꾼'이 되어 있었습니다. 관광버스에서 뛰고 춤추고 술 마시는 전통이 확립되는 순간이었습니다.

농촌은 점점 황폐해져 갔습니다. 도시에 대한 막연한(그리고 동시에 현실적인) 동경은 시골 마을의 경제적 쇠락과 정서적 소외를 초래했습니다. 젊은 노동력을 상실한 농촌에서 화학비료와 농약의 사용량은 해마다 기하급수적으로 증가했고, 무절제한 농약의 사용은 수많은 농민들의 목숨을 앗아갔습니다. 어렸을 적 우리 마을에서 농약 때문에 죽어 간 사람들의 수만 해도 열 명이 넘었습니다. 초등학교를 졸업하던 1977년에 우리나라는 수출 100억 불을 달성했다고 들떠 있었습니다. 그 무렵 우리 마을에는 처녀·총각 한 명 남지 않았습니다. 그리고 겉모습으로 보기에 초가집 한 채도 남지 않았습니다. 이 모든 것이 완성되는 데에는 십 년도 채 걸리지 않았습니다.

마을 근처의 중학교를 개구쟁이 노릇을 하면서 즐겁게 다니다가 때가 되어 졸업한 나는 고향 지역에 있는 한 인문계 고등학교에 입학했습니다. 고등학교 분위기는 중학교 때와 사뭇 달랐습니다. 틀에 박힌 엄격한 규율과 대입학력고사 위주의 획일적인 교과과정은 학교 분위기를 무겁고 답답하게 만들었고, 이것은 그동안 시험공부와는 상관없이 산과 들을 마음껏 뛰어다니며 자유롭게 살아온 한 시골소년에게는 감당하기 힘든 일이었습니다.

십 대 후반의 나는 헤르만 헤세의 소설『수레바퀴 아래에서』의 주인공인 한스 기벤라트와 비슷한 성장 과정을 거쳤습니다. 젊은 시절의 방황은 다소 버겁고 끝이 보이지 않는 터널처럼 길게 느껴지기도 했지만, 한편으로는 그것을 통해 세상을 살아가는 데 필요한 지혜와 인내를 얻을 수 있었던 소중한 경험이었습니다.

이십 대 후반에 무등산 자락 산골마을에서 태어나 성장한 지금의 아내를 만나 결혼을 하고, 서른 넘어 첫아이를 낳아 기르다가 이 아이가 세 살이 되던 해 우리 부부는 몇 가지 사항을 놓고 진지한 의논을 한 끝에 큰 결심을 하게 됩니다.

첫 번째는 고향마을에 병환으로 누워 계신 어머니를 누군가가 보살펴 드려야 할 상황이었습니다. 두 번째는 세 살 난 아이의 교육에 관한 문제였습니다. 원래부터 흙을 밟고 사는 것을 좋아했던 아내는 아이에게 할머니 사랑을 받게 해주고 싶다면서 고향으로 내려가 아이를 키우자고 했습니다. 또 우리는 이 아이가 어른이 돼서 살아갈 20년 후의 세상은 자유로운 영혼을 가지고 자신만의 세상을 만들어갈 줄 아는 사람, 이웃들과 더불어 화목하게 살아갈 줄 아는 사람, 자연에 대한 감수성이 내재된 사람, 농사와 살림을 배워 몸을 쓸 줄 아는 자립적인 사람, 독서의 즐거움을 알고 자기 주도학습능력을 갖춘 사람, 시골 마을공동체에서 유소년기를 보낸 경험이 있는 사람이 진짜

모정마을 이야기

경쟁력 있는 사람으로 인정받게 될 것이라고 확신했습니다. 한 인간의 행복은 유소년기에 아름다운 추억을 얼마나 많이 쌓았느냐에 달려있다고 해도 과언이 아닙니다.

그리고 귀향을 서두르게 한 또 하나의 큰 이유가 있었습니다. 아이를 낳아 기르면서 아이와 함께 하는 시간이 많아질수록 동심의 세계를 되찾게 되었고 어린시절을 떠올리게 되었습니다. 그 기억 속에 할머니, 어머니와 함께 했던 시간들과 옛 고향 풍경들이 소환되었습니다. 그동안 까마득히 잊고지냈던 유년의 기억들이 마치 어제 일처럼 생생하게 떠오르기 시작했던 것입니다.

"마을 앞 너른 들녘에서 피어오르는 봄 아지랑이, 피라미와 버들치가 떼를 지어 노닐던 시냇물, 자운영꽃 흐드러진 비탈진 논둑 아래에서 흰 수건 이마에 질끈 동여매고 쟁기질하시던 아버지, 산들바람에 파도처럼 일렁이며 눈부시게 빛나던 오월의 보리밭 물결, 감꽃을 주워 실에 꿰어 목걸이를 만들던 예쁜 이웃집 소녀, 까치집을 여러 개 품고 사는 동네 어귀의 우람한 당산나무, 새소리 끊기지 않는 소나무 뒷동산, 수양버들 늘어지고 연꽃 향기 가득한 마을 호수, 석양을 마주 보며 소를 몰고 돌아오던 둑방길, 흙담 곁 넝쿨진 호박꽃 위로 점점이 초롱불 밝히며 항로 없이 비행하던 무수한 여름밤의 반딧불이들, 옥수수알처럼 빼곡하게 여름 밤하늘을 수놓은 은하수 별님들, 황금들녘 사이로 난 신작로 가에 무더기 무더기로 피어 청아한 가을향기를 내뿜어주던 코스모스꽃;

구불구불한 골목길을 따라서 낮게 처진 흙·돌담과 싸리문, 항상 따사로움과 여유로움을 풍기는 둥그런 초가지붕, 생 쑥으로 모깃불 피워놓고 평상마루에 앉아 할머니와 함께 까먹던 찐 감자, 흙담 밑의 봉선화와 가을 국화, 고샅 녘에서 산들바람에 쏴아쏴아 서걱대는 시누대 숲, 지붕 위로 치솟는 밥 짓는 연기, 낮은 담장을 사이에 두고 나누는 이웃 간의 정과 대화, 골목길을 지나며 마주치는 소년 소녀들의 수줍은 눈빛들, 달밤에 하얗게 빛나는 초가지붕 위 박꽃, 뒷마당 초가지붕 위로 뻗어 오른 세월 묵은 감나무 가지 위에 푸른 늦가을 하늘을 배경으로 곧 터질 것처럼 골붉어 매달려있는 선홍빛 뿌리감들, 달빛을 등불 삼아 밤에도 텃밭을 가꾸시던 어머니의 뒷모습, 형과 함께 소나무 강솔을 캐고 불깡통을 돌리던 대보름 저녁 풍경;

골목길에서 자치기, 비석치기, 통이차기 하며 노닐던 꼬마들의 깔깔대는 웃음소리, 간간이 들려오는 이웃집 시어머니의 잔소리, 열려 있는 싸리문을 통해 들리는 연장 빌리러 온 이웃집 아저씨의 낯익은 기침 소리, 한잠 청하는 방물장수의 아쉬운 부탁 소리, 늦둥이 본 이웃집 아저씨의 아이 어르는 소리, 손주들 재우는 할머니들의 옛날이야기 소리, 빚 갚을 걱정에 잠 못 이루는 이웃의 한숨 소리, 별도 잠든 한밤중에 들려오는 개 짖는 소리, 콧김을 내뿜으며 뜨거운 가마솥 여물을 먹고 있는 누렁소의 풍경소리…."

일단 유소년기의 추억이 물밀 듯이 밀려오기 시작하자 고향에 대한 그리움이 눈덩이처럼 커졌습니다. 어머니 봉양과 아이에 대한 '촌놈교육'의 필요성에 더하여 향수병까지 도지자 더 이상 서울에 머무를 수가 없었습니다. 게다가 아내의 적극적인 지지와 동의는 귀향 의지를 더욱 강하게 만들었습니다. 그래서 망설임 없이 이삿짐을 싸서 고향으로 돌아왔습니다. 둘째 아들은 귀향 후 2000년도에 태어나서 마을 주민들에게 아기 울음소리를 들려주었습니다. 아내의 바람대로 두 아들은 할머니의 사랑을 듬뿍 받고 자랐고 동네 어른들의 사랑도 많이 받았습니다. 아이들은 하루에 버스가 다섯 차례밖에 들어오지 않는 시골 마을에 살면서 씩씩하게 잘 자라주었습니다. 성년이 된 후 물어보니 "시골에서 자랄 수 있어서 정말 행복했다"라고 말합니다. 신혼생활도 없이 12년 동안이나 시어머니 간병하느라고 애쓴 아내에게 고생이 많았다고, 고맙다고 말했더니 생텍쥐페리의 말을 인용한 '자유를 누린 자의 기쁨보다 의무를 다한 자의 행복이 더 크다'는 답이 돌아왔습니다. 우리들의 귀향은 나름대로 의미 있고 보람 있는 일이었던 것 같습니다.

고향에 내려온 후 이웃 고을에 있는 한 대안학교에서 13년 동안 중고학생들과 배움을 함께 하다가 은퇴했습니다. 2010년부터 '마을 가꾸기' 추진위원장을 맡아 고향마을 가꾸기 운동을 해오고 있습니다. 또한 틈틈이 발품을 팔아 영암 고을의 여러 마을을 답사하고 조사하여 「영암신문」에 수년 동안 매주 기고를 해오고 있으며, 이 '모정마을 이야기' 책자도 그러한 노력의 결과물입니다.

귀향을 준비하는 과정에서 아내의 권유로 이병철 선생님이 이끌던 전국귀농운동본부라는 단체에서 운영하는 '귀농학교'를 수료했습니다. 6개월 과정이었는데 그곳에서 이병철 선생님, 허병섭 목사님, 양재동 농부님 등 훌륭하신 분들을 만나 뵙고 좋은 말씀을 많이 들었습니다. 귀농 귀촌을 꿈꾸는 동지들도 여럿 만나서 많은 의견을 나누었습니다.

여류 이병철 선생님께 발문을 부탁드리면서 한 통의 이메일을 보냈습니다. 여류 선생님께서 서문에 인용을 하셨는데, 이 책을 쓰게 된 동기가 잘 나타나 있습니다. 추천 서문을 정성껏 써주신 여류 선생님께 이 자리를 빌려 다시 한번 깊은 감사의 말씀을 올립니다.

1997년 귀농학교 4기를 마치고, 1998년 3월 1일에 저는 과감하게 서울 생활을 청산하고 고향으로 내려왔습니다. 귀농학교를 수료한 후 귀농, 귀촌, 귀향, 생태, 대안교육, 마을공동체 등을 주제로 계속 공부를 하다가 선생님의 길을 따라 걸어온 지 20년이 넘었습니다.

- 많은 사람들이 공동체마을을 꿈꾸고 시도해오고 있습니다. 대부분 자신의 고향이 아닌 새로운 지역에 마을공동체를 이루고 집단생활을 실험하고 있습니다.

저는 고향마을로 돌아와 마을공동체 활성화 운동을 해오고 있습니다. 더 많은 젊은이들이 자신이 태어난 고향마을로 돌아가서 쇠락해진 농산어촌을 되살리는 노력을 해주었으면 하는 바람입니다.

- 생명 평화의 등불이 이 마을 저 마을 한 등, 두 등 띄엄띄엄 켜져서 나
중에 함께 연대할 수 있으면 좋겠다는 생각을 늘 해왔습니다. 뜻이 맞는
사람들끼리만 모여서 한 군데 등불을 켜는 것도 좋지만, 전국 여러 지역
의 여러 마을마다 생명 평화의 등불이 하나씩이라도 켜진다면 그 불빛
으로 말미암아 희망의 등불들이 늘어나게 되지 않을까 생각해봅니다.

모두 잘 아시다시피 지금 우리나라의 농산어촌은 소멸 위기에 처해
있습니다. 면 소재지에 있는 초등학교와 중학교는 폐교 직전입니다.
암울한 전망이지만 그래도 뭔가는 해보아야 한다고 생각합니다. 오염
되어가고 있는 강물을 일급수로 바꿀 수는 없겠지만 완전히 썩지 않
도록 하기 위해서는 전국 곳곳에서 샘을 파 맑은 물을 끊임없이 강으
로 흘려보내야 합니다. 실개천을 따라 강으로 흘러 들어간 맑은 샘물
은 최소한의 정화작용으로 강물이 완전히 오염되는 것을 막아줄 것
입니다. 3.5%의 염도가 바닷물을 지탱해주는 것처럼 말이지요.

농산어촌도 마찬가지라고 생각합니다. 전국 방방곡곡의 마을마다 샘
을 파서 맑고 정갈한 샘물이 시내로, 강으로 흘러가도록 하고, 그 샘물
이 솟구치는 곳마다 생명 평화의 등불, 사람의 등불을 거는 것입니다.
그러기 위해서는 고향을 떠나 살던 도시의 남녀 은퇴자들이 다시 고향
마을로 돌아가서 인생 이모작을 새로이 경영해야 합니다. 도시 남녀 젊
은이들이 농촌이 가지고 있는 생태 문화적 가치를 재발견하고 그것을
바탕으로 농산어촌에서의 삶에 도전하는 풍토가 마련되어야 합니다.

사실 농촌이 도시보다 못할 이유가 없습니다. 맑은 공기, 시원스럽게 탁 트인 풍경, 아직 살아 있는 이웃간의 정 등 농촌에는 도시에서 찾아보기 힘든 많은 장점들을 가지고 있습니다. 농촌에서 친환경 농사를 짓는 행위는 환경을 지키고 생태계를 보호하는 일이기도 합니다. 한편 점점 심각해져 가는 실업 문제도 도시 중심적 사고방식, 기계문명 중심적 가치관을 버리지 않는 한 해결될 수 없는 문제입니다. 실업은 사회문제임과 동시에 개인의 양심과 가치관의 문제이기도 합니다. 농촌에서의 삶은 실업을 해소하고 생태환경을 보존함과 동시에 개인과 이웃들의 생명과 평화를 존중하며 살아갈 수 있는 하나의 방법일 수 있습니다. 이것이 아주 불가능한 꿈만은 아니라고 생각합니다.

실제로 우리 모정마을에는 젊은 신혼부부가 네 가구나 살고 있습니다. 아이들도 둘, 셋을 낳아 이 아이들이 지금 유치원 초등학교에 다니고 있습니다. 농사도 짓고 축산도 하고 건축도 하고 예술활동도 하면서 경제생활을 영위하고 있습니다.

'촌놈 교육'을 받고 자란 두 아들은 고향 지역에서 살겠다고 합니다. 큰아들은 졸업 후 고향에서의 삶을 염두에 두고 일부러 지역거점대학에 진학하였습니다. 둘째 아들도 농촌에서 살 준비를 하겠다고 전남대학교 농업생명과학대에 진학하였습니다. 아들의 친구 한 명과 동네 후배 한 명도 농생대에 진학했습니다. 한 친구는 고등학교를 졸업하고 아버지와 함께 농사를 짓고 있습니다. 젊은이들도 여건만 되면 시골에서 살 마음이 있다는 것이지요. 정부와 지자체와 지역 어른들이 그럴만한 여건을 만들어 주어야 합니다. 고향을 지키며 살아갈 지역 인재를 양성하는데 모든 역량을 기울여야 합니다.

한편 마을 가꾸기 사업을 10년째 해오면서 생활환경과 주거환경이 많이 개선되니 향우들이 고향마을에 대해서 이전과는 다르게 생각하는 현상이 일어나고 있습니다. 고향집에 더 자주 내려와서 집을 고치고 정원을 가꾸는 향우들이 늘어나고 있습니다. 은퇴한 선배들이 벌써 5명이나 마을로 이사와 살고 있습니다. 은퇴를 앞둔 향우들도 고향마을에서 여생을 보낼 계획을 세우고 차근차근 준비하기 시작했습니다. 이것은 참으로 바람직한 현상이 아닐 수 없습니다. 이런 분위기가 더 조성되고 실제로 귀향 귀촌이 이루어진다면 우리 농산어촌에도 다시 생기와 활기를 되찾을 수 있는 기회가 올 것이라고 확신합니다.

〈모정마을 가꾸기 연혁〉

- 2008: 순천 남도문화제 민속경연대회 모정줄다리기-우수상
- 2009: 오폐수 하수종말처리장 완공
- 2010: 모정행복마을 추진위원회 결성

  전라남도 한옥 행복마을 지정(8월)

  - 20동 한옥 신축/돌레미 한옥단지·벽화의 거리 조성
- 2011: 녹색농촌체험마을 지정

  모정보건진료소 신축
- 2011~2015: 영암군 〈참 살기 좋은 마을 가꾸기 사업〉에 선정

- 벽화 그리기, 원풍정 보수 2회, 체험관 조경, 달맞이 전망대 설치
- 2012: 서재~솔짓개 하천 복개, 인도 설치

  모정풍물단 결성
- 2013: 녹색농촌체험관(두레체험관) 건립

  재너머 도로 확장 및 석축 공사

  실내 게이트볼장 완공

  행복마을 한옥 반찬사업장 신축

  서당골 고택 선명제 보수

  알찬 할머니쉼터 개보수
- 2014: 네거리~마을회관 도로 확장

  원풍정 화장실 신축

  모정 저수지 공원화 사업 대상지 선정

  원풍정 달맞이 음악회

• 2015: 모정 생태호수 수변산책로 완공

전남문화재단 지역특성화 사업 대상자 선정-모정풍물놀이

전남도 제2회 행복마을 만들기 콘테스트-우수상

돌레미 한옥단지 하천 정비/다리 완공/가로수 식재

원풍정 주변 석축 공사

모정마을회 땅 약 500평 매입

모정리영농조합법인 사업자등록증 발급, 경영체 등록 완료

★ 사계절 마을 축제 개최

- 2월: 정월대보름 지신밟기/줄다리기

- 5월: 이팝나무 작은 음악회

- 8월: 달빛 연꽃 축제

- 9월: 추석맞이 가요 콩쿨대회

- 10월: 원풍정 추수대동제

• 2016년

모정행복마을 숲 조성(전남도 마을 숲 콘테스트 대상 수상)

연꽃 탐방 데크 개설

원풍정 마당 확장 공사

모정마을 작은 도서관 선정

전남문화재단 지역특성화 사업 2단계 대상자 선정-모정풍물놀이

정월 대보름 지신밟기 및 줄다리기(2월)

이팝나무꽃 작은 음악회 및 들차회 개최(5월 7일)

전국 마을만들기 네트워크제 53회 대화모임 개최(8월 12~13일)

원풍정 달빛 연꽃축제(8월 17일)

추석맞이 콩쿨대회 개최(9월 15일)

가을소풍(11월 30일)-남악 국악공연 관람, 해남 땅끝마을, 강진 영랑 생가

• 2017년

제1회 전라남도 숲가꾸기 콘테스트 대상 수상

이낙연 전남도지사 방문 기념 식수 및 1,000그루 묘목 식재(4월)

일반농산어촌 종합개발사업 마을만들기 선정

모정마을 작은도서관 원풍망월 주민예술학교 운영

★ 사계절 마을 축제 개최

  - 2월: 정월대보름 지신밟기/줄다리기

  - 5월: 이팝나무 작은 음악회

  - 8월: 달빛 연꽃 축제

  - 9월: 추석맞이 가요 콩쿨대회

• 2018년

일반농산어촌 종합개발사업 추진위원회 결성

제5회 전라남도 행복마을 콘테스트 문화·복지 최우수상(7월)

제5회 전국 행복마을 콘테스트 문화·복지 은상(장관상, 2,000만 원 상금)(8월)

배움여행-순천 개랭이 마을(고들빼기 마을기업)(10. 29)

모정마을 이야기

★ 사계절 마을 축제 개최

  - 2월: 정월대보름 지신밟기/줄다리기

  - 5월: 이팝나무 작은 음악회

  - 8월: 달빛 연꽃 축제

  - 9월: 추석맞이 가요 콩쿨대회

• 2019년

일반농산어촌 종합개발사업 실시 설계 완료

주민역량강화 마을교육

배움여행 1박 2일 경기도 양평 세미원, 충남 부여 궁남지(7. 18~19)

★ 사계절 마을 축제 개최

  - 2월: 정월대보름 지신밟기/줄다리기

  - 5월: 이팝나무 작은 음악회

  - 8월: 달빛 연꽃 축제

  - 9월: 추석맞이 가요 콩쿨대회

• 2020년

일반농산어촌 종합개발사업 공사 시작

마을회관 리모델링/알춤할머니쉼터 리모델링

군서남초등학교 터에 체육공원 조성

모정저수지 준설 및 석축 사업-수변산책로 연장

벽화보수사업

리더교육(마을기업)

모정마을 작은도서관 중심마을학교 운영(마을교육공동체 활성화 운동)

2020 전남 마을이야기 박람회 〈You Tube 시청 특별상〉 수상

소득사업장 신축부지 매입(군서농협으로부터 모정마을회로 이전 완료)